田星姫＋河村光雅
著

Basic Language Learning Series

しっかり身につく
韓国語
トレーニングブック
Training Book

文型と頻出単語を同時に覚える

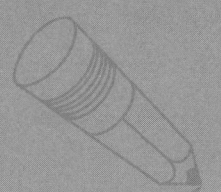

（書いて覚えるので忘れない）

（練習問題を通じて
　体系的に文法がわかる）

（この1冊で初級者に必要な
　頻出単語が身につく）

CD BOOK
CD2枚付き

ベレ出版

JN267942

はしがき

　語学を独習するのは大変な努力が要ります。学校に通って習う時以上に、勉強の維持に根気と自制心が必要とされます。この本は、本当に一人で挫折なくマスターできる語学テキストをめざして作られました。たとえて言えば、学習者のそばについてどんなトレーニングをどれだけすべきか教えてくれるパーソナルトレーナーのようなテキストです。どのへんがパーソナルトレーナーなのか？　まず、このテキストは学習のペース配分に非常に気を使っています。どの課でも同じくらいの分量をこなせばいいように、また途中で急に難しくなったと感じることのないように工夫してあります。たとえば、新出単語は各課20個ずつに制限してあり、覚えるのに時間のかかる文法は2課にわたってゆっくりと学ぶ形式になっています。

　第2に、新しい文法や語彙がしっかり身につくよう、たっぷりとトレーニングメニューが用意されています。新出単語は毎回3回ずつ書いた後、単語を覚えたかどうかのチェック問題が必ず続きます。文型練習問題は単純なパターン練習が中心で、1つの文型についていろんな角度からの問いかけがあるので、問題を解いているうちに自然に文型が身につくようになっています。また、単語も文型も書いて覚えるだけでなくCDを使って耳からも覚えられるようになっています。

　第3に、この本はあなたがどのくらいきちんと覚えてきたかをところどころでチェックしてくれます。文型も語彙も積み上げ式になっており、練習問題の中でわからない単語や表現をみつけたら、それは以前の課で、すでに習ったはずのものです。そのつど、忘れていた文型や語彙をもう一度振り返ってみましょう。

　こうしてテキストの指示にそって問題を解いていくだけで、1冊終えた頃にはひととおりの基本文型と1000語余りの語彙を身につけられるようになっています。初めて韓国語を習おうという人はもちろん、少しかじってあきらめたことがある人もぜひこのテキストで韓国語にチャレンジしてみてください。

著　者

目　次

第1課　文字と発音を学ぶ　母音 ——————————————— 8
第2課　文字と発音を学ぶ　子音 ——————————————— 11
第3課　文字と発音を学ぶ　激音と濃音 ————————————— 15
第4課　文字と発音を学ぶ　母音2 —————————————— 20
第5課　文字と発音を学ぶ　パッチム —————————————— 24
第6課　文字と発音を学ぶ　発音のルール1 ———————————— 29
第7課　文字と発音を学ぶ　発音のルール2 ———————————— 33
第8課　「〜です・ですか」の表現を学ぶ —————————————— 37
　　　　친구입니다(友達です)
第9課　「〜ではありません・ではありませんか」の表現を学ぶ —————— 42
　　　　거짓말이 아닙니다(うそではありません)
第10課　存在詞の丁寧語尾を学ぶ ——————————————— 47
　　　　시간이 있습니까?(時間がありますか)
第11課　固有語の数詞を学ぶ ————————————————— 54
　　　　韓国語のひとつ、ふたつ、みっつ
第12課　漢数詞を学ぶ ——————————————————— 59
　　　　韓国語のいち、に、さん
第13課　日づけや時刻の言い方を学ぶ —————————————— 65
　　　　数詞のおさらい
第14課　ハムニダ体を学ぶ —————————————————— 70
　　　　텔레비전을 봅니다(テレビを見ています)
第15課　いろいろな助詞を学ぶ ———————————————— 76
　　　　한국말로 말합니다(韓国語で話します)

第16課	ハムニダ体の否定形を学ぶ 담배를 피우지 않습니다(たばこを吸いません)	82
第17課	規則用言のヘヨ体を学ぶ 밥을 먹어요(ご飯を食べます)	89
第18課	ハダ用言と指定詞のヘヨ体を学ぶ 제 친구예요(私の友達です)	95
第19課	ヘヨ体の否定形を学ぶ 학교에 가지 않아요?(学校に行かないのですか)	101
第20課	ハダ用言の否定形を学ぶ 방이 안 깨끗해요(部屋がきれいではありません)	108
第21課	ハムニダ体の敬語を学ぶ 선생님께서는 어디에 계십니까?(先生はどこにいらっしゃいますか)	114
第22課	ヘヨ体の敬語を学ぶ 집에 가세요?(お帰りになりますか)	121
第23課	形容詞を使った文型を学ぶ 지하철보다 버스가 더 쌉니다(地下鉄よりバスの方が安いです)	127
第24課	ハムニダ体の過去形を学ぶ 밥을 먹었습니까?(ご飯を食べましたか)	133
第25課	ヘヨ体の過去形を学ぶ 혼자서 연습했어요(1人で練習しました)	140
第26課	意志未来の文型を学ぶ 좀 쉬겠습니다(ちょっと休みます)	147
第27課	新しい助詞・助詞の用法を学ぶ 2만 원에 샀어요(2万ウォンで買いました)	154
第28課	丁寧な命令の文型を学ぶ 먼저 가세요(先に行ってください)	161

第29課	提案・勧誘の言い方を学ぶ	166
	택시로 갈까요?(タクシーで行きましょうか)	
第30課	「〜고」を含む文型を学ぶ	172
	밖에서 놀고 있습니다(外で遊んでいます)	
第31課	動作の目的・計画を表す言い方を学ぶ	179
	병원에 가려고 합니다(病院に行くつもりです)	
第32課	連用形を学ぶ	187
	사진을 찍어 주세요(写真を撮ってください)	
第33課	補助動詞を学ぶ	194
	이름을 잊어 버렸습니다(名前を忘れてしまいました)	
第34課	用語の副詞形といくつかの副詞を学ぶ	201
	필요 없게 되었습니다(要らなくなりました)	
第35課	動詞の連体形を学ぶ	207
	책을 읽는 학생(本を読んでいる学生)	
第36課	ㄷ変則とㅅ変則を学ぶ	214
	음악을 들어요(音楽を聞きます)	
第37課	形容詞の連体形とㅂ変則を学ぶ	220
	날씨가 추워요(寒いです)	
第38課	ㅎ変則、르変則、ㄹ語幹を学ぶ	226
	노래를 불러요(歌を歌います)	
第39課	現在連体形・過去連体形を使った文型を学ぶ	233
	본 적이 있습니다(見たことがあります)	
第40課	未来連体形を使った文型を学ぶ	239
	한국말을 할 수 있습니다(韓国語が話せます)	
第41課	「ようだ・らしい・そうだ」にあたる表現を学ぶ	245
	비가 올 것 같아요(雨が降りそうです)	

第42課　用言の名詞化を学ぶ ―――――――――――――――― 251
　　　　날씨가 덥기 때문에(暑いので)

第43課　並列・理由・逆接の接続語尾を学ぶ ―――――――― 257
　　　　재미있으니까 꼭 읽으세요(面白いからぜひ読んでください)

第44課　条件・同時進行・逆接の接続語尾を学ぶ ―――――― 263
　　　　비가 오면 못 갑니다(雨が降ったら行けません)

第45課　譲歩・義務の接続語尾を学ぶ ―――――――――――― 269
　　　　앉아도 됩니까?(座ってもいいですか)

第46課　終結語尾を学ぶ ―――――――――――――――――― 276
　　　　어제는 바빴지요(きのうは忙しかったでしょう)

第47課　ヘ体を学ぶ ―――――――――――――――――――― 283
　　　　많이 먹어(たくさん食べてね)

第48課　ハンダ体を学ぶ ―――――――――――――――――― 290
　　　　텔레비전을 본다(テレビを見る)

第49課　平叙文と疑問文の引用形を学ぶ ――――――――――― 297
　　　　영어를 배운다고 해요(英語を習っているそうです)

第50課　命令・依頼・勧誘文の引用形と縮約形を学ぶ ―――― 305
　　　　와 달라고 했어요(来てくれと言いました)

■単語リスト ――――――――――――――――――――――― 313

■解　答 ―――――――――――――――――――――――――― 327

第1課　文字と発音を学ぶ

母　音

この課の学習ポイント

　韓国語はハングルという文字を使って表されます。現代韓国語には母音が21、子音が19あります。まずいくつかの基本的な母音字から紹介します。ハングルの書き順は漢字やかなと同じように、上から下へ、左から右へ書きます。

아　〔ア〕日本語の「ア」と同じ音

어　〔オ〕唇を丸めないで、やや開きぎみにして「オ」

오　〔オ〕唇を丸くして前に突き出し「オ」

우　〔ウ〕唇を丸くして前に突き出し「ウ」

으　〔ウ〕「イ」を発音する時のように口を横一文字にひいて「ウ」

이　〔イ〕日本語の「イ」と同じ音

練習1　発音しながら書いてみましょう　　🔊 CD1-1

아	어	오	우	으	이

練習2　次の文字を読んでみましょう　　🔊 CD1-2

①어　②오　③이　④우　⑤으　⑥아
⑦오　⑧우　⑨어　⑩아　⑪우　⑫으

トレーニング・チェック：解答は 327 ページ

아、어、오、우の文字の短い横線、縦線を２本にして、야、여、요、유と書くとヤ行の発音になります。

야　〔ヤ〕日本語の「ヤ」と同じ音

여　〔ヨ〕唇を丸めないで、やや開きぎみにして「ヨ」

요　〔ヨ〕唇を丸めて「ヨ」

유　〔ユ〕唇を丸めて「ユ」

練習3　発音しながら書いてみましょう　　　🔊 CD1-3

야	여	요	유

練習4　次の文字を読んでみましょう　　　🔊 CD1-4

① 야　② 여　③ 유　④ 우　⑤ 요　⑥ 으
⑦ 여　⑧ 요　⑨ 으　⑩ 야　⑪ 유　⑫ 요

母音行

日本語の「あいうえお」にあたる韓国語の伝統的な母音行は、上で紹介した６個の母音と４つの半母音＋母音の合計10個を、次のような順で並べます。

① 아(ア)　② 야(ヤ)　③ 어(オ)　④ 여(ヨ)　⑤ 오(オ)
⑥ 요(ヨ)　⑦ 우(ウ)　⑧ 유(ユ)　⑨ 으(ウ)　⑩ 이(イ)

トレーニング・チェック：解答は 327 ページ

練習 5　発音しながら書いてみましょう　🔊 CD1-5

1	2	3	4	5	6	7	8	9	10
아	야	어	여	오	요	우	유	으	이

新しい単語　発音しながら 3 回ずつ書きましょう　🔊 CD1-6

① 이　　この　　_____　_____
② 아이　こども　_____　_____

基本フレーズ　次のフレーズを覚えましょう　🔊 CD1-7

① 네.　　　　　　　　　　はい
　 ネー
② 아뇨　　　　　　　　　 いいえ
　 アニョ
③ 안녕하십니까 ?　　　　 こんにちは・おはようございます・こんばんは
　 アンニョン ハシム ニ カ
④ 안녕　　　　　　　　　 元気？・やあ・バイバイ
　 アンニョン
⑤ 감사합니다.　　　　　　ありがとうございます
　 カムサハム ニ ダ

単語の練習　次の韓国語の意味を日本語で言ってください

① 이 _____　② 네 _____　③ 안녕 _____
　 イ　　　　　　　　ネー　　　　　　　アンニョン
④ 감사합니다 _____　⑤ 아뇨 _____
　 カムサハム ニ ダ　　　　　　　アニョ
⑥ 아이 _____　⑦ 안녕하십니까 ? _____
　 アイ　　　　　　　アンニョン ハシム ニ カ

聞きとり　CD を聞いてハングルで書き取りなさい　🔊 CD1-8

① (　　　)　② (　　　)　③ (　　　)
④ (　　　)　⑤ (　　　)　⑥ (　　　)
⑦ (　　　)　⑧ (　　　)　⑨ (　　　)
⑩ (　　　)

第2課　文字と発音を学ぶ
子　音

この課の学習ポイント

第1課で習った o を下の子音と入れ替えると、各子音の行となります。

ㄱ	k/g	가	〔カ〕
ㄴ	n	나	〔ナ〕
ㄷ	t/d	다	〔タ〕
ㄹ	r	라	〔ラ〕
ㅁ	m	마	〔マ〕
ㅂ	p/b	바	〔パ〕
ㅅ	s	사	〔サ〕
ㅈ	ch/j	자	〔チャ〕

練習1　発音しながら書いてみましょう　　　　　　　　　　CD1-9

가	나	다	라	마	바	사	자

練習2　次の音をハングルで書いてみましょう

①ラ ＿＿＿＿　　②サ ＿＿＿＿　　③ナ ＿＿＿＿

④チャ ＿＿＿＿　⑤パ ＿＿＿＿　　⑥タ ＿＿＿＿

トレーニング・チェック：解答は 327 ページ

⑦カ _____　⑧サ _____　⑨ア _____
⑩ナ _____　⑪マ _____　⑫タ _____

練習3 子音字と母音字を組み合わせてみましょう

	ㅏ	ㅑ	ㅓ	ㅕ	ㅗ	ㅛ	ㅜ	ㅠ	ㅡ	ㅣ
ㄱ										
ㄴ										
ㄷ										
ㄹ										
ㅁ										
ㅂ										
ㅅ										
ㅇ										
ㅈ										

練習4 次の文字を読んでみましょう　　🔊 CD1-10

①며　②디　③고　④저　⑤사　⑥누
⑦보　⑧리　⑨수　⑩그　⑪저　⑫다

新しい単語 前半 発音しながら3回ずつ書きましょう　🔊 CD1-11

①나（ナ）　　私・ぼく _____　_____　_____
②어머니（オモニ）　お母さん _____　_____　_____
③버스（ボス）　バス _____　_____　_____

トレーニング・チェック：解答は 327 ページ

④다리　　　　脚・橋　　_____　_____　_____
　タ　リ
⑤나라　　　　国　　　　_____　_____　_____
　ナ　ラ

> 濁音化
>
> ㄱ、ㄷ、ㅂ、ㅈの 4 子音は、文節の頭になければ原則的に濁って発音されます。つまり가가は「カガ」、가가가は「カガガ」と読みます。ㅅはどの位置にあっても濁らないので注意してください。

練習 5　次の文字を読んでみましょう　　　　　　　　　🔊 CD1-12
① 고기　② 바다　③ 야구　④ 모두　⑤ 두부　⑥ 소주
⑦ 다시　⑧ 어디　⑨ 사자　⑩ 나비　⑪ 부모　⑫ 도자기

新しい単語　後半　発音しながら 3 回ずつ書きましょう　🔊 CD1-13

①여자　　　女の人　　　_____　_____　_____
　ヨジャ
②아버지　　お父さん　　_____　_____　_____
　アボジ
③누구　　　だれ　　　　_____　_____　_____
　ヌグ
④저고리　　チョゴリ　　_____　_____　_____
　チョゴリ
⑤바지　　　ズボン　　　_____　_____　_____
　パジ

基本フレーズ　次のフレーズを覚えましょう　　　　　🔊 CD1-14
①안녕히 가세요.　　さようなら（去っていく人に向かって）
　アンニョンヒ カセヨ
②안녕히 계세요.　　さようなら（その場にとどまる人に向かって）
　アンニョンヒ ケセヨ
③미안합니다.　　　　ごめんなさい
　ミアナムニダ
④죄송합니다.　　　　申し訳ありません
　チェソンハムニダ
⑤괜찮습니다.　　　　構いません・大丈夫です
　クェンチャンスムニダ

トレーニング・チェック：解答は 327 ページ

単語の練習　次の韓国語の意味を日本語で言ってください

① 미안합니다　＿＿＿＿＿＿＿＿＿＿　② 괜찮습니다　＿＿＿＿＿＿＿＿＿＿
③ 안녕히 가세요　＿＿＿＿＿＿＿＿＿＿　④ 감사합니다　＿＿＿＿＿＿＿＿＿＿
⑤ 죄송합니다　＿＿＿＿＿＿＿＿＿＿　⑥ 아뇨　＿＿＿＿＿＿＿＿＿＿
⑦ 안녕히 계세요　＿＿＿＿＿＿＿＿＿＿

聞きとり1　CDを聞いてハングルで書き取りなさい　🔊 CD1-15

① (　　　　　　　)　② (　　　　　　　)　③ (　　　　　　　)
④ (　　　　　　　)　⑤ (　　　　　　　)　⑥ (　　　　　　　)
⑦ (　　　　　　　)　⑧ (　　　　　　　)　⑨ (　　　　　　　)
⑩ (　　　　　　　)

聞きとり2　CDを聞いて日本語で意味を書きなさい　🔊 CD1-16

① (　　　　　　　)　② (　　　　　　　)　③ (　　　　　　　)
④ (　　　　　　　)　⑤ (　　　　　　　)　⑥ (　　　　　　　)
⑦ (　　　　　　　)　⑧ (　　　　　　　)　⑨ (　　　　　　　)
⑩ (　　　　　　　)

第3課　文字と発音を学ぶ
激音と濃音

この課の学習ポイント

激音

　激音というのは、文字通り激しく息を出しながら発音する子音です。第2課で習った基本子音（平音と言う）に点や線を加えると激音を表す文字ができあがります。

　　가　平音の〔カ〕 ⇒ 카　激音の〔カ〕

　平音は濁音〔ガ〕の音を出すつもりで息を押さえ気味にして発音するのに対し、激音は思い切り息を出しながら発音します。口の前に薄い紙などをたらして、その揺れ具合で自分の息がコントロールできているかどうか確かめてみましょう。

　　ㅊ　차　〔チャ〕
　　ㅋ　카　〔カ〕
　　ㅌ　타　〔タ〕
　　ㅍ　파　〔パ〕
　　ㅎ　하　〔ハ〕

濃音

　濃音は喉をつまらせて出す音です。喉を緊張させ、前に「ッ」があるような感じで発音します。激音の発音の時とは逆に息がもれないよう注意してください。

　　ㄲ　까　〔ッカ〕

トレーニング・チェック：解答は 327 ページ

ㄸ	따	〔ッタ〕
ㅃ	빠	〔ッパ〕
ㅆ	싸	〔ッサ〕
ㅉ	짜	〔ッチャ〕

練習1　発音しながら書いてみましょう　🔊 CD1-17

차	카	타	파	하	까	따	빠	싸	짜

練習2　次の音をハングルで書いてみましょう

①ッサ＿＿＿＿＿　　②パ＿＿＿＿＿　　③ッパ＿＿＿＿＿

④チャ＿＿＿＿＿　　⑤タ＿＿＿＿＿　　⑥ハ＿＿＿＿＿

⑦ッカ＿＿＿＿＿　　⑧ッタ＿＿＿＿＿　　⑨ッチャ＿＿＿＿＿

⑩カ＿＿＿＿＿

練習3　子音字と母音字を組み合わせてみましょう

	ㅏ	ㅑ	ㅓ	ㅕ	ㅗ	ㅛ	ㅜ	ㅠ	ㅡ	ㅣ
ㅊ										
ㅋ										
ㅌ										
ㅍ										

トレーニング・チェック：解答は327ページ

ㅎ									
ㄲ									
ㄸ									
ㅃ									
ㅆ									
ㅉ									

練習4　次の文字を読んでみましょう　　CD1-18

①후　②따　③코　④찌　⑤투　⑥싸
⑦표　⑧짜　⑨초　⑩혀　⑪끄　⑫뻬

新しい単語 前半　発音しながら3回ずつ書きましょう　　CD1-19

①치마（チマ）　　スカート　　_____　_____　_____
②고추（コチュ）　トウガラシ　_____　_____　_____
③커피（コピ）　　コーヒー　　_____　_____　_____
④아파트（アパトゥ）マンション　_____　_____　_____
⑤표（ピョ）　　　切符・チケット_____　_____　_____

練習5　次の文字を読んでみましょう　　CD1-20

①벼　　　퍼　　　뻐
②지다　　치다　　찌다
③가자　　가차　　가짜
④더　　　터　　　떠
⑤기　　　키　　　끼

トレーニング・チェック：解答は 328 ページ

新しい単語 後半　発音しながら3回ずつ書きましょう　🔊CD1-21

① 아까 (アッカ)　さっき　_____　_____　_____
② 띠 (ティ)　干支・〜年　_____　_____　_____
③ 자꾸 (チャック)　何度も　_____　_____　_____
④ 비싸다 (ピッサダ)　（値段が）高い　_____　_____　_____
⑤ 아빠 (アッパ)　パパ　_____　_____　_____

基本フレーズ　次のフレーズを覚えましょう　🔊CD1-22

① 고마워요. (コマウォヨ)　ありがとう（감사합니다 (カムサハムニダ) よりくだけた表現）
② 미안해요. (ミアネヨ)　すいません（미안합니다 (ミアナムニダ) の少しくだけた形）
③ 괜찮아요. (クェンチャナヨ)　構いません・大丈夫です
　　　　　（괜찮습니다 (クェンチャンスムニダ) の少しくだけた形）
④ 알겠습니다. (アルゲッスムニダ)　わかりました・知っています
⑤ 모르겠습니다. (モルゲッスムニダ)　わかりません・知りません

単語の練習　次の韓国語の意味を日本語で言ってください

① 괜찮아요 (クェンチャナヨ) _____　② 알겠습니다 (アルゲッスムニダ) _____
③ 고마워요 (コマウォヨ) _____　④ 미안해요 (ミアネヨ) _____
⑤ 죄송합니다 (チェソンハムニダ) _____　⑥ 모르겠습니다 (モルゲッスムニダ) _____
⑦ 안녕히 계세요 (アンニョンヒ ケセヨ) _____

聞きとり1　CDを聞いてハングルで書き取りなさい　🔊CD1-23

① (　　　)　② (　　　)　③ (　　　)
④ (　　　)　⑤ (　　　)　⑥ (　　　)
⑦ (　　　)　⑧ (　　　)　⑨ (　　　)
⑩ (　　　)

トレーニング・チェック：解答は328ページ

聞きとり2 CDを聞いて日本語で意味を書きなさい　　🔊 CD1-24

① (　　　　　　　) ② (　　　　　　　) ③ (　　　　　　　)
④ (　　　　　　　) ⑤ (　　　　　　　) ⑥ (　　　　　　　)
⑦ (　　　　　　　) ⑧ (　　　　　　　) ⑨ (　　　　　　　)
⑩ (　　　　　　　)

第4課　文字と発音を学ぶ
母音2

この課の学習ポイント

1. 母音字を組み合わせる

　1課で習った母音字を2つ、あるいは3つ組み合わせた母音字をここでは習います。こうして作られた母音字の発音は、組み合わせた2つの音をなめらかにつないで発音するものや、完全に1つの母音（単母音）に変化したものなどがあります。

①単母音化したもの

　　ㅐ　〔エ〕（やや口を開いて「エ」）　　ㅔ　〔エ〕（日本語の「エ」）

　（最近はこの2つの「エ」の発音の区別がなくなってきています）第1課で見たように、ㅐもㅔも短い線を2本に増やすと半母音[y]がついた「イェ」になります。

　　ㅒ　〔イェ〕　　　　　　　　　　　　ㅖ　〔イェ〕

②2つの母音をなめらかにつないで発音するもの

　　ㅘ　〔ワ〕　　ㅝ　〔ウォ〕　　ㅟ　〔ウィ〕　　ㅢ　〔ウィ〕

　（ㅝとㅢは頭の「ウ」の音がそれぞれㅜと─の異なる音です。区別して発音してください。）

③その他

　　ㅙ　〔ウェ〕　　　　　ㅞ　〔ウェ〕
　　ㅚ　〔ウェ〕「オィ」ではなく「ウェ」と発音します

トレーニング・チェック

2. 母音の順序

これら11個の母音字を辞書順に並べると次のようになります。どの母音字の組み合わせでできているのかと、1課で習った母音の並べ順「ㅏ, ㅑ, ㅓ, ㅕ…」をもとに順序が決まっています。

ㅐ	ㅒ	ㅔ	ㅖ	ㅘ	ㅙ	ㅚ	ㅝ	ㅞ	ㅟ	ㅢ
ㅏ+ㅣ	ㅑ+ㅣ	ㅓ+ㅣ	ㅕ+ㅣ	ㅗ+ㅏ	ㅗ+ㅏ+ㅣ	ㅗ+ㅣ	ㅜ+ㅓ	ㅜ+ㅓ+ㅣ	ㅜ+ㅣ	ㅡ+ㅣ

3. 子音字との組み合わせ

子音字と組み合わせた時の発音に注意が必要なものがあります。

개	걔	게	계	과	괘	괴	궈	궤	귀	긔
[ケ]	[ケ]	[ケ]	[ケ]	[クァ]	[クェ]	[クェ]	[クォ]	[クェ]	[キュィ]	[キ]

注1 ㅖ、ㅒは子音と組み合わせると半母音[y]が発音されなくなります。
注2 ㅟは子音と組み合わせると半母音[y]が挿入されて発音されます。
注3 ㅢは他の子音と組み合わせた場合[i]と発音されます。また의も語頭に来なければ[i]と発音されます。

練習1 発音しながら書いてみましょう　　　　　　　　　🔊 CD1-25

애	얘	에	예	와	왜	외	워	웨	위	의

練習2 次の文字を読んでみましょう　　　　　　　　　🔊 CD1-26

① 애　얘　에　예　와　왜　외　워　웨　위　의
② 개　걔　게　계　과　괘　괴　궈　궤　귀　긔
③ 새　섀　세　셰　솨　쇄　쇠　숴　쉐　쉬
④ 해　헤　혜　화　홰　회　훠　훼　휘　희
⑤ 대　데　돠　돼　되　둬　뒈　뒤　듸

トレーニング・チェック：解答は 328 ページ

練習3 どの文字を読んだのか聞きとって丸をつけなさい　　🔊 CD1-27

①와　외　워　　②의　위　웨　　③쥐　줘　죄
④뇨　내　늬　　⑤세　셰　쉐

新しい単語 前半 発音しながら3回ずつ書きましょう　　🔊 CD1-28

①교과서（キョクヮソ）　教科書　_____
②개（ケー）　いぬ　_____
③예（イェー）　はい・ええ　_____
④취미（チュイミ）　趣味　_____
⑤의사（ウィサ）　医者　_____

練習4 次の文字を読んでみましょう　　🔊 CD1-29

①왜　②의　③내　④뒤　⑤꿰　⑥최
⑦봐　⑧게　⑨쉬　⑩희　⑪폐　⑫애

新しい単語 後半 発音しながら3回ずつ書きましょう　　🔊 CD1-30

①세계（セゲ）　世界　_____
②돼지（トェジ）　ぶた・（十二支の）亥（いのしし）　_____
③뭐（ムォ）　何　_____
④가위-바위-보（カウィ-バウィ-ボ）　じゃんけん（直訳は「はさみ・岩・ふろしき」）　_____
⑤최고（チョェゴ）　最高　_____

基本フレーズ 次のフレーズを覚えましょう　　🔊 CD1-31

①안녕히 주무세요．（アンニョンヒ チュムセヨ）　おやすみなさい
②많이 드세요．（マーニ トゥセヨ）　たくさん召し上がれ
③잘 먹겠습니다．（チャル モッケッスムニダ）　いただきます

トレーニング・チェック：解答は 328 ページ

④잘 먹었습니다.　　ごちそうさま
⑤맛있어요.　　おいしいです

単語の練習　　次の韓国語の意味を日本語で言ってください

①잘 먹었습니다 _____　　②안녕히 계세요 _____
③안녕히 주무세요 _____　　④맛있어요 _____
⑤많이 드세요 _____　　⑥고마워요 _____
⑦잘 먹겠습니다 _____

聞きとり1　　CDを聞いてハングルで書き取りなさい　　🔊CD1-32

① (　　　　　　　) ② (　　　　　　　) ③ (　　　　　　　)
④ (　　　　　　　) ⑤ (　　　　　　　) ⑥ (　　　　　　　)
⑦ (　　　　　　　) ⑧ (　　　　　　　) ⑨ (　　　　　　　)
⑩ (　　　　　　　)

聞きとり2　　CDを聞いて日本語で意味を書きなさい　　🔊CD1-33

① (　　　　　　　) ② (　　　　　　　) ③ (　　　　　　　)
④ (　　　　　　　) ⑤ (　　　　　　　) ⑥ (　　　　　　　)
⑦ (　　　　　　　) ⑧ (　　　イムニダ　)です ⑨ (　　　　　　　)
⑩ (　　　　　　　)

第5課　文字と発音を学ぶ

パッチム

この課の学習ポイント

1. パッチムの発音

　日本語のかなは、1文字が「あ a」のように母音だけか、「か ka、さ sa、た ta、な na」のように子音＋母音を表しているのが普通です。これまで紹介したハングルも日本語同様、1文字が子音＋母音から成っているものばかりでしたが、実は母音の後ろにさらに子音が来て、子音＋母音＋子音で1文字を作ることが韓国語にはあります。この最後の子音をパッチム（韓国語で「支え」の意味）と呼び、文字構成上必ず下に置かれます。

하 ＋ ㄴ ⇒ 한 han　　　그 ＋ ㄹ ⇒ 글 kul

　これまで習ったほとんどの子音字がパッチムとして使われますが、発音は次の7つのどれかになります。

[k]…ㄱ、ㅋ、ㄲ　　　　　　　　악「アッ（ク）」
[t]…ㄷ、ㅌ、ㅅ、ㅆ、ㅈ、ㅊ、ㅎ　앗「アッ（ト）」
[p]…ㅂ、ㅍ　　　　　　　　　　압「アッ（プ）」
[n]…ㄴ　　　　　　　　　　　　안「アン（ヌ）」
[m]…ㅁ　　　　　　　　　　　　암「アン（ム）」
[ŋ]…ㅇ　　　　　　　　　　　　앙「アン（グ）」
[l]…ㄹ　　　　　　　　　　　　알「アル」

　終声（末子音）としての［k］［t］［p］の音は破裂がない、内破音と言われる音で、どれもつまる音「ッ」に聞こえますが、それぞれ口の構えが違う発音の区別があります。［k］は舌のつけねで喉を閉じた構え、［t］は舌先を上あごにあてた構え、［p］は両唇をしっかり閉じた構えになります。「ン」に聞こえる［n］［m］［ŋ］もそれぞれ口の構えが違うので注意してください。ㄹ［l］は舌先を上あごにつけたままにします。

トレーニング・チェック：解答は 328 ページ

練習1 次の日本語をハングルで書いたならば、下線部の音をもっとも正確に表しているのは a)〜c) のどの表記でしょうか

① は<u>ん</u>こう　　a) 한　　　b) 함　　　c) 항
② は<u>ん</u>たい　　a) 한　　　b) 함　　　c) 항
③ は<u>ん</u>めん　　a) 한　　　b) 함　　　c) 항
④ は<u>っ</u>きり　　a) 학　　　b) 핫　　　c) 합
⑤ は<u>っ</u>てん　　a) 학　　　b) 핫　　　c) 합
⑥ は<u>っ</u>ぴょう　a) 학　　　b) 핫　　　c) 합

練習2 ①〜⑤の文字と同じ発音のものを a)〜c) の中からひとつ選びなさい

① 압　　a) 암　　b) 앞　　c) 았
② 잊　　a) 있　　b) 익　　c) 인
③ 겉　　a) 걸　　b) 겅　　c) 것
④ 좋　　a) 족　　b) 종　　c) 좇
⑤ 밖　　a) 박　　b) 받　　c) 밭

練習3 次の単語を読んでみましょう　　　🔊 CD1-34

① 용기　② 대답　③ 고생　④ 남자　⑤ 노력　⑥ 전공
⑦ 지갑　⑧ 일본　⑨ 중국　⑩ 조선　⑪ 받침　⑫ 신발

新しい単語 前半 発音しながら3回ずつ書きましょう　🔊 CD1-35

① 정말（チョンマル）　本当（に）＿＿＿＿　＿＿＿＿　＿＿＿＿
② 물（ムル）　水＿＿＿＿　＿＿＿＿　＿＿＿＿
③ 밥（パプ）　ご飯＿＿＿＿　＿＿＿＿　＿＿＿＿
④ 질문（チルムン）　質問＿＿＿＿　＿＿＿＿　＿＿＿＿
⑤ 선생님（ソンセンニム）　先生＿＿＿＿　＿＿＿＿　＿＿＿＿

トレーニング・チェック：解答は 328 ページ

2. 連音化

パッチムの後ろに母音が来ると、パッチムが後続の母音とつながって発音されます。この現象を連音化と呼びます。

국어 国語⇒[구거クゴ]　　**십오** 十五⇒[시보シボ]

ただしㅎパッチムは連音すると、ㅎの音が消えてしまいます。

놓아 置いて⇒[노아ノア]

3. 濃音化

[k][t][p]のつまる音「ッ」に聞こえるパッチムに後続する平音ㄱ、ㄷ、ㅂ、ㅅ、ㅈは濃音で発音されます。つまり、[k][t][p]パッチムの後ろでは平音ㄱ、ㄷ、ㅂ、ㅅは濁音化しないことになります。

학교 学校⇒[학꾜ハッキョ]　　**맞다** 合う⇒[맏따マッタ]

注1 つまる音に聞こえるパッチム以外のパッチムは濃音化を起こしません。
　　연기けむり⇒[연기ヨンギ]
注2 [k][p]パッチム＋ㅅの場合、[k][p]は破裂を起こしはっきり聞こえるようになります。접시お皿⇒[접씨チョプシ]

練習4　次の単語を発音の通りハングルで表記してください

①졸업＿＿＿＿＿　②음악＿＿＿＿＿　③독일＿＿＿＿＿
④좋은＿＿＿＿＿　⑤같은＿＿＿＿＿　⑥굳은＿＿＿＿＿

練習5　次の単語を読んでみましょう　　　　　🔊 CD1-36

①넘어요　②적어요　③받아요　④입어요　⑤좋아요
⑥맞아요　⑦웃어요　⑧깎아요　⑨있어요　⑩맡아요
⑪신어요　⑫팔아요

トレーニング・チェック：解答は 328 ページ

練習6 次の単語を発音の通りハングルで表記してください

①입구＿＿＿＿＿ ②역사＿＿＿＿＿ ③놀다＿＿＿＿＿

④웃다＿＿＿＿＿ ⑤깎다＿＿＿＿＿ ⑥준비＿＿＿＿＿

練習7 次の単語を読んでみましょう　　　　　　　　　　CD1-37

①받다　②작가　③있고　④쪽지　⑤잡지

⑥농담　⑦박수　⑧감기　⑨팥죽　⑩일기

⑪첫걸음　⑫붙잡다

新しい単語 後半 発音しながら3回ずつ書きましょう　　CD1-38

①식당（シクタン）　食堂　＿＿＿＿＿　＿＿＿＿＿　＿＿＿＿＿

②종이（チョンイ）　紙　＿＿＿＿＿　＿＿＿＿＿　＿＿＿＿＿

③택시（テクシー）　タクシー　＿＿＿＿＿　＿＿＿＿＿　＿＿＿＿＿

④발음（パルム）　発音　＿＿＿＿＿　＿＿＿＿＿　＿＿＿＿＿

⑤목욕（モギョク）　風呂　＿＿＿＿＿　＿＿＿＿＿　＿＿＿＿＿

基本フレーズ 次のフレーズを覚えましょう　　　　　　CD1-39

①됐습니다（トェッスムニダ）.　要りません・いいです

②됐어요（トェッソヨ）.　要りません・いいです（됐습니다のよりくだけた形）

③그렇습니다（クロッスムニダ）.　そうです

④그래요（クレヨ）.　そうです（그렇습니다のよりくだけた形）

⑤또 만나요（ト マンナヨ）.　また会いましょう

単語の練習 次の韓国語の意味を日本語で言ってください

①맛있어요＿＿＿＿＿　②안녕히 주무세요＿＿＿＿＿

③또 만나요＿＿＿＿＿　④그렇습니다＿＿＿＿＿

トレーニング・チェック：解答は328ページ

⑤죄송합니다＿＿＿＿＿＿　⑥많이 드세요＿＿＿＿＿＿

⑦됐어요＿＿＿＿＿＿

聞きとり1　CDを聞いてハングルで書き取りなさい　🔊CD1-40

① (　　　　　　　)　② (　　　　　　　)　③ (　　　　　　　)
④ (　　　　　　　)　⑤ (　　　　　　　)　⑥ (　　　　　　　)
⑦ (　　　　　　　)　⑧ (　　　　　　　)　⑨ (　　　　　　　)
⑩ (　　　　　　　)

聞きとり2　CDを聞いて日本語で意味を書きなさい　🔊CD1-41

① (　　　　　　　)　② (　　　　　　　)　③ (　　　　　　　)
④ (　　　　　　　)　⑤ (　　　　　　　)　⑥ (　　　　　　　)
⑦ (　　　　　　　)　⑧ (　　　　　　　)　⑨ (　　　　　　　)
⑩ (　　　　　　　)

第6課　文字と発音を学ぶ
発音のルール1

この課の学習ポイント

1. 鼻音化

つまる音のパッチム［k］［t］［p］に鼻音ㄴ、ㅁが後続すると、［k］［t］［p］は口の構えが同じ鼻音［ŋ］［n］［m］に変化します。これを鼻音化と言います。

［k］ ㄱ、ㅋ、ㄲ　　　　　　　　　　　　　　　［ŋ］
［t］ ㄷ、ㅌ、ㅅ、ㅆ、ㅈ、ㅊ、ㅎ ＋ㄴ、ㅁ ⇒ ［n］ ＋［n］、［m］
［p］ ㅂ、ㅍ　　　　　　　　　　　　　　　　　［m］

학년 学年⇒［항년ハンニョン］　　입니다 ～です⇒［임니다イムニダ］

2. 複パッチムとその発音

2つの子音字からなるパッチムを複パッチムと言います。複パッチムの発音は、子音が後に続く場合には2つのうちどちらか1つの子音を読み（組み合わせによりどちらを読むかは決まっている）、母音が後に続いて連音化する場合は両方読むのが原則です。

①複パッチムに子音が後続する場合

　ㄱㅅ、ㄹㄱ　　　　　　　---［k］
　ㅂㅅ、ㄹㅍ　　　　　　　---［p］
　ㄹㅁ　　　　　　　　　　---［m］
　ㄴㅈ、ㄴㅎ　　　　　　　---［n］
　ㄹㅂ、ㄹㅅ、ㄹㅌ、ㄹㅎ　---［l］

注1 읽다（読む）のように複パッチムㄹㄱが語幹末にある用言では、ㄱで始まる接辞が後続する時にㄹの方を発音します。
注2 밟다（踏む）はㅂの方を発音します。

トレーニング・チェック：解答は 328 ページ

注3 複パッチムの後ろの平音ㄱ、ㄷ、ㅂ、ㅅ、ㅈは濃音で発音されます。ただし、ㅎの入った複パッチムㄶ、ㅀに後続する平音は激音化されます。

②複パッチムに母音が後続する場合
　左右に並んだパッチムの左を読んだ後、右のパッチムを連音化させて発音します。ただし、ㄶ、ㅀが連音化する場合はㅎを発音せず左側のㄴ、ㄹを連音化させます。

젊다 若い[점따チョムタ]⇒젊어요 若いです[절머요チョルモヨ]
싫다 嫌だ[실타シルタ]⇒싫어요 嫌です[시러요シロヨ]

練習1 次の単語を発音の通りハングルで表記してください　　　CD1-42

① 십년 _____　② 육만 _____　③ 앞니 _____
④ 낱말 _____　⑤ 끝나다 _____
⑥ 다섯 명 _____

練習2 次の単語を読んでみましょう　　　CD1-43

①학문　②윷놀이　③입맛　④몇 년　⑤먹는
⑥있는　⑦넣는　⑧받는　⑨깎는　⑩접는
⑪찾는　⑫갚는

新しい単語 前半 発音しながら3回ずつ書きましょう　　　CD1-44

①한국말（ハングンマル）　韓国語　_____　_____　_____
②입니다（イムニダ）　～です　_____　_____　_____
③거짓말（コジンマル）　うそ　_____　_____　_____
④합니다（ハムニダ）　します・言います　_____　_____　_____
⑤작문（チャンムン）　作文　_____　_____　_____

トレーニング・チェック：解答は 328 ページ

練習 3　次の単語を発音の通りハングルで表記してください　　CD1-45

①닭 ＿＿＿＿＿　　②값 ＿＿＿＿＿　　③닭다 ＿＿＿＿＿

④앓다 ＿＿＿＿＿　　⑤넓어요 ＿＿＿＿＿　　⑥않아요 ＿＿＿＿＿

練習 4　次の単語を読んでみましょう　　CD1-46

①짧아요　　②읽어요　　③굵어요　　④많아요　　⑤앉아요

⑥끓어요　　⑦많고　　⑧없고　　⑨읽고　　⑩앉고

⑪삶고　　⑫끓고

新しい単語 後半　発音しながら3回ずつ書きましょう　　CD1-47

① 없어요（オプソヨ）　　ありません・いません ＿＿＿＿＿　＿＿＿＿＿　＿＿＿＿＿

② 닭（タク）　　鶏 ＿＿＿＿＿　＿＿＿＿＿　＿＿＿＿＿

③ 읽으세요（イルグセヨ）　　読んでください ＿＿＿＿＿　＿＿＿＿＿　＿＿＿＿＿

④ 앉으세요（アンジュセヨ）　　座ってください ＿＿＿＿＿　＿＿＿＿＿　＿＿＿＿＿

⑤ 싫어요（シロヨ）　　嫌です ＿＿＿＿＿　＿＿＿＿＿　＿＿＿＿＿

基本フレーズ　次のフレーズを覚えましょう　　CD1-48

① 천만에요（チョンマネヨ）．　どういたしまして

② 좋습니다（チョッスムニダ）．　いいですね・いいですよ・好きです

③ 좋아요（チョアヨ）．　いいですね・いいですよ・好きです（좋습니다の少しくだけた形）

④ 안됩니다（アンドェムニダ）．　だめです

⑤ 안돼요（アンドェヨ）．　だめです（안됩니다の少しくだけた形）

単語の練習　次の韓国語の意味を日本語で言ってください

①안됩니다 ＿＿＿＿＿　　②천만에요 ＿＿＿＿＿

③앉으세요 ＿＿＿＿＿　　④좋아요 ＿＿＿＿＿

トレーニング・チェック：解答は328ページ

⑤싫어요＿＿＿＿＿＿＿＿　　　⑥안돼요＿＿＿＿＿＿＿＿

⑦좋습니다＿＿＿＿＿＿＿＿

聞きとり1　CDを聞いてハングルで書き取りなさい　　　🔊 CD1-49

① (　　　　　　　)　② (　　　　　　　)　③ (　　　　　　　)
④ (　　　　　　　)　⑤ (　　　　　　　)　⑥ (　　　　　　　)
⑦ (　　　　　　　)　⑧ (　　　　　　　)　⑨ (　　　　　　　)
⑩ (　　　　　　　)

聞きとり2　CDを聞いて日本語で意味を書きなさい　　　🔊 CD1-50

① (　　　　　　　)　② (　　　　　　　)　③ (　　　　　　　)
④ (　　　　　　　)　⑤ (　　　　　　　)　⑥ (　　　　　　　)
⑦ (　　　　　　　)　⑧ (　　　　　　　)　⑨ (　　　　　　　)
⑩ (　　　　　　　)

第7課　文字と発音を学ぶ

発音のルール2

この課の学習ポイント

1. ㅎの発音

①激音化

　ㅎパッチムに後続するㄱ、ㄷ、ㅅ、ㅎが後続する[k][t][p]パッチムは激音に変化します。

ㅎ・ㄴㅎ・ㄹㅎ ＋ ㄱ / ㄷ / ㅅ ⇒ ㅋ / ㅌ / ㅊ

좋고　良くて ⇒ [조코チョコ]
옳다　正しい ⇒ [올타オルタ]

[k] / [t] + ㅎ ⇒ ㅋ / ㅌ / ㅍ
[p]

먹히다　食べられる ⇒ [머키다モキダ]
몇 학년　何年生 ⇒ [며탕년ミョタンニョン]

②ㅎの弱化

　ㄴ、ㅁ、ㅇ、ㄹパッチムに後続するㅎは音が弱くなり、ほとんど聞こえなくなります。

만화　漫画 ⇒ [마놔マヌァ]

2. ㄹの発音

①ㄹの鼻音化

　ㄹ、ㄴパッチム以外のパッチムにㄹが後続するとㄹは[n]音に変化します。

점령　占領 ⇒ [점녕チョムニョン]　　성립　成立 ⇒ [성닙ソンニプ]

トレーニング・チェック：解答は328ページ

また、[k][t][p]パッチムの場合は、後続のㄹが[n]音に変化したことによって、さらに自身が鼻音化を引き起こします。

국립 国立⇒[궁닙クンニプ]　　**압력** 圧力⇒[암녁アムニョク]

② ㄴの流音化

ㄹ、ㄴパッチムにㄹが後続した場合は、ㄹの音は変化しないのですが、ㄴパッチムがㄹパッチムの音［l］に変化します。また、ㄹパッチムにㄴが後続した時もㄴがㄹ音［l］に変化します。

ㄴ＋ㄹ・ㄹ＋ㄴ⇒ㄹ＋ㄹ

권리 権利⇒[궐리クォルリ]　　**달님** お月様⇒[달림タルリム]

練習1 次の単語を発音の通りハングルで表記してください　🔊 CD1-51

①입학 _____　②연휴 _____　③전화 _____

④급행 _____　⑤생활 _____　⑥특히 _____

練習2 次の単語を読んでみましょう　🔊 CD1-52

①좋지　②놓다　③넣고　④않다　⑤전하다
⑥착하다　⑦먹히다　⑧따뜻하다　⑨급하다　⑩심하다
⑪정하다　⑫말하다

新しい単語｜前半 発音しながら3回ずつ書きましょう　🔊 CD1-53

①못합니다（モッタムニダ）　できません・下手です _____　_____　_____
②결혼（キョロン）　結婚 _____　_____　_____
③열심히（ヨルシミ）　熱心に・一生懸命 _____　_____　_____
④축하합니다（チュッカハムニダ）　おめでとう _____　_____　_____
⑤부탁합니다（プタッカムニダ）　お願いします _____　_____　_____

> トレーニング・チェック：解答は 328 ページ

練習3　次の単語を発音の通りハングルで表記してください　🔊 CD1-54

①심리＿＿＿＿＿　②격려＿＿＿＿＿　③명령＿＿＿＿＿

④일 년＿＿＿＿＿　⑤십리＿＿＿＿＿　⑥난로＿＿＿＿＿

練習4　次の単語を読んでみましょう　🔊 CD1-55

①합리적　②장래　③논리　④염려　⑤동료
⑥연락　⑦편리　⑧법률　⑨설날　⑩작년
⑪승리　⑫신라

新しい単語 後半　発音しながら3回ずつ書きましょう　🔊 CD1-56

①정류장（チョンニュジャン）	停留所	＿＿＿	＿＿＿	＿＿＿
②음료수（ウムニョス）	飲料水・飲み物	＿＿＿	＿＿＿	＿＿＿
③독립（トンニプ）	独立	＿＿＿	＿＿＿	＿＿＿
④설날（ソルラル）	正月	＿＿＿	＿＿＿	＿＿＿
⑤신라（シルラ）	新羅	＿＿＿	＿＿＿	＿＿＿

基本フレーズ　次のフレーズを覚えましょう　🔊 CD1-57

①생일 축하합니다.（センイル チュッカハムニダ）　誕生日おめでとうございます
②새해 복 많이 받으세요.（セヘ ボン マーニ パドゥセヨ）　明けましておめでとうございます
③오래간만입니다.（オレガンマニムニダ）　おひさしぶりです
④수고하세요.（スゴハセヨ）　ご苦労さまです
⑤수고하셨습니다.（スゴ ハショッスムニダ）　お疲れさまでした

単語の練習　次の韓国語の意味を日本語で言ってください

①음료수＿＿＿＿＿＿＿　②열심히＿＿＿＿＿＿＿

③못합니다＿＿＿＿＿＿＿　④오래간만입니다＿＿＿＿＿＿＿

⑤부탁합니다＿＿＿＿＿＿＿　⑥수고하세요＿＿＿＿＿＿＿

⑦생일 축하합니다＿＿＿＿＿＿＿

トレーニング・チェック：解答は 329 ページ

聞きとり1　CDを聞いてハングルで書き取りなさい　　　🔊 CD1-58

① (　　　　　　　) ② (　　　　　　　) ③ (　　　　　　　)
④ (　　　　　　　) ⑤ (　　　　　　　) ⑥ (　　　　　　　)
⑦ (　　　　　　　) ⑧ (　　　　　　　) ⑨ (　　　　　　　)
⑩ (　　　　　　　)

聞きとり2　CDを聞いて日本語で意味を書きなさい　　　🔊 CD1-59

① (　　　　　　　) ② (　　　　　　　) ③ (　　　　　　　)
④ (　　　　　　　) ⑤ (　　　　　　　) ⑥ (　　　　　　　)
⑦ (　　　　　　　) ⑧ (　　　　　　　) ⑨ (　　　　　　　)
⑩ (　　　　　　　)

第8課 「〜です・ですか」の表現を学ぶ

친구입니다（友達です）

この課の学習ポイント

1. 입니다＝〜です

입니다は、「〜です」にあたる表現で、前に体言（名詞や代名詞）を置いて「体言＋입니다」の形で使われます。ただし、日本語の「〜です」が「大きいです」のように「形容詞＋です」の形で使われることがあるのに対して、입니다は形容詞といっしょに使われることはありません。입니다は韓国語の文法では動詞や形容詞とは区別して指定詞と呼ばれるグループに属しています。指定詞は用言（活用語）のひとつで、英語の「be」動詞に相当します。体言＋指定詞は分かち書きしません。입니다という形は、原形이다に丁寧の語尾ㅂ니다がついたものなのですが、原形と丁寧の語尾の接続方法については第14課でくわしく習います。

＊発音に注意

입니다．(〜です) ⇒ [임니다]　　입니까? (〜ですか) ⇒ [임니까]

＊会話体における省略形

指定詞のハムニダ体「입니다」・「입니까」は、会話体では母音終わりの体言の後で、「이」を省略することが多いです。

例　토마토입니다（トマトです）⇒ 토마톱니다 [토마톰니다]

2. 는 / 은＝〜は

는も은も、日本語の「は」に相当する助詞です。는を使うか은を使うかは、直前に置く単語が母音終わりの体言か子音終わりの体言かによって決まります。

母音終わりの体言 ＋ 는

子音終わりの体言 ＋ 은

「子音終わりの体言＋은」の場合、連音化が起こるので発音に注意しましょう。

例　책은（本は）⇒ [채근]

トレーニング・チェック：解答は329ページ

新しい単語 前半　発音しながら3回ずつ書きましょう　🔊 CD1-60

① 씨 (シ)　　　〜さん　　＿＿＿＿＿　＿＿＿＿＿　＿＿＿＿＿
② 사람 (サラム)　人・〜人(じん)　＿＿＿＿＿　＿＿＿＿＿　＿＿＿＿＿
③ 여기 (ヨギ)　　ここ　　＿＿＿＿＿　＿＿＿＿＿　＿＿＿＿＿
④ 남자 (ナムジャ)　男の人　＿＿＿＿＿　＿＿＿＿＿　＿＿＿＿＿
⑤ 한국 (ハングク)　韓国　＿＿＿＿＿　＿＿＿＿＿　＿＿＿＿＿
⑥ 일본 (イルボン)　日本　＿＿＿＿＿　＿＿＿＿＿　＿＿＿＿＿
⑦ 어디 (オディ)　どこ　＿＿＿＿＿　＿＿＿＿＿　＿＿＿＿＿
⑧ 잡지 (チャプチ)　雑誌　＿＿＿＿＿　＿＿＿＿＿　＿＿＿＿＿
⑨ 제 (チェ)　　　私の　　＿＿＿＿＿　＿＿＿＿＿　＿＿＿＿＿
⑩ 김치 (キムチ)　キムチ　＿＿＿＿＿　＿＿＿＿＿　＿＿＿＿＿

語彙を増やそう！

1. 次の単語の意味を日本語で言ってください

①어디 ＿＿＿＿＿　②제 ＿＿＿＿＿　③한국 ＿＿＿＿＿

④사람 ＿＿＿＿＿　⑤여기 ＿＿＿＿＿　⑥김치 ＿＿＿＿＿

⑦씨 ＿＿＿＿＿　⑧잡지 ＿＿＿＿＿　⑨일본 ＿＿＿＿＿

⑩남자 ＿＿＿＿＿

2. 次の単語を韓国語で言ってください

①ここ ＿＿＿＿＿　②私の ＿＿＿＿＿　③男の人 ＿＿＿＿＿

④日本 ＿＿＿＿＿　⑤韓国 ＿＿＿＿＿　⑥雑誌 ＿＿＿＿＿

⑦〜さん ＿＿＿＿＿　⑧キムチ ＿＿＿＿＿　⑨どこ ＿＿＿＿＿

⑩人・〜人 ＿＿＿＿＿

トレーニング・チェック：解答は 329 ページ

基本文型の練習A　例にならって文を作り、できあがった文の意味も書きなさい

1. 体言＋です

   例　친구⇒친구입니다．（友達です）

   ①한국⇒ _____ (　　　　　　　)

   ②정말⇒ _____ (　　　　　　　)

   ③기무라 씨⇒ _____ (　　　　　　　)

   ④일본 사람⇒ _____ (　　　　　　　)

   ⑤여기⇒ _____ (　　　　　　　)

2. 体言＋ですか

   例　친구⇒친구입니까？（友達ですか）

   ①정말⇒ _____ (　　　　　　　)

   ②한국 사람⇒ _____ (　　　　　　　)

   ③어디⇒ _____ (　　　　　　　)

   ④누구⇒ _____ (　　　　　　　)

   ⑤김 선생님⇒ _____ (　　　　　　　)

3. 이の省略　　日本語に訳しましょう

   ①어딥니까？⇒（　　　　　　　）

   ②여깁니다．⇒（　　　　　　　）

   ③누굽니까？⇒（　　　　　　　）

   ④김영희 씹니다．⇒（　　　　　　　）

   ⑤다나캅니다．⇒（　　　　　　　）

新しい単語　後半　発音しながら3回ずつ書きましょう　　🔊CD1-61

①이것（イゴッ）　　これ　　_____　_____　_____

トレーニング・チェック：解答は 329 ページ

②그것 (クゴッ)	それ	_____	_____	_____
③저것 (チョゴッ)	あれ	_____	_____	_____
④이름 (イルム)	名前	_____	_____	_____
⑤가방 (カバン)	かばん	_____	_____	_____
⑥친구 (チング)	友達	_____	_____	_____
⑦텔레비전 (テルレビジョン)	テレビ	_____	_____	_____
⑧학생 (ハクセン)	学生	_____	_____	_____
⑨저 (チョ)	私	_____	_____	_____
⑩언제 (オンジェ)	いつ	_____	_____	_____

語彙を増やそう！

1. 次の単語の意味を日本語で言ってください

①텔레비전 _____　　②이것 _____

③학생 _____　　④저 _____　　⑤언제 _____

⑥친구 _____　　⑦저것 _____　　⑧가방 _____

⑨이름 _____　　⑩그것 _____

2. 次の単語を韓国語で言ってください

①学生 _____　　②私 _____　　③それ _____

④友だち _____　　⑤かばん _____　　⑥テレビ _____

⑦いつ _____　　⑧これ _____　　⑨あれ _____

⑩名前 _____

基本文型の練習 B

例にならって文を作り、できあがった文の意味も書きなさい

体言＋は〜です

> 例　여기／한국⇒여기는 한국입니다．（ここは韓国です）

トレーニング・チェック：解答は 329 ページ

①저 / 학생⇒ _____ (　　　　　　)

②아버지 / 한국 사람⇒ _____ (　　　　　　)

③이것 / 제 / 가방⇒ _____ (　　　　　　)

④제 / 이름 / 스즈키⇒ _____ (　　　　　　)

⑤저것 / 식당⇒ _____ (　　　　　　)

韓国語で言ってみましょう！

①私は日本人です。　_____

②ここはどこですか。　_____

③私の名前は田中ようこです。　_____

④先生のかばんはこれですか。　_____

⑤母は韓国人です。　_____

聞きとり　CDを聞いて文を完成しましょう　　🔊 CD1-62

① ☐ 은 정말입니까？

②저는 ☐ 입니다．

③ ☐ 는 학교입니다．（학교＝学校）

④이것은 ☐ 가방입니다．

⑤ ☐ 입니까？

⑥ ☐ 는 일본 사람입니다．

⑦ ☐ 입니까？

⑧제 ☐ 은 박태수입니다．

⑨ ☐ 입니까？

⑩저는 ☐ 입니다．

第9課 「～ではありません・ではありませんか」の表現を学ぶ

거짓말이 아닙니다（うそではありません）

この課の学習ポイント

1. 아닙니다＝～ではありません

아닙니다は、「～ではありません」にあたる表現です。아닙니다という形は、原形아니다に丁寧の語尾ㅂ니다がついたものです。아니다も이다と同様に指定詞に属しています。이다は肯定形、아니다は否定形です。日本語の「～ではありません」は体言に直接つきますが、아닙니다の場合、「体言＋助詞＋아닙니다」の形をとり、助詞「가／이」がともないます。ハムニダ体の疑問文は「～까?」で、平叙文は「～다.」で終わります。

　体言＋가／이 아닙니다．（～ではありません）
　体言＋가／이 아닙니까？（～ではありませんか）

2. 가／이＝～が

가と이は、日本語の「が」に相当する助詞です。
　　　母音終わりの体言 ＋ 가
　　　子音終わりの体言 ＋ 이
「子音終わりの体言＋이」の場合、連音化が起こるので発音に注意しましょう。

新しい単語 前半 　発音しながら3回ずつ書きましょう　　🔊CD1-63

① 오늘　　　今日　　　_____　_____　_____
② 대학생　　大学生　　 _____　_____　_____
③ 중국어　　中国語　　 _____　_____　_____
④ 학교　　　学校　　　_____　_____　_____
⑤ 지갑　　　さいふ　　_____　_____　_____

トレーニング・チェック：解答は 329 ページ

⑥책(チェク)　本　_____　_____　_____
⑦과일(クァイル)　くだもの　_____　_____　_____
⑧친척(チンチョク)　親戚　_____　_____　_____
⑨형제(ヒョンジェ)　兄弟　_____　_____　_____
⑩일요일(イリョイル)　日曜日　_____　_____　_____

語彙を増やそう！

1. 次の単語の意味を日本語で言ってください

①학교 _____　②대학생 _____　③지갑 _____

④형제 _____　⑤오늘 _____　⑥중국어 _____

⑦책 _____　⑧일요일 _____　⑨과일 _____

⑩친척 _____

2. 次の単語を韓国語で言ってください

①兄弟 _____　②学校 _____　③日曜日 _____

④大学生 _____　⑤くだもの _____

⑥今日 _____　⑦親戚 _____　⑧本 _____

⑨中国語 _____　⑩さいふ _____

基本文型の練習A　例にならって文を作り、できあがった文の意味も書きなさい

1. ～ではありません

> 例　친구 ⇒ 친구가 아닙니다．（友達ではありません）

①형제 ⇒ _____（　　　　　　　）
②거짓말 ⇒ _____（　　　　　　　）
③일요일 ⇒ _____（　　　　　　　）
④중국 사람 ⇒ _____（　　　　　　　）

トレーニング・チェック：解答は 329 ページ

⑤과일⇒ _____ ( )

2. ～ではありませんか

> 例　친구⇒친구가 아닙니까？（友達ではありませんか）

①제 책⇒ _____ ( )

②오늘⇒ _____ ( )

③대학생⇒ _____ ( )

④한국어 교과서⇒ _____ ( )

⑤친척⇒ _____ ( )

新しい単語　後半　発音しながら3回ずつ書きましょう　🔊CD1-64

①토마토 (トマト)	トマト			
②야채 (ヤチェ)	野菜			
③사촌 (サチョン)	いとこ			
④숙제 (スクチェ)	宿題			
⑤농담 (ノンダム)	冗談			
⑥방 (パン)	部屋			
⑦회사원 (フェサウォン)	会社員			
⑧공휴일 (コンヒュイル)	公休日・祝日			
⑨가족 (カジョク)	家族			
⑩사전 (サジョン)	辞書			

語彙を増やそう！

1. 次の単語の意味を日本語で言ってください

①사전 _____　②야채 _____　③공휴일 _____

トレーニング・チェック：解答は329ページ

④방 _____　⑤숙제 _____　⑥농담 _____
⑦토마토 _____　⑧가족 _____　⑨사촌 _____
⑩회사원 _____

2. 次の単語を韓国語で言ってください

①野菜 _____　②いとこ _____　③公休日 _____
④トマト _____　⑤家族 _____　⑥冗談 _____
⑦辞書 _____　⑧宿題 _____　⑨会社員 _____
⑩部屋 _____

基本文型の練習B　例にならって文を作り、できあがった文の意味も書きなさい

体言＋は〜ではありません

> 例　이것／사전⇒이것은 사전이 아닙니다．(これは辞書ではありません)

①저／대학생⇒ _____（　　　　　　　　）
②토마토／과일⇒ _____（　　　　　　　　）
③그것／제 가방⇒ _____（　　　　　　　　）
④제 이름／나카타니⇒ _____（　　　　　　　　）
⑤이것／일본어 교과서⇒ _____（　　　　　　　　）

韓国語で言ってみましょう！

①私は会社員ではありません。　_____
②これは中国語の辞書ではありません。　_____
③ここは学校ではありませんか。　_____
④先生の本ではありませんか。　_____
⑤今日は日曜日ではありません。　_____

トレーニング・チェック：解答は330ページ

聞きとり　CDを聞いて文を完成しましょう　　🔊CD1-65

① 그것은 일본어 사전 ☐ ☐ ?
② 여기는 학교 ☐ ☐ .
③ 저는 ☐ 이 아닙니다.
④ 이것은 제 ☐ 이 아닙니다.
⑤ 김 ☐ 은 일본 사람이 아닙니다.
⑥ 저는 ☐ 이 아닙니다.
⑦ ☐ 이 아닙니까?
⑧ ☐ 은 공휴일이 아닙니다.
⑨ 여기는 제 ☐ 이 아닙니다.
⑩ 기무라 씨 ☐ 이 아닙니까?

第10課　存在詞の丁寧語尾を学ぶ

시간이 있습니까? (時間がありますか)

この課の学習ポイント

1. ハムニダ体とヘヨ体＝文体の使い分け

　日本語を話す際も相手や場面によって「する」と言ったり「します」と言ったりするように、韓国語も相手や場面によって文末の文体を変えます。ここでは、文末が「～ダ」で終わるハムニダ体と、「～ヨ」で終わるヘヨ体を紹介します。これらは両方とも、日本語の「です・ます」調にあたる丁寧な文体です。ハムニダ体は礼儀に気を使った少し緊張した言い方であるのに対して、ヘヨ体はフレンドリーな言い方です。ハムニダ体の平叙文は「～다.」で終わり、疑問文は「～까?」で終わります。ヘヨ体は平叙文・疑問文・勧誘文・命令文とも「～요」で終わり、イントネーションで区別します。

2. 있다＝ある・いる　　없다＝ない・いない

　있다と없다は存在詞と呼ばれるグループに属しています。存在詞も用言のひとつで、存在の有無を表すときに使います。韓国語では日本語のように、生物と無生物を区別せず、存在すれば「있다」、存在しなければ「없다」を用います。

| ハムニダ体 | 있습니다. / 있습니까? | 없습니다. / 없습니까? |
| ヘヨ体 | 있어요. / 있어요? | 없어요. / 없어요? |

3. 계시다＝居られる

　있다の敬語は계시다です。계시다の前に、안を置くと「いらっしゃらない」という否定の意になります。

| ハムニダ体 | 계십니다. / 계십니까? | 안 계십니다. / 안 계십니까? |
| ヘヨ体 | 계세요. / 계세요? | 안 계세요. / 안 계세요? |

> トレーニング・チェック：解答は 330 ページ

4. 에＝～に・へ

에は日本語の「に」や「へ」に相当する助詞です。直前に置く単語が母音で終わっても子音で終わっても同形です。

（母音・子音終わりともに）体言 ＋ 에

5. 의＝～の

의は日本語の「の」に相当する助詞です。名詞＋「～の」＋名詞のとき、韓国語では「의」を省略することが多いです。

例　かばんの中に　　　가방의 속에　×
　　　　　　　　　　　가방 속에　○

新しい単語 前半　発音しながら3回ずつ書きましょう　🔊 CD1-66

①뭐/무엇 (ムォ/ムオッ)	何			
②돈 (トン)	お金			
③사장님 (サジャンニム)	社長			
④시간 (シガン)	時間			
⑤약속 (ヤクソク)	約束			
⑥은행 (ウネン)	銀行			
⑦화장실 (ファジャンシル)	トイレ			
⑧공중전화 (コンジュンジョヌァ)	公衆電話			
⑨남동생 (ナムドンセン)	弟			
⑩여동생 (ヨドンセン)	妹			

語彙を増やそう！

1. 次の単語の意味を日本語で言ってください

　①약속　_____　②여동생　_____

> トレーニング・チェック：解答は 330 ページ

③시간 ＿＿＿＿＿＿＿＿　④뭐 / 무엇 ＿＿＿＿＿＿＿＿

⑤돈 ＿＿＿＿＿＿＿＿　⑥사장님 ＿＿＿＿＿＿＿＿

⑦남동생 ＿＿＿＿＿＿＿＿　⑧화장실 ＿＿＿＿＿＿＿＿

⑨은행 ＿＿＿＿＿＿＿＿　⑩공중전화 ＿＿＿＿＿＿＿＿

2. 次の単語を韓国語で言ってください

①社長 ＿＿＿＿＿＿＿＿　②トイレ ＿＿＿＿＿＿＿＿

③公衆電話 ＿＿＿＿＿＿＿＿　④約束 ＿＿＿＿＿＿＿＿

⑤妹 ＿＿＿＿＿＿＿＿　⑥銀行 ＿＿＿＿＿＿＿＿

⑦時間 ＿＿＿＿＿＿＿＿　⑧弟 ＿＿＿＿＿＿＿＿

⑨お金 ＿＿＿＿＿＿＿＿　⑩何 ＿＿＿＿＿＿＿＿

（基本文型の練習 A） 例にならって文を作り、できあがった文の意味も書きなさい

1. ありますか・ありませんか　ハムニダ体

> 例　친구⇒친구가 있습니까？（友達がいますか）

①여동생 / 있다⇒ ＿＿＿＿＿＿＿＿＿＿＿＿（　　　　　　　　）

②돈 / 없다⇒ ＿＿＿＿＿＿＿＿＿＿＿＿（　　　　　　　　）

③뭐 / 있다⇒ ＿＿＿＿＿＿＿＿＿＿＿＿（　　　　　　　　）

④공중전화 / 있다⇒ ＿＿＿＿＿＿＿＿＿＿＿＿（　　　　　　　　）

⑤시간 / 없다⇒ ＿＿＿＿＿＿＿＿＿＿＿＿（　　　　　　　　）

2. あります・ありません　ヘヨ体

> 例　친구⇒친구가 있어요．（友達がいます）

①가방 / 없다⇒ ＿＿＿＿＿＿＿＿＿＿＿＿（　　　　　　　　）

トレーニング・チェック：解答は330ページ

②숙제 / 있다⇒ _____ ( )
③남동생 / 있다⇒ _____ ( )
④교과서 / 없다⇒ _____ ( )
⑤약속 / 있다⇒ _____ ( )

3. いらっしゃいますか　ハムニダ体

> 例　부모님⇒부모님이 계십니까？（ご両親がいらっしゃいますか）

①친척⇒ _____ ( )
②어디⇒ _____ ( )
③형제⇒ _____ ( )
④가족⇒ _____ ( )
⑤한국⇒ _____ ( )

4. いらっしゃいませんか　ヘヨ体

> 例　다나카 씨⇒다나카 씨는 안 계세요？（田中さんはいらっしゃいませんか）

①김 사장님⇒ _____ ( )
②스즈키 씨⇒ _____ ( )
③정 선생님⇒ _____ ( )
④히로시 씨⇒ _____ ( )
⑤이 선생님⇒ _____ ( )

新しい単語 後半　発音しながら3回ずつ書きましょう　🔊 CD1-67

①역　　　　駅　　_____　_____　_____
　ヨク
②영어　　　英語　_____　_____　_____
　ヨンオ

トレーニング・チェック：解答は330ページ

③근처(クンチョ)　近所　_____　_____　_____

④회사(フェサ)　会社　_____　_____　_____

⑤책상(チェクサン)　つくえ　_____　_____　_____

⑥밖(パク)　外　_____　_____　_____

⑦안(アン)　中・内　_____　_____　_____

⑧속(ソク)　中　_____　_____　_____

⑨위(ウィ)　上　_____　_____　_____

⑩앞(アプ)　前・先　_____　_____　_____

語彙を増やそう！

1. 次の単語の意味を日本語で言ってください

①안　_____　　②역　_____

③회사　_____　　④근처　_____

⑤영어　_____　　⑥밖　_____

⑦위　_____　　⑧책상　_____

⑨앞　_____　　⑩속　_____

2. 次の単語を韓国語で言ってください

①外　_____　　②中・内　_____

③つくえ　_____　　④前・先　_____

⑤英語　_____　　⑥上　_____

⑦近所　_____　　⑧駅　_____

⑨中　_____　　⑩会社　_____

トレーニング・チェック：解答は330ページ

基本文型の練習B　例にならって文を作り、できあがった文の意味も書きなさい

1. ～はどこにありますか　ハムニダ体

   > 例 공중전화 ⇒ 공중전화는 어디에 있습니까？（公衆電話はどこにありますか）

   ① 여동생 ⇒ _____ (　　　　　　　　)
   ② 화장실 ⇒ _____ (　　　　　　　　)
   ③ 학교 ⇒ _____ (　　　　　　　　)
   ④ 은행 ⇒ _____ (　　　　　　　　)
   ⑤ 일본 ⇒ _____ (　　　　　　　　)

2. ～は～にあります　ヘヨ体

   > 例 친구 / 학교 ⇒ 친구는 학교에 있어요．（友達は学校にいます）

   ① 가족 / 한국 ⇒ _____ (　　　　　　　　)
   ② 남동생 / 밖 ⇒ _____ (　　　　　　　　)
   ③ 가방 / 방 / 안 ⇒ _____ (　　　　　　　　)
   ④ 교과서 / 책상 / 위 ⇒ _____ (　　　　　　　　)
   ⑤ 회사 / 역 / 근처 ⇒ _____ (　　　　　　　　)

韓国語で言ってみましょう！

① 韓国に親戚がいます。　_____
② トイレは駅の中にあります。　_____
③ 近所に学校があります。　_____
④ 金社長はどこにいらっしゃいますか。　_____
⑤ 木村さんはここにいらっしゃいません。　_____

トレーニング・チェック：解答は 331 ページ

聞きとり　　CDを聞いて文を完成しましょう　　🔊 CD1-68

① 은행은 학교 ☐ 에 있습니다.

② 일본에 사촌이 ☐ .

③ 사전은 책상 ☐ 에 있습니다.

④ 저는 형제가 ☐ .

⑤ 지금은 ☐ 이 없어요.

⑥ 스즈키 씨는 ☐ 안 계세요.

⑦ 오늘은 시간이 ☐ .

⑧ 가방 ☐ 에 뭐가 있습니까?

⑨ 김 선생님은 학교에 ☐ .

⑩ 지금 어디에 ☐ ?

第11課　固有語の数詞を学ぶ
韓国語のひとつ、ふたつ、みっつ

この課の学習ポイント

1. 固有数詞とは

　日本語同様、韓国語には２種類の数字があります．ひとつ、ふたつ、みっつ・・・、にあたるのがこの課で習う数詞で、本来韓国語にあった数詞という意味で「固有語の数詞」と呼ばれています．もうひとつは、いち、に、さん・・・、にあたる漢数詞で、中国語の数詞から来た言い方です．漢数詞は次の課で習います．それぞれの数詞を身につけると同時に、固有語の数詞と漢数詞では使い分けがあるので、どんな場合にどちらの数詞を使うのかもあわせて覚えてください．

2. 固有数詞1～10

1 하나 ハ ナ (한) ハン	2 둘 トゥル (두) トゥ	3 셋 セッ (세) セ	4 넷 ネッ (네) ネ	5 다섯 タソッ
6 여섯 ヨソッ	7 일곱 イルゴプ	8 여덟 ヨドル	9 아홉 アホプ	10 열 ヨル

　固有語の数詞は物の個数を言う時によく使われますが、数詞の後ろに助数詞（「３個」の「個」や「５人」の「人」のような数える時に数詞といっしょに使う言葉）が来ると、１～４の数字は上でかっこの中に示した形に変わります．

한 명	두 명	세 명	네 명	다섯 명	여섯 명・・・
(1人)	(2人)	(3人)	(4人)	(5人)	(6人)

3. 固有数詞11～99

　日本語の固有数詞は１０（とお）までですが、韓国語は９９まであります（それ以上の数字は次の課で習う漢数詞を使う）．１１は열（10）＋하나（１）で열하나、３４は서른（30）＋넷（４）で서른넷となります．

トレーニング・チェック：解答は 331 ページ

20 스물(スムル) （스무(スム)）　30 서른(ソルン)　40 마흔(マフン)　50 쉰(シュイン)　60 예순(イエスン)　70 일흔(イルン)
80 여든(ヨドゥン)　90 아흔(アフン)

（助数詞といっしょに使うと１～４の形が変わりましたが、２桁の数字にも同じことが起きます。１１～１４、２１～２４・・・のように１桁目に１～４があると、助数詞が後ろに来た場合１～４の形が変わります。また、２０も助数詞が後ろに来るとかっこの中の形になります。）

新しい単語 前半　発音しながら３回ずつ書きましょう　🔊 CD1-69

① 하나　　一つ
② 둘　　　二つ
③ 셋　　　三つ
④ 넷　　　四つ
⑤ 다섯　　五つ
⑥ 여섯　　六つ
⑦ 일곱　　七つ
⑧ 여덟　　八つ
⑨ 아홉　　九つ
⑩ 열　　　十

語彙を増やそう！

1. 次の単語の意味を日本語で言ってください

① 하나 _____　② 일곱 _____
③ 넷 _____　④ 여섯 _____
⑤ 열 _____　⑥ 둘 _____

トレーニング・チェック：解答は331ページ

⑦아홉 ＿＿＿＿＿＿＿＿　⑧셋 ＿＿＿＿＿＿＿＿
⑨여덟 ＿＿＿＿＿＿＿＿　⑩다섯 ＿＿＿＿＿＿＿＿

2. 次の単語を韓国語で言ってください

①七つ ＿＿＿＿＿＿＿＿　②三つ ＿＿＿＿＿＿＿＿
③十 ＿＿＿＿＿＿＿＿　④二つ ＿＿＿＿＿＿＿＿
⑤八つ ＿＿＿＿＿＿＿＿　⑥五つ ＿＿＿＿＿＿＿＿
⑦一つ ＿＿＿＿＿＿＿＿　⑧四つ ＿＿＿＿＿＿＿＿
⑨九つ ＿＿＿＿＿＿＿＿　⑩六つ ＿＿＿＿＿＿＿＿

新しい単語 後半　発音しながら3回ずつ書きましょう　🔊 CD1-70

①한 잔	一杯			
②두 권	二冊			
③세 개	三個			
④네 장	四枚			
⑤몇 명	何人			
⑥스물	20			
⑦스무 살	20歳			
⑧서른	30			
⑨마흔	40			
⑩쉰	50			

語彙を増やそう！

1. 次の単語の意味を日本語で言ってください

①세 잔 ＿＿＿＿＿＿＿＿　②서른 살 ＿＿＿＿＿＿＿＿
③몇 개 ＿＿＿＿＿＿＿＿　④한 장 ＿＿＿＿＿＿＿＿

トレーニング・チェック：解答は331ページ

⑤스물네 살＿＿＿＿＿＿＿　⑥열두 권＿＿＿＿＿＿＿
⑦스무 명＿＿＿＿＿＿＿　⑧몇 살＿＿＿＿＿＿＿
⑨마흔여섯＿＿＿＿＿＿＿　⑩쉰아홉 살＿＿＿＿＿＿＿

2. 次の単語を韓国語で言ってください

①4個　＿＿＿＿＿＿＿　②21歳＿＿＿＿＿＿＿
③3冊　＿＿＿＿＿＿＿　④何枚＿＿＿＿＿＿＿
⑤32人　＿＿＿＿＿＿＿　⑥47歳＿＿＿＿＿＿＿
⑦2杯　＿＿＿＿＿＿＿　⑧何歳＿＿＿＿＿＿＿
⑨1個　＿＿＿＿＿＿＿　⑩5枚＿＿＿＿＿＿＿

基本文型の練習　例にならって文を作り、できあがった文の意味も書きなさい

1. 固有数詞＋助数詞あります

> 例　학생/5 ⇒ 학생이 다섯 명 있습니다．（学生が5人います）

①사전/4 ⇒ ＿＿＿＿＿＿＿＿＿＿＿　（　　　　　　　）
②표/12 ⇒ ＿＿＿＿＿＿＿＿＿＿＿　（　　　　　　　）
③물/1 ⇒ ＿＿＿＿＿＿＿＿＿＿＿　（　　　　　　　）
④형제/2 ⇒ ＿＿＿＿＿＿＿＿＿＿＿　（　　　　　　　）
⑤토마토/6 ⇒ ＿＿＿＿＿＿＿＿＿＿＿　（　　　　　　　）

2. 固有数詞＋歳です

> 例　남동생/15 ⇒ 남동생은 열다섯 살입니다．（弟は15歳です）

①저/20 ⇒ ＿＿＿＿＿＿＿＿＿＿＿　（　　　　　　　）
②아버지/51 ⇒ ＿＿＿＿＿＿＿＿＿＿＿　（　　　　　　　）
③어머니/49 ⇒ ＿＿＿＿＿＿＿＿＿＿＿　（　　　　　　　）

| トレーニング・チェック：解答は 331 ページ |

④여동생/18⇒ _____ (   )

⑤김 선생님/37⇒ _____ (   )

3. 何個（何人、何・・・）ありますか

> 例 교과서⇒교과서가 몇 권 있습니까？（教科書が何冊ありますか）

①의사⇒ _____ (   )

②책⇒ _____ (   )

③가방⇒ _____ (   )

④커피⇒ _____ (   )

⑤종이⇒ _____ (   )

韓国語で言ってみましょう！

①私は24才です。　　　　　　　　　_____

②韓国語の先生が3人います。　　　_____

③学校にトイレは何個ありますか。　_____

④家族は6人です。　　　　　　　　_____

⑤ここにチケットが2枚あります。　_____

聞きとり　　CDを聞いて文を完成しましょう　　　🔊 CD1-71

①여기에 가방이 [   ] 있습니다.

②학생은 [   ] 있습니다.

③제 어머니는 [   ] 입니다.

④표가 [   ] 있습니까?

⑤책이 [   ] 있습니다.

⑥스즈키 씨는 [   ] 입니까?

⑦일본 사람이 [   ] 있습니다.

第12課　漢数詞を学ぶ

韓国語のいち、に、さん

この課の学習ポイント

1. 漢数詞とは

　漢数詞は日本語の「いち、に、さん・・・」にあたる数字で、漢語から入った数詞のことです。日付や値段、電話番号などには漢数詞が使われます。

2. 漢数詞1～10

1 일 (イル)	2 이 (イー)	3 삼 (サム)	4 사 (サー)	5 오 (オー)
6 육 (ユク)	7 칠 (チル)	8 팔 (パル)	9 구 (ク)	10 십 (シプ)

（ゼロは영(ヨン)、または電話番号などでは공(コン)といいます）

3. 漢数詞11～99

　11から99までの数字は、日本語と同じく1～10の数字を組み合わせて作ります。つまり、38なら「さん、じゅう、はち」と言うように「삼십팔」となります。十と一桁目の数字の間で連音化や音変化が起こることがあるので発音に注意してください。（16は例外的な発音をするので注意）

11　십일［시빌］	12　십이［시비］	13　십삼	14　십사
15　십오［시보］	16　십육［심뉴］	17　십칠	18　십팔
19　십구	20　이십		

4. 百以上の漢数詞

　百以上も日本語の漢数詞の言い方とほぼ同じです。ただ日本語では百、千までは普通一百、一千と言わず、万より大きい数字には一万、一億のように一をつけて言いますが、韓国語では百、千に加えて万も一をつけて言いません。

百	千	万	億
백 (パク)	천 (チョン)	만 (マン)	억 (オク)

トレーニング・チェック：解答は 331 ページ

5. 数を尋ねる

固有数詞の場合と同様、数を尋ねる時は「몇+助数詞」です。つまり「몇+助数詞」の質問に答える時は、その助数詞が固有数詞をともなうものか漢数詞をともなうものかを覚えていなければならないことになります。値段を尋ねる「いくら」は「얼마」といい、「몇」を使いません。

新しい単語 前半　発音しながら3回ずつ書きましょう　🔊 CD1-72

① 일　　一
② 이　　二
③ 삼　　三
④ 사　　四
⑤ 오　　五
⑥ 육　　六
⑦ 칠　　七
⑧ 팔　　八
⑨ 구　　九
⑩ 십　　十
⑪ 백　　百
⑫ 천　　千
⑬ 만　　万
⑭ 억　　億

語彙を増やそう！

1. 次の単語の意味を日本語で言ってください

① 칠 _____　② 사 _____
③ 이 _____　④ 육 _____

トレーニング・チェック：解答は 331 ページ

⑤ 구　_____　⑥ 팔　_____
⑦ 삼　_____　⑧ 일　_____
⑨ 십　_____　⑩ 오　_____

2. 次の数字をハングルで書いてください

① 十　_____　② 三　_____
③ 一　_____　④ 五　_____
⑤ 四　_____　⑥ 七　_____
⑦ 八　_____　⑧ 六　_____
⑨ 九　_____　⑩ 二　_____

3. 次の数字をハングルで書いてください

① 8 3　_____　② 7 2　_____
③ 3 4　_____　④ 1 5　_____
⑤ 5 9　_____　⑥ 7 6　_____
⑦ 9 1　_____　⑧ 2 8　_____
⑨ 6 5　_____　⑩ 4 6　_____

4. 次の数字をハングルで書いてください

① 1 5 0　_____　② 6 0 3　_____
③ 1 2 0 0　_____　④ 3 4 9 7　_____
⑤ 1 8 0 0 0　_____　⑥ 6 万　_____
⑦ 11 万　_____　⑧ 20 万　_____
⑨ 100 万　_____　⑩ 1500 万　_____

トレーニング・チェック：解答は331ページ

新しい単語 後半　発音しながら3回ずつ書きましょう　🔊 CD1-73

① 원　　　　～ウォン　＿＿＿＿＿　＿＿＿＿＿　＿＿＿＿＿
② 얼마　　　いくら　　＿＿＿＿＿　＿＿＿＿＿　＿＿＿＿＿
③ 냉장고　　冷蔵庫　　＿＿＿＿＿　＿＿＿＿＿　＿＿＿＿＿
④ 구두　　　靴・革靴　＿＿＿＿＿　＿＿＿＿＿　＿＿＿＿＿
⑤ 도자기　　陶磁器　　＿＿＿＿＿　＿＿＿＿＿　＿＿＿＿＿
⑥ 가구　　　家具　　　＿＿＿＿＿　＿＿＿＿＿　＿＿＿＿＿
⑦ 컴퓨터　　コンピュータ　＿＿＿＿＿　＿＿＿＿＿　＿＿＿＿＿
⑧ 층　　　　～階　　　＿＿＿＿＿　＿＿＿＿＿　＿＿＿＿＿
⑨ 호선　　　～号線　　＿＿＿＿＿　＿＿＿＿＿　＿＿＿＿＿
⑩ 호실　　　～号室　　＿＿＿＿＿　＿＿＿＿＿　＿＿＿＿＿

語彙を増やそう！

1. 次の単語の意味を日本語で言ってください

① 구두　＿＿＿＿＿＿＿　　② 원　＿＿＿＿＿＿＿
③ 도자기　＿＿＿＿＿＿＿　④ 호실　＿＿＿＿＿＿＿
⑤ 가구　＿＿＿＿＿＿＿　　⑥ 냉장고　＿＿＿＿＿＿＿
⑦ 얼마　＿＿＿＿＿＿＿　　⑧ 층　＿＿＿＿＿＿＿
⑨ 호선　＿＿＿＿＿＿＿　　⑩ 컴퓨터　＿＿＿＿＿＿＿

2. 次の単語を韓国語で言ってください

① 家具　＿＿＿＿＿＿＿　　② 革靴　＿＿＿＿＿＿＿
③ 1号線　＿＿＿＿＿＿＿　④ 冷蔵庫　＿＿＿＿＿＿＿
⑤ 陶磁器　＿＿＿＿＿＿＿　⑥ いくら　＿＿＿＿＿＿＿
⑦ 2階　＿＿＿＿＿＿＿　　⑧ コンピュータ　＿＿＿＿＿＿＿
⑨ 1万ウォン　＿＿＿＿＿＿＿　⑩ 705号室　＿＿＿＿＿＿＿

トレーニング・チェック：解答は 332 ページ

基本文型の練習　例にならって文を作り、できあがった文の意味も書きなさい

1. 漢数詞＋ウォンです

   | 例　사전 / 5 万 ⇒ 이 사전은 오만 원입니다.（この辞書は 5 万ウォンです） |

   ① 도자기 / 1 万 5 千 ⇒ ＿＿＿＿＿＿＿＿＿＿＿＿＿　（　　　　　　　　）

   ② 방 / 3 万 5 千 ⇒ ＿＿＿＿＿＿＿＿＿＿＿＿＿　（　　　　　　　　）

   ③ 가구 /200 万 ⇒ ＿＿＿＿＿＿＿＿＿＿＿＿＿　（　　　　　　　　）

   ④ 냉장고 /95 万 ⇒ ＿＿＿＿＿＿＿＿＿＿＿＿＿　（　　　　　　　　）

   ⑤ 구두 / 5 万 6 千 ⇒ ＿＿＿＿＿＿＿＿＿＿＿＿＿　（　　　　　　　　）

2. いくら（何階、何号室）ですか

   与えられた文が答えとなるよう質問の文を作りなさい。

   | 例　이 도자기는 2 만 원입니다
　⇒　이 도자기는 얼마입니까？（この陶磁器はいくらですか） |

   ① 이 컴퓨터는 180 만원입니다.

   　⇒ ＿＿＿＿＿＿＿＿＿＿＿＿＿＿＿＿＿　（　　　　　　　　）

   ② 스즈키 씨 방은 301 호실입니다.

   　⇒ ＿＿＿＿＿＿＿＿＿＿＿＿＿＿＿＿＿　（　　　　　　　　）

   ③ 김 선생님 방은 4 층에 있습니다.

   　⇒ ＿＿＿＿＿＿＿＿＿＿＿＿＿＿＿＿＿　（　　　　　　　　）

   ④ 책은 7 층에 있습니다.

   　⇒ ＿＿＿＿＿＿＿＿＿＿＿＿＿＿＿＿＿　（　　　　　　　　）

   ⑤ 명동（明洞）역은 4 호선에 있습니다.

   　⇒ ＿＿＿＿＿＿＿＿＿＿＿＿＿＿＿＿＿　（　　　　　　　　）

トレーニング・チェック：解答は 332 ページ

韓国語で言ってみましょう！

① 私の部屋は３１６号室です。

② この靴は 11 万 7 千ウォンです。

③ このコンピュータはいくらですか。

④ 陶磁器は何階にありますか。

⑤ これは 5 号線です。

聞きとり　　CDを聞いて文を完成しましょう　　　　　　　　　 CD1-74

① 이 냉장고는 ▭ 입니까 ?

② 그것은 ▭ 입니다 .

③ 가구는 ▭ 있습니까 ?

④ 제 방은 ▭ 있습니다 .

⑤ 신촌 (新村) 역은 ▭ 있습니다 .

⑥ 스즈키 씨 방은 ▭ 입니다 .

⑦ 이 사전은 ▭ 입니다 .

第13課　日づけや時刻の言い方を学ぶ
数詞のおさらい

この課の学習ポイント

1. 日づけの表現

韓国語の年月日の表現には漢数詞が使われます。韓国語の日づけは、漢数詞を使わない特別な表現（「ついたち」や「はつか」のような）を使わずに、基本的には漢数詞＋년（年）、漢数詞＋월（月）、漢数詞＋일（日）という形式で表現できます。また일の後ろには固有語で日を意味する날ということばがつくことがあります。

년	월	일（날）
年	月	日

2. 「～月」の表現

月の言い方で「6月」と「10月」だけ数詞のパッチムが消えてしまいます。

일월	이월	삼월	사월	오월	유월	칠월	팔월	구월
1月	2月	3月	4月	5月	6月	7月	8月	9月

시월	십일월	십이월
10月	11月	12月

3. 時刻の表現

「～時～分～秒」の言い方で、「時」の前には固有数詞、「分」「秒」の前には漢数詞を使います。

固有数詞 ＋ 시（時）　　漢数詞 ＋ 분（分）　　漢数詞 ＋ 초（秒）

新しい単語　前半　発音しながら3回ずつ書きましょう　　　🔊 CD1-75

①년　　　～年

トレーニング・チェック：解答は332ページ

②월　　　〜月(がつ)　_____　_____　_____

③일　　　〜日　　_____　_____　_____

④날(짜)　日・日づけ　_____　_____　_____

⑤생일　　誕生日　_____　_____　_____

⑥몇 월　　何月　　_____　_____　_____

⑦며칠　　何日　　_____　_____　_____

⑧도착　　到着　　_____　_____　_____

⑨출발　　出発　　_____　_____　_____

⑩좀　　　ちょっと　_____　_____　_____

語彙を増やそう！

1. 次の単語の意味を日本語で言ってください

①년 _____　　②날짜 _____

③도착 _____　　④생일 _____

⑤좀 _____　　⑥출발 _____

⑦며칠 _____　　⑧월 _____

⑨일 _____　　⑩몇 월 _____

2. 次のことばを発音の通りハングルで表記してください

①6년 _____　　②8년 _____

③10년 _____　　④100년 _____

⑤6월 _____　　⑥11월 _____

⑦1일 _____　　⑧5일날 _____

⑨10일날 _____　　⑩26일 _____

トレーニング・チェック：解答は332ページ

3. 次の単語を韓国語で言ってください

① 20日 _____　② 1年 _____
③誕生日 _____　④出発 _____
⑤ 6月 _____　⑥何日 _____
⑦到着 _____　⑧日づけ _____
⑨ちょっと _____　⑩何月 _____

基本文型の練習A　例にならって文を作り、できあがった文の意味も書きなさい

1. 今日は〜年〜月〜日です

> 例 2000/1/1 ⇒ 오늘은 이천년 일월 일일입니다．（今日は2000年1月1日です）

① 2001/2/15 ⇒ _____（　　　　　）
② 1970/10/30 ⇒ _____（　　　　　）
③ 2002/8/16 ⇒ _____（　　　　　）
④ 1982/9/23 ⇒ _____（　　　　　）
⑤ 1996/6/2 ⇒ _____（　　　　　）

2. 何年（何月、何日）ですか

与えられた文が答えとなるよう質問の文を作りなさい

> 例 오늘은 7월 18일입니다
> ⇒ 오늘은 몇 월 며칠입니까？（今日は何月何日ですか）

①오늘은 2004년 4월 19일입니다．
⇒ _____（　　　　　）

②스즈키 씨 생일은 11월입니다．
⇒ _____（　　　　　）

③도착 날짜는 6일입니다．
⇒ _____（　　　　　）

> トレーニング・チェック：解答は332ページ

④지금은 2005년입니다.

⇒ _____ (   )

⑤출발 날짜는 1월 11일입니다.

⇒ _____ (   )

> 新しい単語 後半 発音しながら3回ずつ書きましょう   🔊 CD1-76

① 시   〜時   _____   _____   _____
② 분   〜分   _____   _____   _____
③ 오전   午前   _____   _____   _____
④ 오후   午後   _____   _____   _____
⑤ 반   半   _____   _____   _____
⑥ 쯤   〜頃   _____   _____   _____
⑦ 전   前   _____   _____   _____
⑧ 매일   毎日   _____   _____   _____
⑨ 벌써   もう   _____   _____   _____
⑩ 아직   まだ   _____   _____   _____

> 語彙を増やそう！

1. 次の単語の意味を日本語で言ってください

① 전   _____   ② 반   _____
③ 쯤   _____   ④ 아직 _____
⑤ 오후 _____   ⑥ 매일 _____
⑦ 시   _____   ⑧ 오전 _____
⑨ 벌써 _____   ⑩ 분   _____

トレーニング・チェック：解答は 332 ページ

2. 次の単語を韓国語で言ってください

①〜時 _____ ②もう _____
③毎日 _____ ④午前 _____
⑤前 _____ ⑥頃 _____
⑦半 _____ ⑧〜分 _____
⑨午後 _____ ⑩まだ _____

3. 次の時刻を韓国語で言ってください

①7時15分 _____ ②午後9時 _____
③午前10時半 _____ ④12時5分前 _____
⑤3時頃 _____ ⑥11時20分 _____
⑦4時58分 _____ ⑧1時17分 _____

韓国語で言ってみましょう！

①今何時ですか。 _____
②到着時間は何時頃ですか。 _____
③今6時10分前です。 _____
④まだ出発時間ではありません。 _____
⑤もう8時半です。 _____

聞きとり　CDを聞いて文を完成しましょう　🔊 CD1-77

① 오늘은 [　　][　　] 입니다.　② 도착은 [　　][　　] 입니다.
③ [　　][　　] 입니다.　④ 생일은 [　　][　　] 입니까?
⑤ 지금 [　　][　　] 입니까?　⑥ [　　][　　] 입니까?
⑦ 제 생일은 [　　][　　][　　] 입니다.　⑧ [　　] 7시입니다.
⑨ [　　][　　] 입니다.　⑩ 출발 시간은 [　　][　　][　　] 입니다.

第14課　ハムニダ体を学ぶ

텔레비전을 봅니다（テレビを見ています）

この課の学習ポイント

1. 韓国語の用言

　用言とは活用する語を言います。韓国語では、動詞・形容詞・存在詞・指定詞の４つの品詞が用言に属します。日本語の動詞はウ段で終わりますが、韓国語の用言の原形は、すべて「〜다」で終わります。原形の末尾の「다」を取り除いた部分が語幹になります。用言において、単語の意味をなす部分を語幹と呼び、後ろにつく部分を語尾と呼びます。

2. 語幹区分

　活用語尾を作るときは、まず用言の語幹を見分けなければなりません。その際、次のような区分で用言の語幹を見分けます。

　　母音語幹＝母音で終わる語幹　　　　　　例　오다（来る）
　　「ㄹ」語幹＝「ㄹ」で終わる語幹　　　　　　살다（暮らす）
　　子音語幹＝「ㄹ」以外の子音で終わる語幹　　웃다（笑う）

3. ハムニダ体の作り方

①まず原形の語尾「〜다」を取って語幹だけにします。
②語幹末の音を見て母音語幹か、子音語幹か、「ㄹ」語幹かを見分けます。
③母音語幹には「ㅂ니다」、子音語幹には「습니다」、「ㄹ」語幹は「ㄹ」をとって「ㅂ니다」をつけます。

　　例　原形　　語幹　　ハムニダ体の語尾　　　ハムニダ体
　　　　오다　　오　　＋ㅂ니다　　　⇒　　옵니다（来ます）
　　　　살다　　살　⇒사＋ㅂ니다　　⇒　　삽니다（暮らします）
　　　　웃다　　웃　　＋습니다　　　⇒　　웃습니다（笑います）

　過去形や未来形は語幹と文体の語尾の間に過去や未来の時制補助語幹を挿入して作るのですが、この課のハムニダ体活用形のようになんの時制補助語幹も

トレーニング・チェック：解答は332ページ

置かない形は現在時制を表します。韓国語のハムニダ体現在時制は日本語の「〜します」あるいは「〜しています」に相当します。

4. 를/을＝〜を

를と을は、日本語の「を」に相当する助詞です。

母音終わりの体言 ＋ 를
子音終わりの体言 ＋ 을

「子音終わりの体言＋을」の場合、連音化が起こるので発音に注意しましょう。

新しい単語 前半 発音しながら3回ずつ書きましょう　　　CD1-78

① 몇 시　　　何時
② 내일　　　明日
③ 집　　　　家
④ 편지　　　手紙
⑤ 만들다　　作る
⑥ 먹다　　　食べる
⑦ 읽다　　　読む
⑧ 쓰다　　　書く
⑨ 하다　　　する
⑩ 가다　　　行く

語彙を増やそう！

1. 次の単語の意味を日本語で言ってください

① 가다　　　　　　② 편지
③ 쓰다　　　　　　④ 하다
⑤ 먹다　　　　　　⑥ 만들다
⑦ 읽다　　　　　　⑧ 집
⑨ 내일　　　　　　⑩ 몇 시

トレーニング・チェック：解答は332ページ

2. 次の単語を韓国語で言ってください

①書く _____ ②行く _____
③明日 _____ ④何時 _____
⑤する _____ ⑥食べる _____
⑦家 _____ ⑧作る _____
⑨手紙 _____ ⑩読む _____

基本文型の練習A　例にならって文を作り、できあがった文の意味も書きなさい

1. ～（してい）ますか

> 例　텔레비전 / 보다 ⇒ 텔레비전을 봅니까？（テレビを見ていますか）

①어디 / 가다 ⇒ _____（　　　　　）
②책 / 읽다 ⇒ _____（　　　　　）
③몇 시 / 오다 ⇒ _____（　　　　　）
④전화 / 하다 ⇒ _____（　　　　　）
⑤무엇 / 만들다 ⇒ _____（　　　　　）

2. ～（してい）ます

> 例　텔레비전 / 보다 ⇒ 텔레비전을 봅니다．（テレビを見ています）

①편지 / 쓰다 ⇒ _____（　　　　　）
②친구 / 오다 ⇒ _____（　　　　　）
③회사 / 가다 ⇒ _____（　　　　　）
④밥 / 먹다 ⇒ _____（　　　　　）
⑤아르바이트 / 하다 ⇒ _____（　　　　　）

新しい単語 後半　発音しながら3回ずつ書きましょう　🔊 CD1-79

①빵　　　パン　_____　_____　_____

トレーニング・チェック：解答は333ページ

②왜　　　　なぜ　　　＿＿＿＿＿　　＿＿＿＿＿　　＿＿＿＿＿
③누가　　　だれが　　＿＿＿＿＿　　＿＿＿＿＿　　＿＿＿＿＿
④술　　　　酒　　　　＿＿＿＿＿　　＿＿＿＿＿　　＿＿＿＿＿
⑤우유　　　牛乳　　　＿＿＿＿＿　　＿＿＿＿＿　　＿＿＿＿＿
⑥아침　　　朝・朝食　＿＿＿＿＿　　＿＿＿＿＿　　＿＿＿＿＿
⑦담배　　　たばこ　　＿＿＿＿＿　　＿＿＿＿＿　　＿＿＿＿＿
⑧피우다　　（たばこを）吸う＿＿＿＿　＿＿＿＿＿　　＿＿＿＿＿
⑨보다　　　見る　　　＿＿＿＿＿　　＿＿＿＿＿　　＿＿＿＿＿
⑩마시다　　飲む　　　＿＿＿＿＿　　＿＿＿＿＿　　＿＿＿＿＿

語彙を増やそう！

1. 次の単語の意味を日本語で言ってください

   ①누가　＿＿＿＿＿＿　②담배　＿＿＿＿＿＿
   ③술　　＿＿＿＿＿＿　④아침　＿＿＿＿＿＿
   ⑤우유　＿＿＿＿＿＿　⑥보다　＿＿＿＿＿＿
   ⑦왜　　＿＿＿＿＿＿　⑧빵　　＿＿＿＿＿＿
   ⑨마시다＿＿＿＿＿＿　⑩피우다＿＿＿＿＿＿

2. 次の単語を韓国語で言ってください

   ①見る　　＿＿＿＿＿＿　②なぜ　　　　＿＿＿＿＿＿
   ③たばこ　＿＿＿＿＿＿　④パン　　　　＿＿＿＿＿＿
   ⑤酒　　　＿＿＿＿＿＿　⑥牛乳　　　　＿＿＿＿＿＿
   ⑦だれが　＿＿＿＿＿＿　⑧（たばこを）吸う＿＿＿＿＿
   ⑨朝・朝食＿＿＿＿＿＿　⑩飲む　　　　＿＿＿＿＿＿

トレーニング・チェック：解答は 333 ページ

基本文型の練習 B　例にならって文を作り、できあがった文の意味も書きなさい

1. 〜（してい）ますか＋はい、〜（してい）ます

> 例　텔레비전 / 보다 ⇒ <u>텔레비전을 봅니까?</u>（テレビを見ていますか）
> 　　　　　　　　　네, <u>텔레비전을 봅니다.</u>（はい、テレビを見ています）

① 담배 / 피우다 ⇒ _____ (　　　　　　　　)
　　　　　　　네, _____ (　　　　　　　　)

② 집 / 가다 ⇒ _____ (　　　　　　　　)
　　　　　　　네, _____ (　　　　　　　　)

③ 술 / 마시다 ⇒ _____ (　　　　　　　　)
　　　　　　　네, _____ (　　　　　　　　)

④ 친구 / 오다 ⇒ _____ (　　　　　　　　)
　　　　　　　네, _____ (　　　　　　　　)

⑤ 편지 / 쓰다 ⇒ _____ (　　　　　　　　)
　　　　　　　네, _____ (　　　　　　　　)

2. 疑問詞 〜（してい）ますか＋〜（してい）ます

> 例　무엇 / 보다 ⇒ <u>무엇을 봅니까?</u>（何を見ていますか）
> 　　　　　　　텔레비전을 봅니다.（テレビを見ています）

① 언제 / 오다 ⇒ _____ (　　　　　　　　)
　　　　　내일 _____ (　　　　　　　　)

② 어디 / 가다 ⇒ _____ (　　　　　　　　)
　　　　　학교 _____ (　　　　　　　　)

③ 누가 / 오다 ⇒ _____ (　　　　　　　　)
　　　　　친구 _____ (　　　　　　　　)

④ 무엇 / 마시다 ⇒ _____ (　　　　　　　　)
　　　　　우유 _____ (　　　　　　　　)

トレーニング・チェック：解答は333ページ

⑤무엇 / 하다 ⇒ _____ (　　　　　　　)
　　　　숙제 _____ (　　　　　　　)

韓国語で言ってみましょう！

①学校へ何時に行きますか。　_____
②いつ友達が来ますか。　_____
③キムチを食べますか。　_____
④手紙を読んでいますか。　_____
⑤今日は何をしますか。　_____

聞きとり　　CDを聞いて文を完成しましょう　　🔊 CD1-80

①지금 은행에 [　　　　].
②텔레비전을 [　　　].
③저는 아침에 빵을 [　　　　].
④언제 일본에 [　　　　]?
⑤편지를 [　　　　]?
⑥스즈키 씨가 [　　　　].
⑦몇 시에 [　　　] 갑니까?
⑧[　　　] 읽습니까?
⑨오늘 친구가 [　　　　]?
⑩[　　　] 어디에 갑니까?

第15課　いろいろな助詞を学ぶ
한국말로 말합니다（韓国語で話します）

この課の学習ポイント

1. 韓国語の助詞

韓国語は日本語と同様、名詞の後ろに助詞を置いて文を作っていきます。いくつかの助詞は母音終わりの名詞と子音終わりの名詞で違う形をとるので注意が必要です。

2. 主な助詞

主な助詞には次のようなものがあります。

A. 2つの形がある助詞
(a／b：aは母音終わりの名詞の後、aは子音終わりの名詞の後に来る形)

　　는 / 은　　「は」　　　　가 / 이　　「が」
　　를 / 을　　「を」　　　　와 / 과　　「と」
　　로 / 으로　「(道具、手段)で」「(場所)へ」「(原因)で」
（ㄹパッチムで終わる名詞の後には、으로ではなく로が来ます）

B. 1つの形しかない助詞

　　에　　　「に」　　　　　에서　　「(場所)で」「(場所)から」
　　하고　　「と」(와/과より口語的)
　　에게　　「(人、動物)に」
　　한테　　「(人、動物)に」(에게より口語的)
　　의　　　「の」　　　　　도　　　「も」
　　에게서　「(人)から」　　한테서　「(人)から」(에게서より口語的)
　　부터　　「(時間)から」　까지　　「まで」「までに」

トレーニング・チェック：解答は333ページ

新しい単語 前半　発音しながら3回ずつ書きましょう　🔊 CD1-81

①숟가락	スプーン	_____	_____	_____	
②오다	来る	_____	_____	_____	
③붙이다	つける	_____	_____	_____	
④걸다	かける	_____	_____	_____	
⑤꽃	花	_____	_____	_____	
⑥사진	写真	_____	_____	_____	
⑦주다	あげる・くれる	_____	_____	_____	
⑧수업	授業	_____	_____	_____	
⑨시작되다	始まる	_____	_____	_____	
⑩가지다	持つ	_____	_____	_____	

語彙を増やそう！

1. 次の単語の意味を日本語で言ってください

①걸다　_____　　②수업　_____

③주다　_____　　④오다　_____

⑤시작되다　_____　　⑥숟가락　_____

⑦사진　_____　　⑧꽃　_____

⑨가지다　_____　　⑩붙이다　_____

2. 次の単語を韓国語で言ってください

①つける　_____　　②花　_____

③始まる　_____　　④かける　_____

⑤来る　_____　　⑥あげる　_____

⑦持っている　_____　　⑧スプーン　_____

⑨授業　_____　　⑩写真　_____

トレーニング・チェック：解答は333ページ

基本文型の練習A　1．名詞＋助詞の形を書いて、次の表を完成させなさい

	～は	～が	～を	～と	～で
차 車					
돈 お金					
말 ことば					

2．에서と로／으로

　에서か로／으로を入れ、できあがった文の意味も書きなさい

　①식당＿＿＿＿＿＿　밥을 먹습니다．　（　　　　　　　　）

　②숟가락＿＿＿＿＿　밥을 먹습니다．　（　　　　　　　　）

　③한국말＿＿＿＿＿　편지를 씁니다．　（　　　　　　　　）

　④책상＿＿＿＿＿＿　편지를 씁니다．　（　　　　　　　　）

　⑤버스＿＿＿＿＿＿　학교에 갑니다．　（　　　　　　　　）

3．에と에게（한테）

　에か에게を入れ、できあがった文の意味も書きなさい

　①9시＿＿＿＿＿＿　수업이 시작됩니다．（　　　　　　　　）

　②친구＿＿＿＿＿　전화를 겁니다．　（　　　　　　　　）

　③내일　한국＿＿＿＿＿　갑니다．　（　　　　　　　　）

　④개＿＿＿＿＿＿　이름을 붙입니다．（　　　　　　　　）

　⑤꽃＿＿＿＿＿＿　물을 줍니다．　（　　　　　　　　）

トレーニング・チェック：解答は 333 ページ

新しい単語 後半　発音しながら3回ずつ書きましょう　🔊 CD1-82

① 쉬다　　　休む　　　_____　_____　_____
② 인기　　　人気　　　_____　_____　_____
③ 이메일　　電子メール　_____　_____　_____
④ 공항　　　空港　　　_____　_____　_____
⑤ 여름 방학　夏休み　　_____　_____　_____
⑥ 서로　　　お互いに　_____　_____　_____
⑦ 걸리다　　かかる　　_____　_____　_____
⑧ 팔다　　　売る　　　_____　_____　_____
⑨ 일하다　　働く　　　_____　_____　_____
⑩ 이야기　　話　　　　_____　_____　_____

語彙を増やそう！

1. 次の単語の意味を日本語で言ってください

　　① 공항　_____　　② 여름 방학　_____
　　③ 일하다　_____　　④ 인기　_____
　　⑤ 이야기　_____　　⑥ 팔다　_____
　　⑦ 쉬다　_____　　⑧ 서로　_____
　　⑨ 걸리다　_____　　⑩ 이메일　_____

2. 次の単語を韓国語で言ってください

　　① 働く　_____　　② 空港　_____
　　③ かかる　_____　　④ 話　_____
　　⑤ お互いに　_____　　⑥ 売る　_____
　　⑦ 人気　_____　　⑧ 夏休み　_____
　　⑨ 電子メール　_____　　⑩ 休む　_____

トレーニング・チェック：解答は334ページ

基本文型の練習B

1. 에서と부터

   에서か부터を入れ、できあがった文の意味も書きなさい

   ① 오늘 _____ 여름 방학입니다. （　　　　　　　　）

   ② 1시 _____ 2시까지 쉽니다. （　　　　　　　　）

   ③ 여기 _____ 공항까지 2시간 걸립니다. （　　　　　　　）

   ④ 친구가 일본 _____ 옵니다. （　　　　　　　　）

   ⑤ 어디 _____ 밥을 먹습니까? （　　　　　　　　）

2. 日本語の文と同じ意味になるよう、助詞を使って単語をつなぎなさい

   > 例　집 / 텔레비전 / 보다（家でテレビを見ます）
   > ⇒ <u>집에서 텔레비전을 봅니다.</u>

   ① 9시 / 5시 / 일하다　（9時から5時まで働きます）
   ⇒ _____

   ② 여기 / 표 / 팔다　（ここでもチケットを売っています）
   ⇒ _____

   ③ 친구 / 서울 / 가다　（友だちとソウルへ行きます）
   ⇒ _____

   ④ 남동생 / 전화 / 이야기하다　（弟と電話で話します）
   ⇒ _____

   ⑤ 어머니 / 학교 / 사진 / 보이다　（母に学校の写真を見せます）
   ⇒ _____

トレーニング・チェック：解答は334ページ

韓国語で言ってみましょう！

①韓国では人気があります。＿＿＿＿＿＿＿＿＿＿＿＿＿＿＿＿

②夏休みはいつから始まりますか。＿＿＿＿＿＿＿＿＿＿＿＿＿

③お父さんとお母さんに何をあげますか。＿＿＿＿＿＿＿＿＿＿

④私も花の名前を知りません。＿＿＿＿＿＿＿＿＿＿＿＿＿＿＿

⑤空港から家までタクシーで行きます。＿＿＿＿＿＿＿＿＿＿＿

聞きとり　CDを聞いて文を完成しましょう　　　　　CD1-83

① 서로 ＿＿＿＿＿ 말합니다.

② ＿＿＿＿＿＿＿ 꽃을 줍니다.

③ ＿＿＿＿＿ 공부를 합니다

④ ＿＿＿ 노트가 있습니까?

⑤ 편지를 ＿＿＿＿＿?

⑥ ＿＿＿＿＿＿＿ 이메일이 옵니다.

⑦ ＿＿＿＿＿＿ 인기가 있습니다.

⑧ ＿＿＿＿ 김치입니다.

⑨ 그것은 ＿＿＿＿＿ 가방입니다.

⑩ ＿＿＿＿＿ 어디 갑니까?

第16課　ハムニダ体の否定形を学ぶ
담배를 피우지 않습니다（たばこを吸いません）

この課の学習ポイント

1. ～(してい)ません＝ハムニダ体の否定形

否定形の作り方は2通りあります。くだけた会話でよく使われるのは動詞・形容詞の直前に안を置くやり方です。少し固い会話や書き言葉では、動詞・形容詞＋지 않습니다と言います。

① 「안」＋動詞・形容詞（前置否定形）

　　例　가다（行く）　　→안 갑니다．

② 語幹＋「～지 않다」（後置否定形）

　　例　가다（行く）　　→가지 않습니다．

2. ～できません

能力が足りないか、もしくは都合がつかなくて不可能な場合に用います。また「上手でない、下手だ」という表現としても使います。作り方は2通りあります。くだけた会話でよく使われるのは動詞の直前に못を置くやり方です。少し固い会話や書き言葉では、動詞＋지　못합니다と言います。

① 「못」＋動詞

　　例　술은 못 마십니다．（酒は飲めません）

② 語幹＋「～지 못하다」

　　例　술은 마시지 못합니다．（酒は飲めません）

新しい単語　前半　発音しながら3回ずつ書きましょう　　🔊 CD1-84

① 공부　　　勉強　　　_____　_____　_____

② 근무　　　勤務　　　_____　_____　_____

③ 돼지고기　豚肉　　　_____　_____　_____

トレーニング・チェック：解答は334ページ

④따뜻하다　暖かい　_____　_____　_____
⑤좋아하다　好きだ　_____　_____　_____
⑥피아노　　ピアノ　_____　_____　_____
⑦자주　　　しょっちゅう_____　_____　_____
⑧운동　　　運動　_____　_____　_____
⑨잘　　　　よく・上手に_____　_____　_____
⑩치다　　　弾く・打つ_____　_____　_____

語彙を増やそう！

1. 次の単語の意味を日本語で言ってください

　①좋아하다 _____　②치다 _____
　③잘 _____　④피아노 _____
　⑤근무 _____　⑥자주 _____
　⑦운동 _____　⑧공부 _____
　⑨돼지고기 _____　⑩따뜻하다 _____

2. 次の単語を韓国語で言ってください

　①よく・上手に _____　②豚肉 _____
　③しょっちゅう _____　④運動 _____
　⑤好きだ _____　⑥弾く・打つ _____
　⑦暖かい _____　⑧ピアノ _____
　⑨勉強 _____　⑩勤務 _____

トレーニング・チェック：解答は 334 ページ

基本文型の練習 A　例にならって文を作り、できあがった文の意味も書きなさい

1. 안＋動詞　ハムニダ体

> 例　텔레비전/보다 ⇒ **텔레비전을 안 봅니까?**（テレビを見ないのですか）

① 집/가다　　⇒ ＿＿＿＿＿＿＿（　　　　　　　　　　　　）

② 술/마시다　⇒ ＿＿＿＿＿＿＿（　　　　　　　　　　　　）

③ 친구/오다　⇒ ＿＿＿＿＿＿＿（　　　　　　　　　　　　）

④ 담배/피우다 ⇒ ＿＿＿＿＿＿＿（　　　　　　　　　　　　）

⑤ 아침/먹다　⇒ ＿＿＿＿＿＿＿（　　　　　　　　　　　　）

2. 語幹＋지 않다　ハムニダ体

> 例　텔레비전/보다 ⇒ **텔레비전을 보지 않습니다.**（テレビを見ません）

① 집/가다　　⇒ ＿＿＿＿＿＿＿（　　　　　　　　　　　　）

② 술/마시다　⇒ ＿＿＿＿＿＿＿（　　　　　　　　　　　　）

③ 친구/오다　⇒ ＿＿＿＿＿＿＿（　　　　　　　　　　　　）

④ 담배/피우다 ⇒ ＿＿＿＿＿＿＿（　　　　　　　　　　　　）

⑤ 아침/먹다　⇒ ＿＿＿＿＿＿＿（　　　　　　　　　　　　）

3. 못＋動詞　ハムニダ体

> 例　술/마시다 ⇒ **술을 못 마십니까?**（酒が飲めませんか）

① 돼지고기/먹다 ⇒ ＿＿＿＿＿＿＿（　　　　　　　　　　　　）

② 한국어/읽다　⇒ ＿＿＿＿＿＿＿（　　　　　　　　　　　　）

③ 피아노/치다　⇒ ＿＿＿＿＿＿＿（　　　　　　　　　　　　）

④ 운동/하다　　⇒ ＿＿＿＿＿＿＿（　　　　　　　　　　　　）

⑤ 일본어/쓰다　⇒ ＿＿＿＿＿＿＿（　　　　　　　　　　　　）

トレーニング・チェック：解答は334ページ

4．語幹＋지 못하다 ハムニダ体

例　술 / 마시다 ⇒ 술을　마시지　못합니다．（酒が飲めません）

① 돼지고기 / 먹다 ⇒ _____ （　　　　　　　　　）

② 한국어 / 읽다　⇒ _____ （　　　　　　　　　）

③ 피아노 / 치다　⇒ _____ （　　　　　　　　　）

④ 운동 / 하다　　⇒ _____ （　　　　　　　　　）

⑤ 일본어 / 쓰다　⇒ _____ （　　　　　　　　　）

新しい単語　後半　発音しながら3回ずつ書きましょう　　🔊CD1-85

① 운전　　運転　　　_____　_____　_____

② 별로　　あまり　　_____　_____　_____

③ 영화　　映画　　　_____　_____　_____

④ 수영　　水泳　　　_____　_____　_____

⑤ 노래　　歌　　　　_____　_____　_____

⑥ 전혀　　全然　　　_____　_____　_____

⑦ 야구　　野球　　　_____　_____　_____

⑧ 음악　　音楽　　　_____　_____　_____

⑨ 부르다　歌う・呼ぶ　_____　_____　_____

⑩ 축구　　サッカー　_____　_____　_____

語彙を増やそう！

1．次の単語の意味を日本語で言ってください

① 부르다　_____　　② 야구　_____

③ 영화　　_____　　④ 전혀　_____

⑤ 수영　　_____　　⑥ 음악　_____

| トレーニング・チェック：解答は334ページ |

⑦운전 _____　　⑧노래 _____
⑨별로 _____　　⑩축구 _____

2．次の単語を韓国語で言ってください

①水泳 _____　　②映画 _____
③サッカー _____　　④音楽 _____
⑤あまり _____　　⑥全然 _____
⑦歌う・呼ぶ _____　　⑧野球 _____
⑨運転 _____　　⑩歌 _____

基本文型の練習B　例にならって文を作り、できあがった文の意味も書きなさい

1．～（してい）ますか＋～（してい）ません

| 例　영화/자주/보다⇒**영화를 자주 봅니까?**（映画をしょっちゅう見ますか） |
| 　　　　　아뇨, **별로 안 봅니다.**（いいえ、あまり見ません） |

①한국/자주/가다⇒_____（　　　　　）
　　　　　아뇨, _____（　　　　　）
②술/자주/마시다⇒_____（　　　　　）
　　　　　아뇨, _____（　　　　　）
③잡지/자주/읽다⇒_____（　　　　　）
　　　　　아뇨, _____（　　　　　）
④야구/자주/하다⇒_____（　　　　　）
　　　　　아뇨, _____（　　　　　）
⑤김치/자주/먹다⇒_____（　　　　　）
　　　　　아뇨, _____（　　　　　）

トレーニング・チェック：解答は334ページ

2. ～（してい）ますか＋～できません

> 例　김치 / 잘 / 먹다 ⇒ **김치를 잘 먹습니까?**（キムチをよく食べますか）
> 　　　　　　　　　아뇨, **잘 못 먹습니다.**（いいえ、よく食べられません）

① 운전 / 잘 / 하다 ⇒ _____ (　　　　　　　)

　　　　아뇨, _____ (　　　　　　　)

② 술 / 잘 / 마시다 ⇒ _____ (　　　　　　　)

　　　　아뇨, _____ (　　　　　　　)

③ 피아노 / 잘 / 치다 ⇒ _____ (　　　　　　　)

　　　　아뇨, _____ (　　　　　　　)

④ 노래 / 잘 / 부르다 ⇒ _____ (　　　　　　　)

　　　　아뇨, _____ (　　　　　　　)

⑤ 수영 / 잘 / 하다 ⇒ _____ (　　　　　　　)

　　　　아뇨, _____ (　　　　　　　)

韓国語で言ってみましょう！

① 私はサッカーがうまくできません。_____

② 今日はアルバイトしません。_____

③ 私は酒を飲めません。_____

④ 雑誌は全然読まないんですか。_____

⑤ あまり野球が好きではありません。_____

トレーニング・チェック：解答は335ページ

聞きとり 　CDを聞いて文を完成しましょう　　🔊 CD1-86

① 오늘은 학교에 [　] 갑니까?

② 저는 돼지고기를 [　　] [　　　].

③ 술을 전혀 [　　　]?

④ 저는 운전을 [　　　].

⑤ 편지를 [　　][　] 씁니다.

⑥ 스즈키 씨는 오늘 [　][　　　].

⑦ 저는 담배를 [　　　][　　].

⑧ 수영은 [　　][　　]?

⑨ 여동생은 피아노를 잘 [　][　　　].

⑩ 한국에 자주 [　　][　　　]?

第17課　規則用言のヘヨ体を学ぶ
밥을 먹어요（ご飯を食べます）

この課の学習ポイント

1. ヘヨ体の作り方

　ヘヨ体は語幹に아요あるいは어요語尾をつけるとできあがります。아요と어요のどちらを接続させるかは語幹最後の母音を見て決めます。韓国語の文法では母音を陽母音と陰母音の2種類に分けています。語幹末の母音が陽母音（ㅏ, ㅑ, ㅗ）なら아요を、陰母音（ㅏ, ㅑ, ㅗ以外）なら어요を接続させます。なお、ヘヨ体の文末は疑問文と平叙文が同形です。

　例　받다（受ける）　　　받＋아요（受けますか・受けます）
　　　웃다（笑う）　　　　웃＋어요（笑いますか・笑います）

2. 母音語幹の縮約

　用言が母音で終わる場合、語幹末の母音と아/어が融合することがあります。これを母音語幹の縮約と言いますが、縮約は次の3パターンに分かれます。1.아/어が消える場合と、2.語幹末の母音と아/어で複合母音をなす場合、3.どちらでもない場合です。

* 縮約のパターン

	語幹末の母音 +	아/어	⇒	縮約の結果	
1.	ㅏ	＋ ㅏ	⇒	ㅏ	아/어が消える
	ㅐ	＋ ㅓ	⇒	ㅐ	아/어が消える
	ㅓ	＋ ㅓ	⇒	ㅓ	아/어が消える
	ㅔ	＋ ㅓ	⇒	ㅔ	아/어が消える
	ㅕ	＋ ㅓ	⇒	ㅕ	아/어が消える
2.	ㅗ	＋ ㅏ	⇒	ㅘ	複合母音になる
	ㅚ	＋ ㅓ	⇒	ㅙ	複合母音になる
	ㅜ	＋ ㅓ	⇒	ㅝ	複合母音になる
3.	ㅡ	＋ ㅏ/ㅓ*	⇒	ㅏ/ㅓ*	語幹末の「ㅡ」が消える
	ㅣ	＋ ㅓ	⇒	ㅕ	

＊語幹末の「ㅡ」の直前に陽母音があるときは、「ㅏ」を語尾につけます。
　「ㅟ」「ㅢ」を語幹末に持つ場合は、縮約を起こしません。

トレーニング・チェック：解答は335ページ

新しい単語 前半　発音しながら3回ずつ書きましょう　🔊CD1-87

① 어떻게　どのように
② 내다　出す・払う
③ 옷　服
④ 입다　着る
⑤ 바쁘다　忙しい
⑥ 자다　寝る
⑦ 타다　乗る
⑧ 만나다　会う
⑨ 그리다　描く
⑩ 찾다　探す・みつける

語彙を増やそう！

1. 次の単語の意味を日本語で言ってください

① 만나다　　　　　② 자다
③ 입다　　　　　　④ 바쁘다
⑤ 그리다　　　　　⑥ 옷
⑦ 찾다　　　　　　⑧ 내다
⑨ 어떻게　　　　　⑩ 타다

2. 次の単語を韓国語で言ってください

① 出す　　　　　　② 描く
③ 会う　　　　　　④ 着る
⑤ 探す・みつける　⑥ 寝る
⑦ 服　　　　　　　⑧ 忙しい
⑨ 乗る　　　　　　⑩ どのように

トレーニング・チェック：解答は 335 ページ

基本文型の練習 A　例にならって文を作り、できあがった文の意味も書きなさい

1. ヘヨ体疑問

| 例　무엇 / 먹다 ⇒ 　무엇을 먹어요? 　　　（何を食べていますか） |

① 몇 시 / 자다　⇒ _____　（　　　　　　　　　）

② 언제 / 가다　⇒ _____　（　　　　　　　　　）

③ 누구 / 찾다　⇒ _____　（　　　　　　　　　）

④ 어떻게 / 그리다 ⇒ _____　（　　　　　　　　　）

⑤ 무엇 / 읽다　⇒ _____　（　　　　　　　　　）

2. ヘヨ体平叙

| 例　텔레비전 / 보다 ⇒ 　텔레비전을 봐요.　（テレビを見ています） |

① 집 / 찾다　⇒ _____　（　　　　　　　　　）

② 커피 / 마시다 ⇒ _____　（　　　　　　　　　）

③ 빵 / 만들다 ⇒ _____　（　　　　　　　　　）

④ 지금 / 바쁘다 ⇒ _____　（　　　　　　　　　）

⑤ 친구 / 만나다 ⇒ _____　（　　　　　　　　　）

⑥ 밥 / 먹다　⇒ _____　（　　　　　　　　　）

⑦ 버스 / 타다 ⇒ _____　（　　　　　　　　　）

⑧ 옷 / 입다　⇒ _____　（　　　　　　　　　）

⑨ 담배 / 피우다 ⇒ _____　（　　　　　　　　　）

⑩ 편지 / 쓰다 ⇒ _____　（　　　　　　　　　）

> トレーニング・チェック：解答は335ページ

新しい単語 後半　発音しながら3回ずつ書きましょう　🔊CD1-88

① 무슨　　　何の・どんな
② 감기　　　風邪
③ 비행기　　飛行機
④ 사다　　　買う
⑤ 불고기　　焼肉
⑥ 가끔　　　時々
⑦ 한국 음식　韓国料理
⑧ 비　　　　雨
⑨ 놀다　　　遊ぶ
⑩ 주말　　　週末

語彙を増やそう！

1. 次の単語の意味を日本語で言ってください

① 한국 음식　　　　　② 사다
③ 가끔　　　　　　　④ 비
⑤ 주말　　　　　　　⑥ 무슨
⑦ 놀다　　　　　　　⑧ 비행기
⑨ 감기　　　　　　　⑩ 불고기

2. 次の単語を韓国語で言ってください

① 雨　　　　　　　　② 週末
③ 飛行機　　　　　　④ 焼肉
⑤ 買う　　　　　　　⑥ 風邪
⑦ 韓国料理　　　　　⑧ 何の・どんな
⑨ 遊ぶ　　　　　　　⑩ 時々

トレーニング・チェック：解答は 335 ページ

基本文型の練習B　例にならって文を作り、できあがった文の意味も書きなさい

1．ヘヨ体

> 例　영화 / 자주 / 보다 ⇒ **영화를 자주 봐요?**　（映画をしょっちゅう見ますか）
> 　　　　　　　　　아뇨, **가끔 봐요.**　（いいえ、たまに見ます）

①비 / 자주 / 오다　⇒ _____（　　　　　　　　　）
　　　　　　　아뇨, _____（　　　　　　　　　）

②술 / 자주 / 마시다 ⇒ _____（　　　　　　　　　）
　　　　　　　아뇨, _____（　　　　　　　　　）

③편지 / 자주 / 쓰다 ⇒ _____（　　　　　　　　　）
　　　　　　　아뇨, _____（　　　　　　　　　）

④한국 / 자주 / 가다 ⇒ _____（　　　　　　　　　）
　　　　　　　아뇨, _____（　　　　　　　　　）

⑤택시 / 자주 / 타다 ⇒ _____（　　　　　　　　　）
　　　　　　　아뇨, _____（　　　　　　　　　）

2．疑問詞＋ヘヨ体

> 例　무엇 / 먹다 ⇒ **무엇을 먹어요?**　（何を食べますか）
> 　　　　　　불고기를 **먹어요.**　（焼肉を食べます）

①주말 / 어디 / 가다 ⇒ _____（　　　　　　　　　）
　　　　　　서울 _____（　　　　　　　　　）

②누구 / 편지 / 쓰다 ⇒ _____（　　　　　　　　　）
　　　　　　친구 _____（　　　　　　　　　）

③무슨 / 책 / 사다　⇒ _____（　　　　　　　　　）
　　　　한국어 사전 _____（　　　　　　　　　）

> トレーニング・チェック：解答は 335 ページ

④언제 / 친구 / 만나다⇒＿＿＿＿＿＿＿＿＿（　　　　　　　）
　　　　　　　내일 ＿＿＿＿＿＿＿＿＿（　　　　　　　）
⑤일본 / 어떻게 / 가다⇒＿＿＿＿＿＿＿＿＿（　　　　　　　）
　　　　　　　비행기 ＿＿＿＿＿＿＿＿＿（　　　　　　　）

> 韓国語で言ってみましょう！

①私は韓国料理をよく食べます。＿＿＿＿＿＿＿＿＿＿＿＿＿＿

②週末にソウルへ行きます。＿＿＿＿＿＿＿＿＿＿＿＿＿＿＿＿

③今日は家で休みます。＿＿＿＿＿＿＿＿＿＿＿＿＿＿＿＿＿＿

④何の本を読みますか。＿＿＿＿＿＿＿＿＿＿＿＿＿＿＿＿＿＿

⑤毎日友達から電話が来ます。＿＿＿＿＿＿＿＿＿＿＿＿＿＿＿

> 聞きとり　　CD を聞いて文を完成しましょう　　🔊 CD1-89

①내일 부산에 ＿＿＿＿ .

②무슨 꽃을 ＿＿＿＿ ?

③누구한테 편지를 ＿＿＿＿ ?

④히로시 씨는 술을 잘 ＿＿＿＿ .

⑤오사카까지 ＿＿＿＿ 로 가요?

⑥여동생은 피아노를 잘 ＿＿＿＿ .

⑦일요일에 한국 영화를 ＿＿＿＿ .

⑧회사를 가끔 ＿＿＿＿ .

⑨오늘도 그 친구가 ＿＿＿＿ ?

⑩저는 불고기를 ＿＿＿＿ .

第18課　ハダ用言と指定詞のヘヨ体を学ぶ

제 친구예요（私の友達です）

この課の学習ポイント

1. ハダ用言のヘヨ体

「하다用言」は、原形が「○○하다」という形をとるために「하다用言」と呼ばれます。「하다用言」には動詞と形容詞があります。「하다用言」のヘヨ体は「〜해요」という不規則な形になります。なお、ヘヨ体という名はここから由来します。

　例　공부하다（勉強する）　　　공부해요./공부해요?

2. 이다（指定詞）のヘヨ体

直前の単語が母音で終わる場合は예요を、子音で終わる場合は이에요をつけます。

　母音終わりの体言＋예요./예요?
　子音終わりの体言＋이에요./이에요?

新しい単語　前半　発音しながら3回ずつ書きましょう　　CD1-90

① 연락하다　　連絡する
② 깨끗하다　　清潔だ
③ 생각하다　　考える
④ 청소하다　　掃除する
⑤ 분명하다　　明らかだ
⑥ 전공하다　　専攻する
⑦ 외출하다　　外出する
⑧ 안전하다　　安全だ

トレーニング・チェック：解答は 336 ページ

⑨이사하다　引っ越す _____ _____ _____
⑩친절하다　親切だ _____ _____ _____

語彙を増やそう！

1. 次の単語の意味を日本語で言ってください

①청소하다 _____　②안전하다 _____
③이사하다 _____　④외출하다 _____
⑤깨끗하다 _____　⑥친절하다 _____
⑦연락하다 _____　⑧분명하다 _____
⑨전공하다 _____　⑩생각하다 _____

2. 次の単語を韓国語で言ってください

①引っ越す _____　②連絡する _____
③清潔だ _____　④安全だ _____
⑤親切だ _____　⑥専攻する _____
⑦考える _____　⑧掃除する _____
⑨明らかだ _____　⑩外出する _____

基本文型の練習 A　例にならって文を作り、できあがった文の意味も書きなさい

1. ハダ用言のヘヨ体疑問

> 例　방 / 깨끗하다 ⇒ 방이 깨끗해요？（部屋がきれいですか）

①그것 / 분명하다 ⇒ _____（　　　　　　　　）
②언제 / 외출하다 ⇒ _____（　　　　　　　　）
③누가 / 청소하다 ⇒ _____（　　　　　　　　）
④중국어 / 공부하다 ⇒ _____（　　　　　　　　）
⑤무엇 / 전공하다 ⇒ _____（　　　　　　　　）

トレーニング・チェック：解答は 336 ページ

2. ハダ用言のヘヨ体平叙

> 例　한국어 / 공부하다 ⇒ 한국어를 공부해요．（韓国語を勉強しています）

① 지금 / 숙제하다 ⇒ ＿＿＿＿＿＿＿＿＿＿（　　　　　　　　　）

② 영어 / 전공하다 ⇒ ＿＿＿＿＿＿＿＿＿＿（　　　　　　　　　）

③ 일본 / 안전하다 ⇒ ＿＿＿＿＿＿＿＿＿＿（　　　　　　　　　）

④ 불고기 / 좋아하다 ⇒ ＿＿＿＿＿＿＿＿＿＿（　　　　　　　　　）

⑤ 스즈키 씨 / 친절하다 ⇒＿＿＿＿＿＿＿＿＿＿（　　　　　　　　　）

3. 指定詞のヘヨ体

> 例　한국어 / 책 / 이다 ⇒ 한국어 책이에요？（韓国語の本ですか）

① 중국어 / 사전 / 이다 ⇒ ＿＿＿＿＿＿＿＿＿＿（　　　　　　　　　）

② 영어 / 선생님 / 이다 ⇒ ＿＿＿＿＿＿＿＿＿＿（　　　　　　　　　）

③ 제 / 친구 / 이다 ⇒ ＿＿＿＿＿＿＿＿＿＿（　　　　　　　　　）

④ 이것 / 얼마 / 이다 ⇒ ＿＿＿＿＿＿＿＿＿＿（　　　　　　　　　）

⑤ 그것 / 뭐 / 이다 ⇒ ＿＿＿＿＿＿＿＿＿＿（　　　　　　　　　）

新しい単語 後半　発音しながら3回ずつ書きましょう　　CD1-91

① 거기	そこ	＿＿＿＿	＿＿＿＿	＿＿＿＿
② 그렇게	そのように	＿＿＿＿	＿＿＿＿	＿＿＿＿
③ 같이	一緒に	＿＿＿＿	＿＿＿＿	＿＿＿＿
④ 전부	全部・全部で	＿＿＿＿	＿＿＿＿	＿＿＿＿
⑤ 사회학	社会学	＿＿＿＿	＿＿＿＿	＿＿＿＿
⑥ 경제학	経済学	＿＿＿＿	＿＿＿＿	＿＿＿＿
⑦ 조용하다	静かだ	＿＿＿＿	＿＿＿＿	＿＿＿＿
⑧ 노력하다	努力する	＿＿＿＿	＿＿＿＿	＿＿＿＿

トレーニング・チェック：解答は336ページ

⑨연습하다　練習する　＿＿＿＿＿　＿＿＿＿＿　＿＿＿＿＿
⑩출발하다　出発する　＿＿＿＿＿　＿＿＿＿＿　＿＿＿＿＿

語彙を増やそう！

1. 次の単語の意味を日本語で言ってください

   ①경제학　＿＿＿＿＿　②같이　＿＿＿＿＿
   ③노력하다　＿＿＿＿＿　④그렇게　＿＿＿＿＿
   ⑤전부　＿＿＿＿＿　⑥사회학　＿＿＿＿＿
   ⑦거기　＿＿＿＿＿　⑧조용하다　＿＿＿＿＿
   ⑨출발하다　＿＿＿＿＿　⑩연습하다　＿＿＿＿＿

2. 次の単語を韓国語で言ってください

   ①全部　＿＿＿＿＿　②そこ　＿＿＿＿＿
   ③出発する　＿＿＿＿＿　④静かだ　＿＿＿＿＿
   ⑤練習する　＿＿＿＿＿　⑥経済学　＿＿＿＿＿
   ⑦一緒に　＿＿＿＿＿　⑧努力する　＿＿＿＿＿
   ⑨社会学　＿＿＿＿＿　⑩そのように　＿＿＿＿＿

基本文型の練習B　例にならって文を作り、できあがった文の意味も書きなさい

1. ハダ用言のヘヨ体

例 학교 / 조용하다　⇒　<u>학교가 조용해요？</u>（学校が静かですか）
네，<u>조용해요．</u>（はい、静かです）

   ①방 / 깨끗하다⇒　＿＿＿＿＿＿＿＿＿（　　　　　　　　）
   　　　　　　네，＿＿＿＿＿＿＿＿＿（　　　　　　　　）
   ②친구 / 연락하다⇒　＿＿＿＿＿＿＿＿＿（　　　　　　　　）
   　　　　　　네，＿＿＿＿＿＿＿＿＿（　　　　　　　　）

> トレーニング・チェック：解答は 336 ページ

③자주 / 외출하다 ⇒ _____ (　　　　　)
　　　　　　　네, _____ (　　　　　)
④발음 / 연습하다 ⇒ _____ (　　　　　)
　　　　　　　네, _____ (　　　　　)
⑤열심히 / 노력하다 ⇒ _____ (　　　　　)
　　　　　　　네, _____ (　　　　　)

2. 疑問詞＋ハダ用言のヘヨ体

> 例 무엇 / 하다 ⇒ 무엇을 해요? (何をしていますか)
> 　　혼자서 숙제해요. (1人で宿題しています)

①어디 / 이사하다 ⇒ _____ (　　　　　)
　　　　　　부산 _____ (　　　　　)
②누구 / 전화하다 ⇒ _____ (　　　　　)
　　　　　김 선생님 _____ (　　　　　)
③언제 / 출발하다 ⇒ _____ (　　　　　)
　　　　　　내일 _____ (　　　　　)
④무엇 / 전공하다 ⇒ _____ (　　　　　)
　　　　　　사회학 _____ (　　　　　)
⑤누가 / 청소하다 ⇒ _____ (　　　　　)
　　　　　　남동생 _____ (　　　　　)

韓国語で言ってみましょう！

①私の妹です。　　　　　　　_____
②学校で何を専攻していますか。　_____
③家で発音を練習しています。　　_____
④そこは安全ですか。　　　　　　_____

トレーニング・チェック：解答は 336 ページ

⑤私は野球が好きです。　_____

聞きとり　　CDを聞いて文を完成しましょう　　🔊 CD1-92

① 몇 시에 [　　　]?
② 매일 한국어를 [　　　].
③ 이것이 뭐[　　]?
④ 그것은 한국어 사전 [　　].
⑤ 서울로 [　　].
⑥ 왜 그렇게 [　　　]?
⑦ 학교에서 경제학을 [　　　].
⑧ 저는 한국 음식을 [　　　].
⑨ 누구하고 같이 [　　　]?
⑩ 히로시 씨는 정말 [　　].

第19課　ヘヨ体の否定形を学ぶ

학교에 가지 않아요？（学校に行かないのですか）

この課の学習ポイント

1.　～（してい）ません＝ヘヨ体否定形

ヘヨ体の否定形の作り方も2通りあります。くだけた会話でよく使われるのは動詞・形容詞の直前に안を置くやり方です。少し固い会話や書き言葉では、動詞・形容詞の語幹＋지 않아요と言います。

①「안」＋動詞・形容詞（前置否定形）
　例　　가다(行く)　　→　안 가요．(前置否定形)
②語幹＋「～지 않다」（後置否定形）
　例　　가다(行く)　　→　가지 않아요．(後置否定形)

2.　～できません

能力が足りないか、もしくは都合がつかなくて不可能な場合に用います。また「上手でない、下手だ」という表現としても使います。作り方は2通りあります。くだけた会話でよく使われるのは動詞の直前に못を置くやり方です。少し固い会話や書き言葉では、動詞＋지 못해요と言います。

①「못」＋動詞
　例　　술은 못 마셔요．(酒は飲めません)
②語幹＋「～지 못하다」
　例　　술은 마시지 못해요．(酒は飲めません)

新しい単語　前半　発音しながら3回ずつ書きましょう　　🔊 CD1-93

①지하철　　　地下鉄　＿＿＿＿＿　＿＿＿＿＿　＿＿＿＿＿
②골프　　　　ゴルフ　＿＿＿＿＿　＿＿＿＿＿　＿＿＿＿＿

トレーニング・チェック：解答は 336 ページ

③한글　　　ハングル　＿＿＿＿＿　　＿＿＿＿＿　　＿＿＿＿＿
④생선　　　魚　　　　＿＿＿＿＿　　＿＿＿＿＿　　＿＿＿＿＿
⑤웃다　　　笑う　　　＿＿＿＿＿　　＿＿＿＿＿　　＿＿＿＿＿
⑥키　　　　背・身長　＿＿＿＿＿　　＿＿＿＿＿　　＿＿＿＿＿
⑦크다　　　大きい　　＿＿＿＿＿　　＿＿＿＿＿　　＿＿＿＿＿
⑧가격　　　値段　　　＿＿＿＿＿　　＿＿＿＿＿　　＿＿＿＿＿
⑨싸다　　　安い　　　＿＿＿＿＿　　＿＿＿＿＿　　＿＿＿＿＿
⑩멀다　　　遠い　　　＿＿＿＿＿　　＿＿＿＿＿　　＿＿＿＿＿

語彙を増やそう！

1. 次の単語の意味を日本語で言ってください

①생선＿＿＿＿＿＿＿　②웃다＿＿＿＿＿＿＿
③골프＿＿＿＿＿＿＿　④멀다＿＿＿＿＿＿＿
⑤싸다＿＿＿＿＿＿＿　⑥키＿＿＿＿＿＿＿
⑦지하철＿＿＿＿＿＿　⑧한글＿＿＿＿＿＿＿
⑨크다＿＿＿＿＿＿＿　⑩가격＿＿＿＿＿＿＿

2. 次の単語を韓国語で言ってください

①大きい＿＿＿＿＿＿　②遠い＿＿＿＿＿＿＿
③ハングル＿＿＿＿＿　④地下鉄＿＿＿＿＿＿
⑤背・身長＿＿＿＿＿　⑥魚＿＿＿＿＿＿＿＿
⑦値段＿＿＿＿＿＿＿　⑧ゴルフ＿＿＿＿＿＿
⑨笑う＿＿＿＿＿＿＿　⑩安い＿＿＿＿＿＿＿

トレーニング・チェック：解答は337ページ

基本文型の練習A　例にならって文を作り、できあがった文の意味も書きなさい

1. 안＋動詞・形容詞　ヘヨ体

   > 例　텔레비전/보다⇒텔레비전을 안 봐요？（テレビを見ないのですか）

   ① 학교 / 가다⇒ _____ (　　　　　　　　　)

   ② 지하철 / 타다⇒ _____ (　　　　　　　　　)

   ③ 커피 / 마시다⇒ _____ (　　　　　　　　　)

   ④ 생선 / 먹다⇒ _____ (　　　　　　　　　)

   ⑤ 키 / 크다⇒ _____ (　　　　　　　　　)

2. 語幹＋지 않다　ヘヨ体

   > 例　텔레비전/보다⇒텔레비전을 보지 않아요．（テレビを見ません）

   ① 학교 / 가다⇒ _____ (　　　　　　　　　)

   ② 지하철 / 타다⇒ _____ (　　　　　　　　　)

   ③ 커피 / 마시다⇒ _____ (　　　　　　　　　)

   ④ 생선 / 먹다⇒ _____ (　　　　　　　　　)

   ⑤ 키 / 크다⇒ _____ (　　　　　　　　　)

3. 못＋動詞　ヘヨ体

   > 例　술/마시다⇒술을 못 마셔요？（酒が飲めないのですか）

   ① 돼지고기 / 먹다⇒ _____ (　　　　　　　　　)

   ② 일본어 / 읽다⇒ _____ (　　　　　　　　　)

   ③ 골프 / 치다⇒ _____ (　　　　　　　　　)

   ④ 수영 / 하다⇒ _____ (　　　　　　　　　)

   ⑤ 한글 / 쓰다⇒ _____ (　　　　　　　　　)

トレーニング・チェック：解答は 337 ページ

4. 語幹＋지 못하다　ヘヨ体

例　술/마시다⇒술을　마시지　못해요.（酒が飲めません）

①돼지고기/먹다⇒ _____ (　　　　　　　)
②일본어/읽다⇒ _____ (　　　　　　　)
③골프/치다⇒ _____ (　　　　　　　)
④수영/하다⇒ _____ (　　　　　　　)
⑤한글/쓰다⇒ _____ (　　　　　　　)

新しい単語 後半　発音しながら3回ずつ書きましょう　　CD1-94

①외국　　　　外国　　_____　_____　_____
②미국　　　　アメリカ　_____　_____　_____
③스포츠　　　スポーツ　_____　_____　_____
④적다　　　　少ない　　_____　_____　_____
⑤많다　　　　多い　　　_____　_____　_____
⑥조선 요리　朝鮮料理　_____　_____　_____
⑦춥다　　　　寒い　　　_____　_____　_____
⑧덥다　　　　暑い　　　_____　_____　_____
⑨우리　　　　我々・我々の _____　_____　_____
⑩맵다　　　　辛い　　　_____　_____　_____

語彙を増やそう！

1. 次の単語の意味を日本語で言ってください

①적다 _____　　②우리 _____
③조선 요리 _____　　④미국 _____
⑤맵다 _____　　⑥스포츠 _____

トレーニング・チェック：解答は 337 ページ

⑦많다 _____ ⑧덥다 _____
⑨춥다 _____ ⑩외국 _____

2. 次の単語を韓国語で言ってください

①外国 _____ ②多い _____
③我々・我々の_____ ④暑い _____
⑤寒い _____ ⑥アメリカ _____
⑦スポーツ _____ ⑧少ない _____
⑨辛い _____ ⑩朝鮮料理 _____

基本文型の練習 B　例にならって文を作り、できあがった文の意味も書きなさい

1. 안＋動詞　ヘヨ体

> 例　영화 / 자주 / 보다 ⇒ <u>영화를 자주 봐요？</u>
> 　　　　　　　　　　　（映画をしょっちゅう見ますか）
> 　　　　　　　아뇨, <u>별로 안 봐요．</u>
> 　　　　　　　　　　　（いいえ、あまり見ません）

①미국 / 자주 / 가다⇒ _____（　　　　　　）
　　　　　　아뇨, _____（　　　　　　）
②가족 / 자주 / 만나다⇒ _____（　　　　　　）
　　　　　　아뇨, _____（　　　　　　）
③편지 / 자주 / 쓰다⇒ _____（　　　　　　）
　　　　　　아뇨, _____（　　　　　　）
④야구 / 자주 / 하다⇒ _____（　　　　　　）
　　　　　　아뇨, _____（　　　　　　）
⑤조선 요리 / 자주 / 먹다⇒_____（　　　　　　）
　　　　　　아뇨, _____（　　　　　　）

2. 못＋動詞 ヘヨ体

例 김치 / 잘 / 먹다⇒	<u>김치를 잘 먹어요?</u>(キムチをよく食べますか)
	<u>아뇨, 잘 못 먹어요.</u>
	（いいえ、食べられません）

① 골프 / 잘 / 치다⇒ _____ (   )

　　　　　　　　아뇨, _____ (   )

② 술 / 잘 / 마시다⇒ _____ (   )

　　　　　　　　아뇨, _____ (   )

③ 피아노 / 잘 / 치다⇒ _____ (   )

　　　　　　　　아뇨, _____ (   )

④ 한국어 / 잘 / 하다⇒ _____ (   )

　　　　　　　　아뇨, _____ (   )

⑤ 운동 / 잘 / 하다⇒ _____ (   )

　　　　　　　　아뇨, _____ (   )

韓国語で言ってみましょう！ （後置否定形を使うこと）

① このキムチは辛くないです。　　　_____

② 今日は暑くないですか。　　　　　_____

③ うちの会社は日曜日も休みません。_____

④ 我が家は駅から遠くありません。　_____

⑤ 彼は友だちが多くないです。　　　_____

トレーニング・チェック：解答は337ページ

聞きとり　CDを聞いて文を完成しましょう　🔊 CD1-95

① 오늘은 [　　] [　　　　] .
② 저는 생선을 [　　　　] .
③ 가격이 별로 [　　　　] .
④ 술을 전혀 [　　　　] ?
⑤ 숙제가 [　　] [　　] .
⑥ 저는 스포츠를 [　　　　] [　　　　　] .
⑦ 저는 운전을 [　　] 못 [　　　] .
⑧ 우리 여동생은 [　　　] 못 [　　　] .
⑨ [　　] 에 자주 안 [　　　] .
⑩ 나카타니 씨는 [　　] 가 [　　] 않아요 .

第20課 ハダ用言の否定形を学ぶ

방이 안 깨끗해요（部屋がきれいではありません）

この課の学習ポイント

1. ハダ用言の否定形

「하다用言」は品詞的には動詞と形容詞があります。「固有語＋하다」の形をとるのは主に形容詞で、「漢字語＋하다」の形をとるのは、動詞になるものと形容詞になるものがあります。「하다用言」はそれが動詞か形容詞かによって、「안」を使った前置否定形の語順が違ってきます。

否定形の語順

「○○하다」が動詞である場合は、○○と하다の間に안を置きます。「○○하다」が形容詞である場合は、안を用言の直前に置きます。

　例　근무하다（勤務する：動詞）　　근무 안 해요

　　　정확하다（正確だ：形容詞）　　안 정확해요

「〜지 않다」を使った後置否定形は、動詞の場合も形容詞の場合も第16課・19課で学んだように「語幹＋지 않아요」の語順になります。

2. 指定詞の否定形

이다（〜だ）の否定形は아니다（〜でない）です。「아니다」のヘヨ体は「아니에요」という不規則な形になります。

　　　母音終わりの体言＋가　　아니에요 ./ 아니에요？
　　　子音終わりの体言＋이　　아니에요 ./ 아니에요？

トレーニング・チェック：解答は 337 ページ

新しい単語 前半　発音しながら3回ずつ書きましょう　🔊 CD1-96

① 피곤하다　疲れる　＿＿＿＿＿　＿＿＿＿＿　＿＿＿＿＿
② 생활　　　生活　　＿＿＿＿＿　＿＿＿＿＿　＿＿＿＿＿
③ 식사하다　食事する　＿＿＿＿＿　＿＿＿＿＿　＿＿＿＿＿
④ 중요하다　重要だ　＿＿＿＿＿　＿＿＿＿＿　＿＿＿＿＿
⑤ 정확하다　正確だ　＿＿＿＿＿　＿＿＿＿＿　＿＿＿＿＿
⑥ 건강하다　健康だ　＿＿＿＿＿　＿＿＿＿＿　＿＿＿＿＿
⑦ 사용하다　使う　　＿＿＿＿＿　＿＿＿＿＿　＿＿＿＿＿
⑧ 날씨　　　天気・気候　＿＿＿＿＿　＿＿＿＿＿　＿＿＿＿＿
⑨ 시계　　　時計　　＿＿＿＿＿　＿＿＿＿＿　＿＿＿＿＿
⑩ 요즘　　　この頃・最近　＿＿＿＿＿　＿＿＿＿＿　＿＿＿＿＿

語彙を増やそう！

1. 次の単語の意味を日本語で言ってください

　①정확하다　＿＿＿＿＿　　②피곤하다　＿＿＿＿＿
　③사용하다　＿＿＿＿＿　　④시계　　　＿＿＿＿＿
　⑤중요하다　＿＿＿＿＿　　⑥건강하다　＿＿＿＿＿
　⑦요즘　　　＿＿＿＿＿　　⑧생활　　　＿＿＿＿＿
　⑨식사하다　＿＿＿＿＿　　⑩날씨　　　＿＿＿＿＿

2. 次の単語を韓国語で言ってください

　①生活　　　＿＿＿＿＿　　②使う　　　＿＿＿＿＿
　③時計　　　＿＿＿＿＿　　④健康だ　　＿＿＿＿＿
　⑤天気・気候　＿＿＿＿＿　⑥食事する　＿＿＿＿＿
　⑦疲れる　　＿＿＿＿＿　　⑧この頃・最近　＿＿＿＿＿
　⑨正確だ　　＿＿＿＿＿　　⑩重要だ　　＿＿＿＿＿

トレーニング・チェック：解答は 338 ページ

基本文型の練習A　例にならって文を作り、できあがった文の意味も書きなさい

1. ハダ用言の前置否定形　ヘヨ体

> 例　오늘 / 근무하다 ⇒ <u>오늘은 근무 안 해요.</u>（今日は勤務しません）
> 　　방 / 깨끗하다 ⇒ <u>방이 안 깨끗해요.</u>（部屋がきれいじゃないです）

① 김치 / 좋아하다 ⇒ _____（　　　　　　　　　）

② 시간 / 중요하다 ⇒ _____（　　　　　　　　　）

③ 여기 / 조용하다 ⇒ _____（　　　　　　　　　）

④ 사전 / 사용하다 ⇒ _____（　　　　　　　　　）

⑤ 가족 / 소개하다 ⇒ _____（　　　　　　　　　）

⑥ 공휴일 / 일하다 ⇒ _____（　　　　　　　　　）

⑦ 요즘 / 건강하다 ⇒ _____（　　　　　　　　　）

⑧ 날씨 / 따뜻하다 ⇒ _____（　　　　　　　　　）

⑨ 전혀 / 피곤하다 ⇒ _____（　　　　　　　　　）

⑩ 시계 / 정확하다 ⇒ _____（　　　　　　　　　）

2. 指定詞の否定形　ヘヨ体

> 例　한국어 / 책 / 아니다 ⇒ <u>한국어 책이 아니에요.</u>（韓国語の本ではありません）

① 일본어 / 교과서 / 아니다 ⇒ _____（　　　　　　　　　）

② 한국어 / 선생님 / 아니다 ⇒ _____（　　　　　　　　　）

③ 여기 / 학교 / 아니다 ⇒ _____（　　　　　　　　　）

④ 내일 / 공휴일 / 아니다 ⇒ _____（　　　　　　　　　）

⑤ 저 / 학생 / 아니다 ⇒ _____（　　　　　　　　　）

トレーニング・チェック：解答は338ページ

新しい単語 後半　発音しながら3回ずつ書きましょう　🔊 CD1-97

① 필요하다　必要だ　_____　_____　_____
② 시원하다　涼しい　_____　_____　_____
③ 이용하다　利用する　_____　_____　_____
④ 수리하다　修理する　_____　_____　_____
⑤ 화려하다　派手だ・華やかだ　_____　_____　_____
⑥ 수수하다　地味だ　_____　_____　_____
⑦ 색깔　　色彩・色　_____　_____　_____
⑧ 몸　　　体　_____　_____　_____
⑨ 많이　　たくさん・とても　_____　_____　_____
⑩ 받다　　受け取る・もらう　_____　_____　_____

語彙を増やそう！

1．次の単語の意味を日本語で言ってください

① 수수하다　_____　　② 시원하다　_____
③ 색깔　　　_____　　④ 이용하다　_____
⑤ 필요하다　_____　　⑥ 많이　　　_____
⑦ 몸　　　　_____　　⑧ 화려하다　_____
⑨ 받다　　　_____　　⑩ 수리하다　_____

2．次の単語を韓国語で言ってください

① 必要だ　　_____　　② 修理する　_____
③ 色彩・色　_____　　④ 地味だ　　_____
⑤ 華やかだ　_____　　⑥ もらう　　_____
⑦ たくさん　_____　　⑧ 利用する　_____
⑨ 涼しい　　_____　　⑩ 体　　　　_____

トレーニング・チェック：解答は 338 ページ

基本文型の練習 B 例にならって文を作り、できあがった文の意味も書きなさい

1. ハダ用言　ハムニダ体＋ヘヨ体

> 例　학교 / 조용하다 ⇒ __학교가　조용합니까?__ （学校が静かですか）
> 　　아뇨, __안 조용해요.__ （いいえ、静かじゃないです）

① 색깔 / 수수하다 ⇒ _____ (　　　　　　　　　)
　　　　　　　아뇨, _____ (　　　　　　　　　)

② 옷 / 화려하다 ⇒ _____ (　　　　　　　　　)
　　　　　　　아뇨, _____ (　　　　　　　　　)

③ 요즘 / 피곤하다 ⇒ _____ (　　　　　　　　　)
　　　　　　　아뇨, _____ (　　　　　　　　　)

④ 그 사람 / 친절하다 ⇒ _____ (　　　　　　　　　)
　　　　　　　아뇨, _____ (　　　　　　　　　)

⑤ 컴퓨터 / 수리하다 ⇒ _____ (　　　　　　　　　)
　　　　　　　아뇨, _____ (　　　　　　　　　)

2. ハダ用言　ヘヨ体

> 例　사전 / 자주 / 사용하다 ⇒ __사전을 자주 사용해요?__
> 　　　　　　　　　　　　　（辞書をしばしば使いますか）
> 　　아뇨, __사용 안 해요.__ （いえ、使いません）

① 도서관 / 매일 / 이용하다 ⇒ _____ (　　　　　　　　　)
　　　　　　　아뇨, _____ (　　　　　　　　　)

② 방 / 자주 / 청소하다 ⇒ _____ (　　　　　　　　　)
　　　　　　　아뇨, _____ (　　　　　　　　　)

③ 요즘 / 컴퓨터 / 사용하다 ⇒ _____ (　　　　　　　　　)
　　　　　　　아뇨, _____ (　　　　　　　　　)

トレーニング・チェック：解答は 338 ページ

④물 / 많이 / 필요하다⇒ _____ (　　　　　)

　　　　　　　　　아뇨, _____ (　　　　　)

⑤거기 / 날씨 / 시원하다⇒ _____ (　　　　　)

　　　　　　　　　아뇨, _____ (　　　　　)

韓国語で言ってみましょう！ （前置否定形を使うこと）

①今日は練習しないのですか。 _____

②最近は全く使っていません。 _____

③鈴木さんはスポーツが好きじゃないんですか。 _____

④私は運転しません。 _____

⑤彼はこの頃、外出しません。 _____

聞きとり　CDを聞いて文を完成しましょう　　　🔊 CD1-98

①주말에는 공부 [　　] [　　] .

②돈은 별로 [　　] [　　] .

③전혀 [　　] 안 해요 .

④저는 [　　] 안 [　　] .

⑤ [　　] 에서 [　　] 안 해요 .

⑥ [　　] 은 [　　] 연락 안 해요 .

⑦저는 [　　] 을 안 [　　] .

⑧일요일에는 [　　] 안 [　　] .

⑨방이 [　　] 안 [　　] .

⑩제 동생은 [　　] 을 별로 [　　] 좋아해요 .

第21課　ハムニダ体の敬語を学ぶ

선생님께서는 어디에 계십니까? (先生はどこにいらっしゃいますか)

この課の学習ポイント

1. 韓国語の敬語

儒教の影響が色濃い朝鮮文化においては、目上の人に礼儀をつくすことが非常に大切なルールです。それはことばの上においても現れており、目上の人に対して敬語を使うことが日本語以上に厳しく要求されます。また、日本語の場合は目上であっても自分の身内には敬語を使わないのに対し、韓国語では目上であれば原則的に敬語を使う、いわゆる絶対敬語と呼ばれる敬語のシステムを持っています。

2. 尊敬の補助語幹＝～（으）시

敬語形は用言の語幹と文末語尾の間に（으）시という補助語幹をはさみこんで作ります。합니다体の場合は、語幹＋（으）시＋ㅂ니다 ⇒ 語幹＋（으）십니다となります。母音語幹には「십니다」、子音語幹には「으십니다」、ㄹ語幹にはㄹをとって「십니다」をつけます。

例　原形　　語幹　　　（으）시＋ハムニダ体語尾　　敬語形

　　오다　　오　　　＋ 십니다　　⇒ 오십니다　　（来られます）

　　살다　　살 ⇒ 사 ＋ 십니다　　⇒ 사십니다　　（お住まいです）

　　웃다　　웃　　　＋ 으십니다　⇒ 웃으십니다（お笑いになります）

後置否定形では語幹の直後に（으）시をおくか、않다に으시を挿入するかします。

　　하지 않습니다　⇒　하시지 않습니다 / 하지 않으십니다．

3. 特殊な敬語形

いくつかの用言は、語幹の形がまったく違う特殊な敬語形を持っています。

　먹다　　食べる ⇒ 드십니다　　＜ 드시다　　　召し上がる
　　　　　　　　　　잡수십니다　＜ 잡수시다　　召し上がる

トレーニング・チェック：					
있다	いる	⇒ 계십니다	< 계시다	いらっしゃる	
		「ある」の意味の場合は、~(으)시を使う			
자다	寝る	⇒ 주무십니다	< 주무시다	お休みになる	
죽다	死ぬ	⇒ 돌아가십니다	< 돌아가시다	亡くなる	
말하다	言う	⇒ 말씀하십니다	< 말씀하시다	おっしゃる	

また、名詞や助詞の中にも丁寧な表現を持つものがあります。

이름	名前	⇒ 성함	お名前	나이	年齢	⇒ 연세	ご年齢
식사	食事	⇒ 진지	お食事	생일	誕生日	⇒ 생신	お誕生日
말	ことば	⇒ 말씀	おことば				
가/이	が	⇒ 께서		는/은	は	⇒ 께서는	
에게	に	⇒ 께					

新しい単語　前半　発音しながら3回ずつ書きましょう　🔊CD2-1

① 께서는　（目上の人）は　_____　_____　_____

② 께　　　（目上の人）に　_____　_____　_____

③ 사무실　オフィス　_____　_____　_____

④ 교수님　教授　_____　_____　_____

⑤ 손님　　お客さん　_____　_____　_____

⑥ 분　　　方　_____　_____　_____

⑦ 아버님　父・お父様　_____　_____　_____

⑧ 어머님　母・お母様　_____　_____　_____

⑨ 녹음기　ラジカセ　_____　_____　_____

⑩ 부모님　両親　_____　_____　_____

トレーニング・チェック：解答は 338 ページ

語彙を増やそう！

1. 次の単語の意味を日本語で言ってください

   ① 교수님 _____   ② 아버님 _____

   ③ 녹음기 _____   ④ 께서는 _____

   ⑤ 손님 _____   ⑥ 부모님 _____

   ⑦ 어머님 _____   ⑧ 사무실 _____

   ⑨ 분 _____   ⑩ 께 _____

2. 次の単語を韓国語で言ってください

   ① お父様 _____   ②(目上の人)に _____

   ③ お客さん _____ ④ 教授 _____

   ⑤ 両親 _____   ⑥ 方 _____

   ⑦ お母様 _____   ⑧ オフィス _____

   ⑨(目上の人)は _____ ⑩ ラジカセ _____

基本文型の練習 A

1. 例にならって文を敬語表現に変え、意味も書きなさい

   > 例　아버지는 서울에 삽니다
   > ⇒ <u>아버님께서는 서울에 사십니다</u>．（父はソウルに住んでおります）

   ① 손님은 무엇을 찾습니까？

   　⇒ _____ (　　　　　　　　　　)

   ② 그 사람은 가끔 저고리를 입습니다．

   　⇒ _____ (　　　　　　　　　　)

   ③ 어머니가 선생님에게 전화를 겁니다．

   　⇒ _____ (　．　　　　　　　　)

> トレーニング・チェック：解答は339ページ

④ 아버지는 교수님입니까?

⇒ _____ (_____)

⑤ 어머니가 음식을 만듭니다.

⇒ _____ (_____)

2. 例にならって文を作りなさい

> 例　어디 가십니까？（시내）⇒ <u>시내에 갑니다</u>.（市内に行きます）

①무슨 스포츠를 좋아하십니까？（축구）⇒ _____

②누구한테 전화를 거십니까？（교수님）⇒ _____

③누가 음식을 만드십니까？（나）　　　⇒ _____

④무엇을 찾으십니까？（녹음기）　　　⇒ _____

⑤무슨 띠십니까？（돼지띠）　　　　　⇒ _____

新しい単語 後半　発音しながら3回ずつ書きましょう　🔊 CD2-2

① 드시다　　召し上がる　_____　_____　_____

② 잡수시다　召し上がる　_____　_____　_____

③ 계시다　　いらっしゃる　_____　_____　_____

④ 돌아가시다　お亡くなりになる　_____　_____　_____

⑤ 주무시다　お休みになる　_____　_____　_____

⑥ 말씀　　　おことば　_____　_____　_____

⑦ 드리다　　さしあげる　_____　_____　_____

⑧ 세　（漢数詞＋）歳　_____　_____　_____

⑨ 성함이 어떻게 되십니까？　お名前はなんとおっしゃいますか

_____　_____　_____

⑩ 연세가 어떻게 되십니까？　お年はおいくつでいらっしゃいますか

_____　_____　_____

トレーニング・チェック：解答は 339 ページ

語彙を増やそう！

1. 次の単語の意味を日本語で言ってください

　　①주무시다 ＿＿＿＿＿＿　　②세 ＿＿＿＿＿＿

　　③잡수시다 ＿＿＿＿＿＿　　④말씀 ＿＿＿＿＿＿

　　⑤드리다 ＿＿＿＿＿＿　　⑥계시다 ＿＿＿＿＿＿

　　⑦돌아가시다 ＿＿＿＿＿＿　　⑧드시다 ＿＿＿＿＿＿

　　⑨연세가 어떻게 되십니까? ＿＿＿＿＿＿＿＿＿＿＿＿

　　⑩성함이 어떻게 되십니까? ＿＿＿＿＿＿＿＿＿＿＿＿

2. 次の単語を韓国語で言ってください

　　①いらっしゃる ＿＿＿＿＿＿　　②お休みになる ＿＿＿＿＿＿

　　③お亡くなりになる ＿＿＿＿＿＿　　④おことば ＿＿＿＿＿＿

　　⑤さしあげる ＿＿＿＿＿＿　　⑥〜歳 ＿＿＿＿＿＿

　　⑦召し上がる ＿＿＿＿＿＿ , ＿＿＿＿＿＿

　　⑧お名前は何とおっしゃいますか ＿＿＿＿＿＿＿＿＿＿

　　⑨お年はおいくつでいらっしゃいますか ＿＿＿＿＿＿＿＿

基本文型の練習 B　例にならって文を作り、できあがった文の意味も書きなさい

1. 敬語の入った疑問文：与えられた文が答えとなるよう質問の文を作りなさい

> 例　1시까지 사무실에 있습니다. ⇒ 몇 시까지 사무실에 계십니까?
> 　　　（何時までオフィスにいらっしゃいますか）

　　①7시에 아침을 먹습니다. ⇒ ＿＿＿＿＿＿＿＿＿＿＿＿
　　　　　　　　　　　　　　　　（　　　　　　　　　　　）

　　②저는 김은주입니다. ⇒ ＿＿＿＿＿＿＿＿＿＿＿＿＿＿
　　　　　　　　　　　　　　　（　　　　　　　　　　　）

トレーニング・チェック：解答は 339 ページ

③아뇨, 시간이 없습니다. ⇒ _____
（　　　　　　　　）

④서울에 삽니다. ⇒ _____
（　　　　　　　　）

⑤네, 저는 한국 사람입니다. ⇒ _____
（　　　　　　　　）

2. 敬語の入った質問に答える：かっこの中の単語を使って質問に答えなさい

> 例　무엇을 드십니까?(비빔밥) ⇒ 비빔밥을 먹습니다.

①몇 시에 주무십니까?(12시) ⇒ _____
②부모님께서는 한국에 계십니까?(아뇨) ⇒ _____
③일본 분이십니까? (네) ⇒ _____
④연세가 어떻게 되십니까? (65세) ⇒ _____
⑤어디서 점심을 잡수십니까? (집) ⇒ _____

韓国語で言ってみましょう！

①お名前は何とおっしゃいますか。 _____
②どちらにお住まいですか。 _____
③社長は今オフィスにおりません。 _____
④母はお酒を飲みません。 _____
⑤何名様でいらっしゃいますか。 _____

トレーニング・チェック：解答は 339 ページ

聞きとり　CDを聞いて文を完成しましょう　　🔊 CD2-3

① 아침에 무엇을 [　　　]?

② 그 분은 경제학 [　　　].

③ 연세가 [　　] [　　　]?

④ 지금 시간이 [　　　]?

⑤ 아버님은 집에 [　　　].

⑥ 몇 시에 [　　　]?

⑦ 교수님께서는 편지를 [　　　　].

⑧ [　　] 이것을 드립니다.

⑨ 같이 오지 [　　　]?

⑩ 선생님께 [　　] 드립니다.

第22課　ヘヨ体の敬語を学ぶ

집에 가세요？（お帰りになりますか）

この課の学習ポイント

1. 尊敬の補助語幹＝〜(으)시

　尊敬の補助語幹 (으) 시にヘヨ体の語尾아요/어요が来ると、語幹＋ (으) 시＋어요⇒語幹＋ (으) 세요という形になります。母音語幹には「세요」、子音語幹には「으세요」、ㄹ語幹はㄹをとって「세요」をつけます。

　例　原形　　語幹　　(으) 시＋ヘヨ体語尾　　敬語形
　　　오다　　오　　＋　세요　　　　⇒　오세요 （来られます）
　　　살다　　살⇒사＋　세요　　　　⇒　사세요 （お住まいです）
　　　웃다　　웃　　＋　으세요　　　⇒　웃으세요 （お笑いになります）

　後置否定形では語幹の直後に (으) 시をおくか、않다に으시を挿入するかします。

　　　하지 않아요　⇒　하시지 않아요 / 하지 않으세요

2. 〜(으)세요の用法

　ヘヨ体はイントネーションだけで平叙文や疑問文、命令文などを区別しますが、ヘヨ体敬語形の〜 (으) 세요も同様です。以前の課であいさつ・決まり文句として紹介した「안녕하세요？ 곤니치와」や「안녕히 가세요　사요나라」「안녕히 계세요　사요나라」は直訳すると「安寧でいらっしゃいますか」「安寧に行ってらっしゃい」「安寧でいらしてください」となるのですが、これらはそれぞれ丁寧な疑問、命令の用法として使われているわけです。

세요を使ったその他の決まり文句

안녕히 주무세요	おやすみなさい	어서 오세요	いらっしゃい（ませ）
수고하세요	ご苦労様です	조심하세요	気をつけてください
많이 드세요	たくさん召し上がれ	맛있게 드세요	おいしく召し上がれ

トレーニング・チェック：解答は339ページ

新しい単語 前半 発音しながら3回ずつ書きましょう　🔊 CD2-4

① 나가다　出かける ＿＿＿＿＿　＿＿＿＿＿　＿＿＿＿＿
② 수염　　ひげ　　 ＿＿＿＿＿　＿＿＿＿＿　＿＿＿＿＿
③ 깎다　　刈る・剃る ＿＿＿＿＿　＿＿＿＿＿　＿＿＿＿＿
④ 경험　　経験　　 ＿＿＿＿＿　＿＿＿＿＿　＿＿＿＿＿
⑤ 학원　　塾・予備校 ＿＿＿＿＿　＿＿＿＿＿　＿＿＿＿＿
⑥ 시험　　試験　　 ＿＿＿＿＿　＿＿＿＿＿　＿＿＿＿＿
⑦ 준비　　準備　　 ＿＿＿＿＿　＿＿＿＿＿　＿＿＿＿＿
⑧ 다니다　通う　　 ＿＿＿＿＿　＿＿＿＿＿　＿＿＿＿＿
⑨ 만화　　マンガ　 ＿＿＿＿＿　＿＿＿＿＿　＿＿＿＿＿
⑩ 직장　　職場　　 ＿＿＿＿＿　＿＿＿＿＿　＿＿＿＿＿

語彙を増やそう！

1. 次の単語の意味を日本語で言ってください

① 만화 ＿＿＿＿　② 다니다 ＿＿＿＿
③ 시험 ＿＿＿＿　④ 깎다 ＿＿＿＿
⑤ 준비 ＿＿＿＿　⑥ 직장 ＿＿＿＿
⑦ 경험 ＿＿＿＿　⑧ 학원 ＿＿＿＿
⑨ 수염 ＿＿＿＿　⑩ 나가다 ＿＿＿＿

2. 次の単語を韓国語で言ってください

① 塾 ＿＿＿＿　② 経験 ＿＿＿＿
③ 出かける ＿＿＿＿　④ 通う ＿＿＿＿
⑤ ひげ ＿＿＿＿　⑥ 剃る ＿＿＿＿
⑦ 職場 ＿＿＿＿　⑧ 準備 ＿＿＿＿
⑨ マンガ ＿＿＿＿　⑩ 試験 ＿＿＿＿

トレーニング・チェック：解答は 339 ページ

基本文型の練習 A　例にならって文を作り、できあがった文の意味も書きなさい

1. ～（してい）ますか

> 例　텔레비전을 봐요? ⇒
> 　　<u>텔레비전을 보세요?</u>（テレビをご覧になりますか）

① 직장까지 버스로 가요? ⇒ _____（　　　　　）

② 일본 사람이에요? ⇒ _____（　　　　　）

③ 밖으로 나가요? ⇒ _____（　　　　　）

④ 수염을 깎아요? ⇒ _____（　　　　　）

⑤ 경험이 있어요? ⇒ _____（　　　　　）

2. ～（してい）ます

> 例　만화/보다 ⇒ <u>만화 보세요? -- 네, 봐요.</u>
> 　　（マンガを読みますか____はい、読みます）

① 담배 / 피우다　⇒ _____（　　　　　）

② 이름 / 알다　⇒ _____（　　　　　）

③ 술 / 마시다　⇒ _____（　　　　　）

④ 학원 / 다니다　⇒ _____（　　　　　）

⑤ 시험 준비 / 하다 ⇒ _____（　　　　　）

新しい単語 後半　発音しながら3回ずつ書きましょう　　　　🔊 CD2-5

① 아내　　　妻　　　　　　　　_____　_____　_____

② 사모님　　奥様　　　　　　　_____　_____　_____

③ 어서 오세요．いらっしゃいませ　_____　_____　_____

④ 배우다　　習う・身につける　_____　_____　_____

⑤ 조심하세요．気をつけて　　　_____　_____　_____

トレーニング・チェック：解答は340ページ

⑥모임　　　集まり　　＿＿＿＿＿　＿＿＿＿＿　＿＿＿＿＿

⑦장남　　　長男　　　＿＿＿＿＿　＿＿＿＿＿　＿＿＿＿＿

⑧잠깐　　　しばらく　＿＿＿＿＿　＿＿＿＿＿　＿＿＿＿＿

⑨맛있게　　おいしく　＿＿＿＿＿　＿＿＿＿＿　＿＿＿＿＿

⑩거의　　　ほとんど　＿＿＿＿＿　＿＿＿＿＿　＿＿＿＿＿

語彙を増やそう！

1. 次の単語の意味を日本語で言ってください

①사모님　＿＿＿＿＿　　②조심하세요　＿＿＿＿＿

③잠깐　　＿＿＿＿＿　　④거의　　　　＿＿＿＿＿

⑤맛있게　＿＿＿＿＿　　⑥어서 오세요　＿＿＿＿＿

⑦장남　　＿＿＿＿＿　　⑧아내　　　　＿＿＿＿＿

⑨배우다　＿＿＿＿＿　　⑩모임　　　　＿＿＿＿＿

2. 次の単語を韓国語で言ってください

①おいしく　　＿＿＿＿＿　　②しばらく　　＿＿＿＿＿

③長男　　　　＿＿＿＿＿　　④奥様　　　　＿＿＿＿＿

⑤妻　　　　　＿＿＿＿＿　　⑥習う　　　　＿＿＿＿＿

⑦いらっしゃいませ　＿＿＿＿＿　⑧気をつけて　＿＿＿＿＿

⑨集まり　　　＿＿＿＿＿　　⑩ほとんど　　＿＿＿＿＿

トレーニング・チェック：解答は 340 ページ

基本文型の練習 B　例にならって文を作り、できあがった文の意味も書きなさい

1. ～なさいませんか

> 例　선생님 / 집에 가다 ⇒　선생님께서는 집에 안 가세요 / 가지 않으세요？
> 　　　　　　　　　（先生はお帰りになりませんか）

①손님 / 신문을 읽다 ⇒ _____ / _____
　　　　　　　　　　　（　　　　　　　　　　）

②사장님 / 장남이다 ⇒ _____
　　　　　　　　　　　（　　　　　　　　　　）

③사모님 / 모임에 오다 ⇒ _____ / _____
　　　　　　　　　　　（　　　　　　　　　　）

④교수님 / 아내가 있다 ⇒ _____
　　　　　　　　　　　（　　　　　　　　　　）

⑤선생님 / 김치를 먹다 ⇒ _____ / _____
　　　　　　　　　　　（　　　　　　　　　　）

2．次のフレーズを日本語にしなさい

①안녕히 주무세요　_____　　②안녕히 가세요　_____

③많이 드세요　_____　　　　④어서 오세요　_____

⑤수고하세요　_____　　　　⑥조심 하세요　_____

⑦맛있게 드세요　_____　　　⑧안녕히 계세요　_____

⑨몸조심 하세요　_____

トレーニング・チェック：解答は340ページ

韓国語で言ってみましょう！ （語尾はすべてヘヨ体で）

①先生は集まりに行かれないのですか。＿＿＿＿＿＿＿＿＿＿＿＿＿＿＿

②毎日ひげをお剃りになっていますか。＿＿＿＿＿＿＿＿＿＿＿＿＿＿＿

③おいしく召し上がれ。＿＿＿＿＿＿＿＿＿＿＿＿＿＿＿＿＿＿＿＿＿

④あの方は長男ではございません。＿＿＿＿＿＿＿＿＿＿＿＿＿＿＿＿

⑤社長は今職場にいらっしゃらないのですか。＿＿＿＿＿＿＿＿＿＿＿

聞きとり　CDを聞いて文を完成しましょう　　CD2-6

①어느 학원에 ＿＿＿＿＿＿?

② ＿＿＿＿ 하세요.

③식사를 ＿＿＿＿＿＿.

④이 분이 ＿＿＿＿＿＿?

⑤교수님은 만화를 보지 ＿＿＿＿＿＿?

⑥ ＿＿＿＿＿＿ 많이 하세요.

⑦ ＿＿＿＿＿＿ 있으세요?

⑧ ＿＿＿＿ 기다리세요.（기다리다＝待つ）

⑨한국의 역사를 ＿＿＿＿＿＿?

⑩그 교수님은 영어를 ＿＿＿＿＿＿＿.

第23課　形容詞を使った文型を学ぶ
지하철보다 버스가 더 쌉니다 （地下鉄よりバスの方が安いです）

この課の学習ポイント

1. 韓国語の形容詞

韓国語の形容詞は形の上から動詞と区別できません。たとえば、原形は動詞も形容詞もどちらも「〜다」で終わります。また活用においても、多くの場合動詞と形容詞は同じ語尾をつけて活用します。

2. 形容詞とともによく使われる表現

더　もっと、さらに
　例　이것이 더 큽니다.
　　　こっちの方が大きいです（直訳：これがもっと大きいです）。

보다　〜より
　例　이것보다 그것이 더 쌉니다.
　　　これよりそれの方が安いです。

만큼　〜ほど
　例　3월은 2월만큼 춥지 않습니다.
　　　3月は2月ほど寒くありません。

제일　一番／가장　もっとも
　例　이것이 제일 비쌉니다.
　　　これが一番高いです。

(중)에서는　〜（のうち）では
　例　학생들 중에서는 민수가 가장 키가 큽니다.
　　　学生たちの中ではミンスがもっとも背が高いです。

어느 쪽　どちら
　例　한강과 낙동강 중에 어느 쪽이 더 깁니까?
　　　漢江と洛東江ではどちらの方が長いですか。

トレーニング・チェック：解答は 340 ページ

新しい単語 前半　発音しながら3回ずつ書きましょう　🔊 CD2-7

①나쁘다	悪い	_____	_____	_____
②들	～たち	_____	_____	_____
③작다	小さい	_____	_____	_____
④길다	長い	_____	_____	_____
⑤짧다	短い	_____	_____	_____
⑥일	仕事・用事	_____	_____	_____
⑦기숙사	寮・寄宿舎	_____	_____	_____
⑧머리	頭・髪の毛	_____	_____	_____
⑨역사	歴史	_____	_____	_____
⑩기다리다	待つ	_____	_____	_____

語彙を増やそう！

1. 次の単語の意味を日本語で言ってください

① 기다리다 _____　② 짧다 _____
③ 머리 _____　④ 기숙사 _____
⑤ 나쁘다 _____　⑥ 들 _____
⑦ 일 _____　⑧ 역사 _____
⑨ 길다 _____　⑩ 작다 _____

2. 次の単語を韓国語で言ってください

① 歴史 _____　② 悪い _____
③ 寮 _____　④ 待つ _____
⑤ 小さい _____　⑥ ～たち _____
⑦ 頭 _____　⑧ 仕事 _____
⑨ 短い _____　⑩ 長い _____

トレーニング・チェック：解答は 340 ページ

基本文型の練習 A　　例にならって文を作り、できあがった文の意味も書きなさい

1. 反対語

> 例　값이 비쌉니까？⇒ <u>아뇨, 싸요.</u>　（いいえ、安いです）

①키가 큽니까？　　　⇒ 아뇨, _____（　　　　　　　　）
②날씨가 나쁩니까？　⇒ 아뇨, _____（　　　　　　　　）
③머리가 짧습니까？　⇒ 아뇨, _____（　　　　　　　　）
④일이 많습니까？　　⇒ 아뇨, _____（　　　　　　　　）
⑤방학이 깁니까？　　⇒ 아뇨, _____（　　　　　　　　）

2. ～より～の方が

> 例　버스가 쌉니다 (지하철) ⇒ **지하철보다 버스가 더 싸요.**
> 　　　　　　　　　　　　（地下鉄よりバスの方が安いです）

①동생이 키가 큽니다 (나) ⇒ _____
　　　　　　　　　　　　（　　　　　　　　　　　　　）

②제 머리가 짧습니다 (여동생 머리) ⇒ _____
　　　　　　　　　　　　（　　　　　　　　　　　　　）

③내가 나이가 많습니다 (친구) ⇒ _____
　　　　　　　　　　　　（　　　　　　　　　　　　　）

④커피가 몸에 좋습니다 (술) ⇒ _____
　　　　　　　　　　　　（　　　　　　　　　　　　　）

⑤여름 방학이 깁니다 (겨울 방학) ⇒ _____
　　　　　　　　　　　　（　　　　　　　　　　　　　）

トレーニング・チェック：解答は 340 ページ

新しい単語 後半 発音しながら 3 回ずつ書きましょう　　🔊 CD2-8

① 예쁘다	かわいい
② 아프다	痛い・病気だ
③ 겨울	冬
④ 기쁘다	うれしい
⑤ 만큼	～ほど
⑥ 훨씬	ずっと・はるかに
⑦ 제일	一番
⑧ 가장	もっとも
⑨ 어느 쪽	どちら
⑩ 너무	あまりに

語彙を増やそう！

1. 次の単語の意味を日本語で言ってください

① 너무 ＿＿＿＿＿　　② 가장 ＿＿＿＿＿
③ 기쁘다 ＿＿＿＿＿　　④ 훨씬 ＿＿＿＿＿
⑤ 어느 쪽 ＿＿＿＿＿　　⑥ 겨울 ＿＿＿＿＿
⑦ 아프다 ＿＿＿＿＿　　⑧ 만큼 ＿＿＿＿＿
⑨ 예쁘다 ＿＿＿＿＿　　⑩ 제일 ＿＿＿＿＿

2. 次の単語を韓国語で言ってください

① ～ほど ＿＿＿＿＿　　② どちら ＿＿＿＿＿
③ 冬 ＿＿＿＿＿　　④ かわいい ＿＿＿＿＿
⑤ 病気だ ＿＿＿＿＿　　⑥ もっとも ＿＿＿＿＿
⑦ あまりに ＿＿＿＿＿　　⑧ うれしい ＿＿＿＿＿
⑨ 一番 ＿＿＿＿＿　　⑩ ずっと ＿＿＿＿＿

トレーニング・チェック：解答は 340 ページ

基本文型の練習 B　例にならって文を作り、できあがった文の意味も書きなさい

1. 文体を変える

> 例　일이 바쁩니까? ⇒ 네, <u>바빠요</u>.　(はい、忙しいです)

① 머리가 아픕니까? ⇒ 네, _____ (　　　　　　　　　　)

② 키가 큽니까?　　　⇒ 네, _____ (　　　　　　　　　　)

③ 눈이 나쁩니까?　　⇒ 네, _____ (　　　　　　　　　　)

④ 기쁩니까?　　　　⇒ 네, _____ (　　　　　　　　　　)

⑤ 예쁩니까?　　　　⇒ 네, _____ (　　　　　　　　　　)

2. ～ほど～ない

> 例　오늘은 어제보다 더 바빠요?
> ⇒ 아뇨, <u>오늘은 어제만큼 바쁘지 않아요</u>.
> (いいえ、今日は昨日ほど忙しくありません)

① 기숙사는 여기보다 더 비싸요?

　　⇒ 아뇨, _____

　　(　　　　　　　　　　　　　　　)

② 일본 학생들이 중국 학생들보다 더 많아요?

　　⇒ 아뇨, _____

　　(　　　　　　　　　　　　　　　)

③ 술이 담배보다 몸에 더 나쁩니까?

　　⇒ 아뇨, _____

　　(　　　　　　　　　　　　　　　)

④ 오사카는 서울보다 더 커요?

　　⇒ 아뇨, _____

　　(　　　　　　　　　　　　　　　)

> トレーニング・チェック：解答は340ページ

⑤일본의 겨울 방학은 한국의 겨울 방학보다 더 길어요?
　　⇒ 아뇨, _____
　　　（　　　　　　　　　　　　　）

韓国語で言ってみましょう！（語尾はすべてヘヨ体で）

①今日はとても忙しいです。_____
②父より僕のほうがずっと背が高いです。_____
③私は妹ほどかわいくありません。_____
④ソウルと東京ではどちらの方が人が多いですか _____
⑤どの国の歴史が一番長いですか。_____

聞きとり　CDを聞いて文を完成しましょう　　　🔊 CD2-9

①머리가 [　　　　].

②이것이 [　　　　] 쌉니다.

③나는 아주 [　　　　].

④[　　　　] 머리가 더 좋아요.

⑤우리 학교는 이 학교보다 [　　][　　].

⑥[　　　　] 더 좋아요?

⑦방학이 너무 [　　　　].

⑧[　　　　] 역사가 길지 않습니다.

⑨우리 기숙사보다 학생들이 [　　　] 더 많아요.

⑩[　　][　　] 뭐가 제일 비싸요?

第24課 ハムニダ体の過去形を学ぶ

밥을 먹었습니까?(ご飯を食べましたか)

この課の学習ポイント

1. ～(してい)ました）＝ハムニダ体の過去形

았/었は過去の意を表す補助語幹です。ハムニダ体の過去形は、語幹に았습니다あるいは었습니다をつけるとできあがります。語幹が母音で終わる場合、これに過去補助語幹の았/었がつくと、縮約が起きるのでご注意ください。

語幹末に陽母音が含まれる場合　語幹＋았습니다/았습니까？
語幹末に陰母音が含まれる場合　語幹＋었습니다/었습니까？

2. ハダ用言の過去形

原形が「〇〇하다」の形をとる用言の過去形は、次のように不規則な形になります。

書き言葉　하였습니다/하였습니까？
話し言葉　했습니다/했습니까？

3. ～でした＝指定詞の過去形

指定詞の過去形は、次のように不規則な形になります。
①肯定の指定詞（～だ）「이다」

母音終わりの体言＋였습니다/였습니까？
子音終わりの体言＋이었습니다/이었습니까？

②否定の指定詞（～でない）「아니다」

体言＋이/가＋아니었습니다/아니었습니까？

> トレーニング・チェック：解答は341ページ

新しい単語 前半 発音しながら3回ずつ書きましょう　🔊 CD2-10

① 빌리다　借りる　_____　_____　_____
② 정하다　決める　_____　_____　_____
③ 소개하다　紹介する　_____　_____　_____
④ 열다　開ける　_____　_____　_____
⑤ 넣다　入れる　_____　_____　_____
⑥ 찍다　撮る　_____　_____　_____
⑦ 이번 달　今月（＜今度の月）_____　_____　_____
⑧ 창문　窓　_____　_____　_____
⑨ 다 같이　みんな一緒に　_____　_____　_____
⑩ 혼자서　1人で　_____　_____　_____

> 語彙を増やそう！

1. 次の単語の意味を日本語で言ってください

① 다 같이 _____　② 소개하다 _____
③ 창문 _____　④ 빌리다 _____
⑤ 혼자서 _____　⑥ 이번 달 _____
⑦ 찍다 _____　⑧ 넣다 _____
⑨ 정하다 _____　⑩ 열다 _____

2. 次の単語を韓国語で言ってください

① 入れる _____　② 決める _____
③ 撮る _____　④ 1人で _____
⑤ 今月 _____　⑥ みんな一緒に _____
⑦ 借りる _____　⑧ 紹介する _____
⑨ 窓 _____　⑩ 開ける _____

トレーニング・チェック：解答は341ページ

基本文型の練習 A　例にならって文を作り、できあがった文の意味も書きなさい

1．ハムニダ体の過去形疑問

| 例　밥 / 먹다 ⇒ 밥을 먹었습니까? 　　（ご飯を食べましたか） |

① 창문 / 열다　⇒ ＿＿＿＿＿＿＿＿＿＿＿＿＿＿＿　（　　　　　）

② 전화 / 받다　⇒ ＿＿＿＿＿＿＿＿＿＿＿＿＿＿＿　（　　　　　）

③ 아파트 / 찾다 ⇒ ＿＿＿＿＿＿＿＿＿＿＿＿＿＿＿　（　　　　　）

④ 사진 / 찍다　⇒ ＿＿＿＿＿＿＿＿＿＿＿＿＿＿＿　（　　　　　）

⑤ 책 / 읽다　　⇒ ＿＿＿＿＿＿＿＿＿＿＿＿＿＿＿　（　　　　　）

2．ハムニダ体の過去形平叙

| 例　텔레비전 / 보다 ⇒ 텔레비전을 봤습니다. 　（テレビを見ました） |

① 도서관 / 빌리다 ⇒ ＿＿＿＿＿＿＿＿＿＿＿＿＿　（　　　　　）

② 옷 / 사다　　⇒ ＿＿＿＿＿＿＿＿＿＿＿＿＿＿＿　（　　　　　）

③ 버스 / 다니다　⇒ ＿＿＿＿＿＿＿＿＿＿＿＿＿＿＿　（　　　　　）

④ 편지 / 쓰다　⇒ ＿＿＿＿＿＿＿＿＿＿＿＿＿＿＿　（　　　　　）

⑤ 커피 / 마시다 ⇒ ＿＿＿＿＿＿＿＿＿＿＿＿＿＿＿　（　　　　　）

3．ハダ用言の過去形

| 例　혼자서 / 연습하다 ⇒ 혼자서 연습했습니다. 　（1人で練習しました） |

① 사회학 / 전공하다 ⇒ ＿＿＿＿＿＿＿＿＿＿＿＿＿　（　　　　　）

② 서로 / 소개하다　⇒ ＿＿＿＿＿＿＿＿＿＿＿＿＿　（　　　　　）

③ 방 / 청소하다　　⇒ ＿＿＿＿＿＿＿＿＿＿＿＿＿　（　　　　　）

④ 날씨 / 따뜻하다　⇒ ＿＿＿＿＿＿＿＿＿＿＿＿＿　（　　　　　）

⑤ 다 같이 / 정하다　⇒ ＿＿＿＿＿＿＿＿＿＿＿＿＿　（　　　　　）

トレーニング・チェック：解答は 341 ページ

4. 指定詞の過去形

| 例 | 거짓말/이다 ⇒ | 거짓말이었습니까? | （うそでしたか） |

① 정말/이다　　⇒ _____（　　　　　）
② 언제/이다　　⇒ _____（　　　　　）
③ 제 책/이다　　⇒ _____（　　　　　）
④ 얼마/이다　　⇒ _____（　　　　　）
⑤ 농담/아니다　⇒ _____（　　　　　）

新しい単語 **後半**　発音しながら 3 回ずつ書きましょう　　🔊 CD2-11

① 어디서　　どこで・どこから　_____　_____　_____
② 백화점　　デパート　　　　　_____　_____　_____
③ 닫다　　　閉める　　　　　　_____　_____　_____
④ 끝나다　　終わる　　　　　　_____　_____　_____
⑤ 아는 사람　知り合い　　　　 _____　_____　_____
⑥ 사실　　　事実　　　　　　　_____　_____　_____
⑦ 기차　　　汽車　　　　　　　_____　_____　_____
⑧ 마음　　　心・気持ち　　　　_____　_____　_____
⑨ 올해　　　今年　　　　　　　_____　_____　_____
⑩ 하루종일　一日中　　　　　　_____　_____　_____

トレーニング・チェック：解答は341ページ

語彙を増やそう！

1. 次の単語の意味を日本語で言ってください

   ①올해　＿＿＿＿＿　②닫다　＿＿＿＿＿
   ③하루종일　＿＿＿＿＿　④기차　＿＿＿＿＿
   ⑤마음　＿＿＿＿＿　⑥어디서　＿＿＿＿＿
   ⑦백화점　＿＿＿＿＿　⑧사실　＿＿＿＿＿
   ⑨끝나다　＿＿＿＿＿　⑩아는 사람　＿＿＿＿＿

2. 次の単語を韓国語で言ってください

   ①一日中　＿＿＿＿＿　②事実　＿＿＿＿＿
   ③どこで・どこから　＿＿＿＿＿　④閉める　＿＿＿＿＿
   ⑤今年　＿＿＿＿＿　⑥デパート　＿＿＿＿＿
   ⑦知り合い　＿＿＿＿＿　⑧心　＿＿＿＿＿
   ⑨汽車　＿＿＿＿＿　⑩終わる　＿＿＿＿＿

基本文型の練習 B　例にならって文を作り、できあがった文の意味も書きなさい

1. 動詞の敬語過去形 ハムニダ体

   > 例　어디서 / 옷 / 사다 ⇒　어디서 옷을 사셨습니까？（どこで服を買われましたか）
   > 　　백화점에서 샀습니다．（デパートで買いました）

   ①누가 / 오다　⇒ ＿＿＿＿＿＿（　　　　　）
   　　친구　＿＿＿＿＿＿＿＿＿＿（　　　　　）
   ②누구 / 편지 / 쓰다　⇒ ＿＿＿＿＿＿（　　　　　）
   　　여동생　＿＿＿＿＿＿＿＿＿＿（　　　　　）
   ③무슨 / 책 / 사다　⇒ ＿＿＿＿＿＿（　　　　　）
   　　한국어 사전　＿＿＿＿＿＿＿＿＿＿（　　　　　）

トレーニング・チェック：解答は 341 ページ

④언제 / 수업 / 끝나다 ⇒ _____ ( )

　　　아까　_____ ( )

⑤서울 / 어떻게 / 가다 ⇒ _____ ( )

　　　기차　_____ ( )

2．指定詞の敬語過去形 ハムニダ体

> 例　친척 / 이다 ⇒　친척이셨습니까 ?　（ご親戚でしたか）
> 　　　네, 친척이었습니다.　（はい、親戚でした）
> 　　　아뇨, 친척이 아니었습니다.　（いいえ、親戚ではありませんでした）

①아는 사람　⇒ _____ ( )

　아뇨, _____ ( )

②그날 / 휴일　⇒ _____ ( )

　네, _____ ( )

③그 사람 / 학생 _____ ( )

　아뇨, _____ ( )

④그것 / 사실　⇒ _____ ( )

　네, _____ ( )

⑤친구 / 분　⇒ _____ ( )

　아뇨, _____ ( )

韓国語で言ってみましょう！

①今日は家で何をしましたか。_____

②先ほど彼に会いました。_____

③そのかばん、どこで買われましたか。_____

④みな一緒にご飯を食べました。_____

⑤学校で経済学を専攻しました。_____

トレーニング・チェック：解答は 342 ページ

聞きとり　CD を聞いて文を完成しましょう　　　🔊 CD2-12

① 어제 백화점에 [　　　]? （어제＝昨日）

② 집에서 하루종일 [　　　].

③ 그 분은 아는 사람이 [　　　].

④ 전부 얼마 [　　　]?

⑤ 주말에 누구하고 산에 [　　　]?

⑥ 친구하고 술을 [　　　].

⑦ 수업이 몇 시에 [　　　]?

⑧ 서로 가족을 [　　　].

⑨ 날씨가 아주 [　　　].

⑩ 우리 남동생이 [　　　].

第25課　ヘヨ体の過去形を学ぶ

혼자서 연습했어요（1人で練習しました）

この課の学習ポイント

1. 〜(してい)ました＝ヘヨ体の過去形

ヘヨ体の過去形は、語幹に았어요あるいは었어요をつけるとできあがります。ヘヨ体の過去形につく語尾は常に「〜어요」で、「〜아요」にはなりません。また文型を作るとき、母音語幹の縮約に注意しましょう。

　語幹末に陽母音が含まれる場合　　語幹＋았어요 . / 았어요 ?
　語幹末に陰母音が含まれる場合　　語幹＋었어요 . / 었어요 ?

2. ハダ用言の過去形

原形が「○○하다」の形をとる用言の過去形は、次のように不規則な形になります。

　書き言葉　　하였어요 . / 하였어요 ?
　話し言葉　　했어요 . / 했어요 ?

3. 〜でした＝指定詞の過去形

指定詞の過去形は、次のように不規則な形になります。

①肯定の指定詞(〜だ)「이다」

　　　母音終わりの体言＋였어요 . / 였어요 ?
　　　子音終わりの体言＋이었어요 . / 이었어요 ?

②否定の指定詞(〜でない)「아니다」

　　　体言＋이 / 가＋아니었어요 . / 아니었어요 ?

トレーニング・チェック：解答は342ページ

新しい単語 前半　発音しながら3回ずつ書きましょう　🔊CD2-13

①시키다	注文する	_____	_____	_____
②병원	病院	_____	_____	_____
③크리스마스	クリスマス	_____	_____	_____
④산	山	_____	_____	_____
⑤음식	食べ物	_____	_____	_____
⑥그러나	しかし	_____	_____	_____
⑦달	月	_____	_____	_____
⑧문	ドア	_____	_____	_____
⑨다	みな・全部	_____	_____	_____
⑩안경	めがね	_____	_____	_____

語彙を増やそう！

1. 次の単語の意味を日本語で言ってください

　①다　_____　　②그러나　_____
　③크리스마스　_____　　④문　_____
　⑤안경　_____　　⑥음식　_____
　⑦산　_____　　⑧달　_____
　⑨시키다　_____　　⑩병원　_____

2. 次の単語を韓国語で言ってください

　①しかし　_____　　②食べ物　_____
　③注文する　_____　　④めがね　_____
　⑤月　_____　　⑥みな・全部　_____
　⑦山　_____　　⑧ドア　_____
　⑨病院　_____　　⑩クリスマス　_____

トレーニング・チェック：解答は 342 ページ

基本文型の練習 A　例にならって文を作り、できあがった文の意味も書きなさい

1. **ヘヨ体の過去形**

例　밥 / 먹다 ⇒ <u>밥을 먹었어요?</u>　　（ご飯を食べましたか）

   ① 문 / 닫다　⇒ _____　（　　　　　　）
   ② 사진 / 찍다　⇒ _____　（　　　　　　）
   ③ 옷 / 입다　⇒ _____　（　　　　　　）
   ④ 빵 / 만들다　⇒ _____　（　　　　　　）
   ⑤ 안경 / 찾다　⇒ _____　（　　　　　　）

2. **ヘヨ体の過去形　母音語幹の縮約**

例　텔레비전 / 보다 ⇒ <u>텔레비전을 봤어요.</u>　（テレビを見ました）

   ① 편지 / 쓰다　⇒ _____　（　　　　　　）
   ② 담배 / 피우다　⇒ _____　（　　　　　　）
   ③ 버스 / 타다　⇒ _____　（　　　　　　）
   ④ 음식 / 시키다　⇒ _____　（　　　　　　）
   ⑤ 아까 / 오다　⇒ _____　（　　　　　　）

3. **ハダ用言の過去形**

例　혼자서 / 연습하다 ⇒ <u>혼자서 연습했어요.</u>　（1人で練習しました）

   ① 중국어 / 공부하다 ⇒ _____　（　　　　　　）
   ② 날씨 / 따뜻하다　⇒ _____　（　　　　　　）
   ③ 집 / 청소하다　⇒ _____　（　　　　　　）
   ④ 도서관 / 이용하다 ⇒ _____　（　　　　　　）
   ⑤ 회사 / 일하다　⇒ _____　（　　　　　　）

トレーニング・チェック：解答は342ページ

4. 指定詞の過去形

> 例　그것 / 거짓말 / 이다 ⇒　그것은 거짓말이었어요?　(それはうそでしたか)

① 아는 사람 / 아니다 ⇒ _____　(　　　　　　)

② 시험 / 언제 / 이다　⇒ _____　(　　　　　　)

③ 제 / 책 / 이다　　　⇒ _____　(　　　　　　)

④ 그것 / 농담 / 아니다 ⇒ _____　(　　　　　　)

⑤ 전부 / 얼마 / 이다　⇒ _____　(　　　　　　)

新しい単語 後半　発音しながら3回ずつ書きましょう　🔊 CD2-14

① 살다	暮らす			
② 도착하다	到着する			
③ 보내다	送る・過ごす			
④ 동생	弟・妹			
⑤ 조카	甥・姪			
⑥ 밤	夜			
⑦ 선물	プレゼント			
⑧ 간	間(あいだ)			
⑨ 소설	小説			
⑩ 울다	泣く			

トレーニング・チェック：解答は342ページ

語彙を増やそう！

1. 次の単語の意味を日本語で言ってください

① 밤 _____　　② 울다 _____

③ 도착하다 _____　　④ 간 _____

⑤ 살다 _____　　⑥ 소설 _____

⑦ 동생 _____　　⑧ 조카 _____

⑨ 보내다 _____　　⑩ 선물 _____

2. 次の単語を韓国語で言ってください

① 小説 _____　　② 暮らす _____

③ 夜 _____　　④ 弟・妹 _____

⑤ 泣く _____　　⑥ 送る・過ごす _____

⑦ プレゼント _____　　⑧ 間（あいだ） _____

⑨ 甥・姪 _____　　⑩ 到着する _____

基本文型の練習B　例にならって文を作り、できあがった文の意味も書きなさい

1. 敬語　過去形

> 例　커피 / 마시다 ⇒ <u>커피를 마시셨습니까?</u>（コーヒーを飲まれましたか）
> 　　　　　　　　네, <u>마셨어요.</u>（はい、飲みました）
> 　　　　　　　　아뇨, <u>아직 안 마셨어요.</u>（いいえ、まだ飲んでいません）

① 선물 / 보내다　　⇒ _____（　　　　　　）

　아뇨, _____（　　　　　　）

② 동생 / 오다　　　⇒ _____（　　　　　　）

　아뇨, _____（　　　　　　）

③ 소설 / 읽다　　　⇒ _____（　　　　　　）

　네, _____（　　　　　　）

144

トレーニング・チェック：解答は 342 ページ

④수업 / 끝나다　⇒ _____ (　　　　　)

　아뇨, _____ (　　　　　)

⑤아르바이트 / 하다 ⇒ _____ (　　　　　)

　네, _____ (　　　　　)

2．敬語　過去形　ヘヨ体

> 例　옷 / 사다 ⇒ 옷을 사셨어요?　（服を買われましたか）
> 　　아뇨, 아직 못 샀어요.　（いいえ、まだです）

①연락 / 받다　⇒ _____ (　　　　　)

　아뇨, _____ (　　　　　)

②편지 / 쓰다　⇒ _____ (　　　　　)

　아뇨, _____ (　　　　　)

③책 / 빌리다　⇒ _____ (　　　　　)

　아뇨, _____ (　　　　　)

④병원 / 가다　⇒ _____ (　　　　　)

　아뇨, _____ (　　　　　)

⑤동생 / 만나다 ⇒ _____ (　　　　　)

　아뇨, _____ (　　　　　)

韓国語で言ってみましょう！

①今日は一日中家にいました。_____

②ソウルで十年間暮らしました。_____

③誕生日のプレゼントをもらいましたか。_____

④朝病院へ行きました。_____

⑤全部でいくらでしたか。_____

トレーニング・チェック：解答は 343 ページ

聞きとり　CD を聞いて文を完成しましょう　　　CD2-15

① 그 옷 얼마에 ☐ ?

② 대학에서 경제학을 ☐ .

③ 매일 버스로 ☐ .

④ 언제 김 선생님을 ☐ ?

⑤ 숙제 다 ☐ ?

⑥ 어제 밤에 ☐ . (어제＝昨日)

⑦ 조카한테 크리스마스 선물을 ☐ .

⑧ 부산은 날씨가 아주 ☐ .

⑨ 주말에 술을 많이 ☐ .

⑩ 혼자서 하루종일 ☐ .

第26課　意志未来の文型を学ぶ

좀 쉬겠습니다（ちょっと休みます）

この課の学習ポイント

意志や未来の推量を表す言い方は2通りあります。

1. 用言の語幹＋겠＋終結語尾

「〜겠」は意志や推量を表す補助語幹ですが、話し手の人称によって用法が違ってきます。一人称の場合は、「（これから）〜します」と自分の意志を柔らかく伝える役割をします。二人称の場合は、主に疑問文の形で聞き手の意志を丁寧に尋ねる働きをします。三人称の場合は、「〜しそうだ」という直観的な推量を表わす表現となります。

2. 〜ㄹ 것입니다/거예요

〜ㄹ 것입니다/거예요も意志や推量を表す表現です。「〜つもりだ」「〜と思う」といった明確な意志や予定を表したり、「〜だろう」といった客観的な推量を意味します。

ハムニダ体	母音語幹＋ㄹ 것입니다	
	「ㄹ」語幹（ㄹは消える）＋ㄹ 것입니다	
	子音語幹＋을 것입니다	
ヘヨ体	母音語幹＋ㄹ 거예요	
	「ㄹ」語幹（ㄹは消える）＋ㄹ 거예요	
	子音語幹＋을 거예요	

新しい単語　前半　発音しながら3回ずつ書きましょう　　🔊 CD2-16

①먼저　　　まず・先に　　＿＿＿＿＿　＿＿＿＿＿　＿＿＿＿＿

②나중　　　あと・あとで　＿＿＿＿＿　＿＿＿＿＿　＿＿＿＿＿

トレーニング・チェック：解答は 343 ページ

③안내 말씀　　案内の言葉　＿＿＿＿＿　＿＿＿＿＿　＿＿＿＿＿
④지키다　　　　守る　　　　＿＿＿＿＿　＿＿＿＿＿　＿＿＿＿＿
⑤뵙다　　　　　お目にかかる　＿＿＿＿＿　＿＿＿＿＿　＿＿＿＿＿
⑥눈　　　　　　雪　　　　　＿＿＿＿＿　＿＿＿＿＿　＿＿＿＿＿
⑦내리다　　　　降る・降りる　＿＿＿＿＿　＿＿＿＿＿　＿＿＿＿＿
⑧흐리다　　　　曇る　　　　＿＿＿＿＿　＿＿＿＿＿　＿＿＿＿＿
⑨맑다　　　　　晴れている・澄んでいる
　　　　　　　　　　　　　　＿＿＿＿＿　＿＿＿＿＿　＿＿＿＿＿
⑩차차　　　　　次第に　　　＿＿＿＿＿　＿＿＿＿＿　＿＿＿＿＿

語彙を増やそう！

1. 次の単語の意味を日本語で言ってください

①눈　＿＿＿＿＿　　②내리다　＿＿＿＿＿
③맑다　＿＿＿＿＿　　④지키다　＿＿＿＿＿
⑤뵙다　＿＿＿＿＿　　⑥안내 말씀　＿＿＿＿＿
⑦나중　＿＿＿＿＿　　⑧차차　＿＿＿＿＿
⑨흐리다　＿＿＿＿＿　⑩먼저　＿＿＿＿＿

2. 次の単語を韓国語で言ってください

①まず・先に　＿＿＿＿＿　　②守る　＿＿＿＿＿
③降る・降りる　＿＿＿＿＿　④雪　＿＿＿＿＿
⑤曇る　＿＿＿＿＿　　　　　⑥あと・あとで　＿＿＿＿＿
⑦次第に　＿＿＿＿＿　　　　⑧案内の言葉　＿＿＿＿＿
⑨晴れている　＿＿＿＿＿　　⑩お目にかかる　＿＿＿＿＿

トレーニング・チェック：解答は 343 ページ

基本文型の練習 A　例にならって文を作り、できあがった文の意味も書きなさい

1. **語幹＋겠＋ハムニダ体**

   > 例　저 / 나중 / 먹다 ⇒ 저는 나중에 먹겠습니다．（私は後でいただきます）

   ① 먼저 / 가다 ⇒ ＿＿＿＿＿＿＿＿＿＿＿＿（　　　　　　　　　）

   ② 안내 말씀 / 드리다 ⇒ ＿＿＿＿＿＿＿＿＿＿（　　　　　　　　　）

   ③ 비 / 오다 ⇒ ＿＿＿＿＿＿＿＿＿＿＿＿＿（　　　　　　　　　）

   ④ 처음 / 뵙다 ⇒ ＿＿＿＿＿＿＿＿＿＿＿＿（　　　　　　　　　）

   ⑤ 차차 / 흐리다 ⇒ ＿＿＿＿＿＿＿＿＿＿＿（　　　　　　　　　）

2. **語幹＋겠＋ヘヨ体**

   > 例　저 / 나중 / 먹다 ⇒ 저는 나중에 먹겠어요．（私は後でいただきます）

   ① 내일 / 맑다 ⇒ ＿＿＿＿＿＿＿＿＿＿＿＿（　　　　　　　　　）

   ② 약속 / 지키다 ⇒ ＿＿＿＿＿＿＿＿＿＿＿（　　　　　　　　　）

   ③ 제가 / 연락하다 ⇒ ＿＿＿＿＿＿＿＿＿＿（　　　　　　　　　）

   ④ 십 분간 / 쉬다 ⇒ ＿＿＿＿＿＿＿＿＿＿（　　　　　　　　　）

   ⑤ 내일까지 / 기다리다 ⇒ ＿＿＿＿＿＿＿＿（　　　　　　　　　）

3. **～ㄹ 거예요**

   > 例　나중 / 가다 ⇒ 나중에 갈 거예요．（後で行きます・行くでしょう）

   ① 좀 / 쉬다 ⇒ ＿＿＿＿＿＿＿＿＿＿＿＿＿（　　　　　　　　　）

   ② 제 / 하다 ⇒ ＿＿＿＿＿＿＿＿＿＿＿＿＿（　　　　　　　　　）

   ③ 눈 / 내리다 ⇒ ＿＿＿＿＿＿＿＿＿＿＿＿（　　　　　　　　　）

   ④ 한국어 / 배우다 ⇒ ＿＿＿＿＿＿＿＿＿＿（　　　　　　　　　）

   ⑤ 영화 / 보다 ⇒ ＿＿＿＿＿＿＿＿＿＿＿＿（　　　　　　　　　）

トレーニング・チェック：解答は 343 ページ

新しい単語 後半 発音しながら3回ずつ書きましょう　　🔊 CD2-17

① 우산　　　かさ　　＿＿＿＿　＿＿＿＿　＿＿＿＿
② 반드시　　必ず　　＿＿＿＿　＿＿＿＿　＿＿＿＿
③ 갑자기　　突然　　＿＿＿＿　＿＿＿＿　＿＿＿＿
④ 모르다　　わからない　＿＿＿＿　＿＿＿＿　＿＿＿＿
⑤ 알다　　　知っている　＿＿＿＿　＿＿＿＿　＿＿＿＿
⑥ 다시　　　再び・もう一度　＿＿＿＿　＿＿＿＿　＿＿＿＿
⑦ 영어 회화　英会話　＿＿＿＿　＿＿＿＿　＿＿＿＿
⑧ 더　　　　もっと・もう　＿＿＿＿　＿＿＿＿　＿＿＿＿
⑨ 그만　　　それぐらいで　＿＿＿＿　＿＿＿＿　＿＿＿＿
⑩ 이제　　　もうすぐ・今　＿＿＿＿　＿＿＿＿　＿＿＿＿

語彙を増やそう！

1. 次の単語の意味を日本語で言ってください

① 더 ＿＿＿＿＿＿　　② 이제 ＿＿＿＿＿＿
③ 영어 회화 ＿＿＿＿　　④ 우산 ＿＿＿＿＿＿
⑤ 반드시 ＿＿＿＿＿　　⑥ 알다 ＿＿＿＿＿＿
⑦ 그만 ＿＿＿＿＿＿　　⑧ 갑자기 ＿＿＿＿＿
⑨ 모르다 ＿＿＿＿＿　　⑩ 다시 ＿＿＿＿＿＿

2. 次の単語を韓国語で言ってください

① 再び・もう一度 ＿＿＿　　② 英会話 ＿＿＿＿＿
③ 必ず ＿＿＿＿＿＿＿　　④ 知っている ＿＿＿＿
⑤ かさ ＿＿＿＿＿＿＿　　⑥ もうすぐ・今 ＿＿＿
⑦ もっと・もう ＿＿＿＿　　⑧ 突然 ＿＿＿＿＿＿
⑨ わからない ＿＿＿＿＿　　⑩ それぐらいで ＿＿＿

トレーニング・チェック：解答は343ページ

基本文型の練習B　例にならって文を作り、できあがった文の意味も書きなさい

1. 敬語＋겠　ハムニダ体

> 例　좀 쉬다⇒<u>좀 쉬시겠습니까?</u>（少し休まれますか）
> 　　네, <u>좀 쉬겠어요.</u>（はい、少し休みます）

① 어디서 기다리다⇒ ＿＿＿＿＿＿＿＿（　　　　　　　）
　　　　　여기서 ＿＿＿＿＿＿＿＿（　　　　　　　）
② 언제 오다⇒ ＿＿＿＿＿＿＿＿（　　　　　　　）
　　　　　내일 다시 ＿＿＿＿＿＿＿＿（　　　　　　　）
③ 뭘 시키다⇒ ＿＿＿＿＿＿＿＿（　　　　　　　）
　　　　　불고기를 ＿＿＿＿＿＿＿＿（　　　　　　　）
④ 어떻게 가다⇒ ＿＿＿＿＿＿＿＿（　　　　　　　）
　　　　　지하철로 ＿＿＿＿＿＿＿＿（　　　　　　　）
⑤ 어느 것을 사다⇒ ＿＿＿＿＿＿＿＿（　　　　　　　）
　　　　　이것을 ＿＿＿＿＿＿＿＿（　　　　　　　）

2. 敬語＋겠　ヘヨ体

> 例　뭘 드시다⇒<u>뭘 드시겠어요?</u>（何を召し上がりますか）
> 　　커피를 마시다⇒<u>커피를 마시겠습니다.</u>（コーヒーを飲みます）

① 여기 계시다⇒ ＿＿＿＿＿＿＿＿（　　　　　　　）
　 아뇨, 집에 가다⇒ ＿＿＿＿＿＿＿＿（　　　　　　　）
② 몇 시에 주무시다⇒ ＿＿＿＿＿＿＿＿（　　　　　　　）
　 열두 시쯤 자다⇒ ＿＿＿＿＿＿＿＿（　　　　　　　）
③ 좀더 드시다⇒ ＿＿＿＿＿＿＿＿（　　　　　　　）
　 아뇨, 그만 먹다⇒ ＿＿＿＿＿＿＿＿（　　　　　　　）
④ 냉면을 잡수시다⇒ ＿＿＿＿＿＿＿＿（　　　　　　　）
　 아뇨, 비빔밥을 먹다⇒＿＿＿＿＿＿＿＿（　　　　　　　）

> トレーニング・チェック：解答は343ページ

⑤이제 알다⇒ _____ (　　　　　　　　)

　아직 잘 모르다⇒ _____ (　　　　　　　　)

3. ～ㄹ 거예요

> 例　뭘 드시겠어요? (何を召し上がりますか)
>
> 　　커피 / 마시다⇒커피를 마실 거예요. (コーヒーを飲みます)

①어떻게 하시겠어요? (　　　　　　　　)

　여기 / 기다리다⇒ _____ (　　　　　　　　)

②뭘 시키시겠어요? (　　　　　　　　)

　냉면 / 시키다⇒ _____ (　　　　　　　　)

③언제쯤 오시겠어요? (　　　　　　　　)

　내일 / 오다⇒ _____ (　　　　　　　　)

④뭘 배우시겠어요? (　　　　　　　　)

　영어 회화 / 배우다⇒ _____ (　　　　　　　　)

⑤무슨 책을 사시겠어요? (　　　　　　　　)

　잡지책 / 사다⇒ _____ (　　　　　　　　)

4. 겠

> 例　뭘 드실 거예요? (何を召し上がりますか)
>
> 　　커피를 마시겠어요. (コーヒーを飲みます)

①어디서 기다리실 거예요? (　　　　　　　　)

　　　　여기 _____ (　　　　　　　　)

②뭘 시키실 거예요? (　　　　　　　　)

　　　　냉면 _____ (　　　　　　　　)

③언제쯤 오실 거예요? (　　　　　　　　)

　　　　내일 _____ (　　　　　　　　)

トレーニング・チェック：解答は344ページ

④한국어를 배우실 거예요?　　　　　（　　　　　　　）
　　　아뇨, 영어 회화＿＿＿＿＿＿＿＿（　　　　　　　）
⑤무슨 책을 사실 거예요?　　　　　　（　　　　　　　）
　　　잡지책 ＿＿＿＿＿＿＿＿＿＿＿（　　　　　　　）

韓国語で言ってみましょう！ （語尾はすべてハムニダ体で）

① 明日は晴れるでしょう。　＿＿＿＿＿＿＿＿＿＿＿＿＿＿＿
② 私は少し後で食べます。　＿＿＿＿＿＿＿＿＿＿＿＿＿＿＿
③ 誕生日のプレゼントは何がよろしいですか。
　　＿＿＿＿＿＿＿＿＿＿＿＿＿＿＿＿＿＿＿＿＿＿＿＿＿＿＿
④ 何を召し上がりますか。　＿＿＿＿＿＿＿＿＿＿＿＿＿＿＿
⑤ 約束は必ず守ります。　　＿＿＿＿＿＿＿＿＿＿＿＿＿＿＿

聞きとり　CDを聞いて文を完成しましょう　　　　🔊CD2-18

①이 옷을 살 ＿＿＿＿＿ .
②음료수는 뭘로 ＿＿＿＿＿＿＿ ?
③내일 또 ＿＿＿ .
④언제가 ＿＿＿＿＿＿＿ ?
⑤그 일은 제가 할 ＿＿＿＿＿ .
⑥잘 ＿＿＿＿＿ .
⑦여기서 ＿＿＿＿＿＿＿＿＿ ?
⑧먼저 ＿＿＿＿＿ .
⑨오후부터 차차 ＿＿＿＿＿＿＿ .
⑩오늘은 여기까지 ＿＿＿＿＿ .

第27課　新しい助詞・助詞の用法を学ぶ
2만 원에 샀어요（2万ウォンで買いました）

この課の学習ポイント

1. 助詞の新しい用法

A. 가 / 이「が」

① 아니다の前で使う

「아니다～ではありません」の前に置く名詞には助詞가 / 이を必ずともないます。

　　例：　　나는 학생이 아닙니다. 私は学生ではありません

また、「도も」や「는 / 은は」を表現に加えるとこの가 / 이は消えます。

　　例：　　나는 교사도 아닙니다. 私は教師でもありません。

　　　　　　나는 도둑은 아닙니다. 私はどろぼうではありません。

② 가 / 이＋疑問詞

日本語では疑問詞をともなう疑問文の主語には普通「は」をつけますが、韓国語では가 / 이を主語につけることもあります。

　　例：　　이것이 무엇입니까? これは何ですか

B. 를 / 을「を」

目的を表す「に（行く）」

　　例：　　유학을 갑니다. 留学に行きます。

C. 에「に」

① 単位あたりの数量、時間を表す「で」

　　例：　　한 개에 1000 원　1個（で）1000ウォン

　　　　　　100 미터를 10초에 달립니다. 100メーターを１０秒で走ります

②（値段）で

　　例：　　2만 원에 샀어요. 2万ウォンで買いました

D. 로 / 으로「で」

①「として」（＝로서）

　　例：　　사회학자로서 유명해요　社会学者として有名です

トレーニング・チェック：

② 変化、決定の結果を表す「に」
　　　例：　둘로 나눕니다．２つに分けます
③ 経路を表す「から、を通って」
　　　例：　창문으로 산이 보입니다．窓から山が見えます
④ 副詞を派生する
　　　例：　～적으로　～的に　　　처음으로　初めて
　　　　　　마지막으로　最後に

E．부터「(時間) から」
順序を表す「から」
　　　例：　복습부터 하겠습니다．復習から始めます

F．에서「(場所) から」
時間でも場所でもない範囲を表す「から」
　　　例：　최고 기온은 14도에서 17도까지입니다．
　　　　　　最高気温は14度から17度までです。

2．新しい助詞

A．만　だけ、ばかり
B．나 / 이나
　①「でも」　②「も」(数量を表すことばとともに使い、「そんなにもたくさん」の意味を表す)
C．로부터 / 으로부터
「から」(「から」を意味する에서、부터、에게서、한테서の強調)
D．서 / 이서
「～人で」(固有数詞とともに使う。ただし「1人で」は혼자서)

3．日本語と異なる助詞をともなう動詞

를 / 을 만나다	に会う	를 / 을 타다	に乗る
를 / 을 반대하다	に反対する	를 / 을 이기다	に勝つ
를 / 을 닮았다	に似ている	를 / 을 좋아하다	が好きだ
가 / 이 되다	になる		

トレーニング・チェック：解答は 344 ページ

新しい単語 前半　発音しながら3回ずつ書きましょう　🔊CD2-19

①처음으로	初めて	_____	_____	_____
②처음에	初め（に）	_____	_____	_____
③유명하다	有名だ	_____	_____	_____
④봄	春	_____	_____	_____
⑤건물	建物	_____	_____	_____
⑥지진	地震	_____	_____	_____
⑦무너지다	崩れる	_____	_____	_____
⑧바꾸다	替える	_____	_____	_____
⑨잡다	つかまえる	_____	_____	_____
⑩일반적	一般的	_____	_____	_____

語彙を増やそう！

1. 次の単語の意味を日本語で言ってください

①건물 _____　②지진 _____

③일반적 _____　④처음에 _____

⑤바꾸다 _____　⑥유명하다 _____

⑦처음으로 _____　⑧잡다 _____

⑨봄 _____　⑩무너지다 _____

2. 次の単語を韓国語で言ってください

①替える _____　②一般的 _____

③春 _____　④地震 _____

⑤建物 _____　⑥有名だ _____

⑦初めて _____　⑧崩れる _____

⑨つかまえる _____　⑩初め（に） _____

トレーニング・チェック：解答は344ページ

基本文型の練習A

1. ～로 / 으로の用法に注意しながら次の文を日本語にしなさい

　①미국으로 갑니다.　　　　　　　　　　（　　　　　　　　　）
　②저는 맥주로 하겠습니다.(맥주＝ビール)　（　　　　　　　　　）
　③엔을 원으로 바꿉니다.　　　　　　　　（　　　　　　　　　）
　④이 길로 갑니다.(길＝道)　　　　　　　（　　　　　　　　　）
　⑤세계적으로 유명해요.　　　　　　　　（　　　　　　　　　）

2. 空欄に「で」にあたる助詞を入れ、できあがった文を日本語にしなさい

　①셋（　　　　　）같이 삽니다.　　　　（　　　　　　　　　）
　②방（　　　　　）음악을 듣습니다.　　（　　　　　　　　　）
　③올해（　　　　　）10년이 되었습니다.（　　　　　　　　　）
　④지진（　　　　　）건물이 무너졌습니다.（　　　　　　　　）
　⑤10만 원（　　　　　）팔았습니다.　　（　　　　　　　　　）

新しい単語 後半　発音しながら3回ずつ書きましょう　　🔊CD2-20

①갈아타다　　乗り換える　＿＿＿＿＿　＿＿＿＿＿　＿＿＿＿＿
②상대방　　　相手　　　　＿＿＿＿＿　＿＿＿＿＿　＿＿＿＿＿
③이기다　　　勝つ　　　　＿＿＿＿＿　＿＿＿＿＿　＿＿＿＿＿
④학자　　　　学者　　　　＿＿＿＿＿　＿＿＿＿＿　＿＿＿＿＿
⑤반대하다　　反対する　　＿＿＿＿＿　＿＿＿＿＿　＿＿＿＿＿
⑥계획　　　　計画　　　　＿＿＿＿＿　＿＿＿＿＿　＿＿＿＿＿
⑦벌레　　　　虫　　　　　＿＿＿＿＿　＿＿＿＿＿　＿＿＿＿＿
⑧교통 사고　 交通事故　　＿＿＿＿＿　＿＿＿＿＿　＿＿＿＿＿
⑨한번　　　　一度　　　　＿＿＿＿＿　＿＿＿＿＿　＿＿＿＿＿
⑩글자　　　　文字　　　　＿＿＿＿＿　＿＿＿＿＿　＿＿＿＿＿

トレーニング・チェック：解答は 344 ページ

語彙を増やそう！

1. 次の単語の意味を日本語で言ってください

① 한번 ＿＿＿＿＿＿　　② 계획 ＿＿＿＿＿＿

③ 갈아타다 ＿＿＿＿＿＿　　④ 벌레 ＿＿＿＿＿＿

⑤ 학자 ＿＿＿＿＿＿　　⑥ 글자 ＿＿＿＿＿＿

⑦ 이기다 ＿＿＿＿＿＿　　⑧ 상대방 ＿＿＿＿＿＿

⑨ 반대하다 ＿＿＿＿＿＿　　⑩ 교통 사고 ＿＿＿＿＿＿

2. 次の単語を韓国語で言ってください

① 文字 ＿＿＿＿＿＿　　② 相手 ＿＿＿＿＿＿

③ 交通事故 ＿＿＿＿＿＿　　④ 虫 ＿＿＿＿＿＿

⑤ 計画 ＿＿＿＿＿＿　　⑥ 勝つ ＿＿＿＿＿＿

⑦ 一度 ＿＿＿＿＿＿　　⑧ 乗り換える ＿＿＿＿＿＿

⑨ 学者 ＿＿＿＿＿＿　　⑩ 反対する ＿＿＿＿＿＿

基本文型の練習 B

1. 空欄に「に」にあたる助詞を入れ、できあがった文を日本語にしなさい

① 2 대 1로 상대방（　　　）이겼어요.　　（　　　　　　　　　）

② 학자로서 세계적（　　　）유명합니다.　　（　　　　　　　　　）

③ 4월에 20살（　　　）되었습니다.　　（　　　　　　　　　）

④ 이 역에서 2호선（　　　）갈아탑니다.　　（　　　　　　　　　）

⑤ 그 사람만 제 계획（　　　）반대했습니다.　　（　　　　　　　　　）

トレーニング・チェック：解答は344ページ

2. 日本語訳に合うよう文中の空欄に도か나/이나のどちらかを入れなさい

①이름(　　　) 모릅니다.（名前も知りません）

②방이 다섯 개(　　　) 있었어요.（部屋が5つもありました）

③문제는 하나(　　　) 없습니다.（問題はひとつもありません）

④그는 친척(　　　) 친구(　　　) 아닙니다.
（彼は親戚でも友だちでもありません）

⑤커피(　　　) 마십시다.（コーヒーでも飲みましょう）

3. 次の文中にある助詞のまちがいを直しなさい

① 서점에서 친구에 만났습니다. ⇒ _____

② 작년에 친구와 둘로 한국에 갔어요. ⇒ _____

③ 택시에 타고 쇼핑에 갔습니다. ⇒ _____

④ 처음으로 여자가 사장님에 되었습니다. ⇒ _____

⑤ 축구에서 상대방에 3-2로 이겼습니다. ⇒ _____

韓国語で言ってみましょう！　（語尾はすべてハムニダ体で）

①去年1000万ウォンで車を買いました。　_____

②1年で1万人も交通事故で死亡しました。
（死亡＝사망）　_____

③妻と2人で旅行に行きました。　_____

④子どもから大人までこの食べ物が好きです。
（大人＝어른）　_____

⑤初めは一般的に文字から習います。　_____

聞きとり　CDを聞いて文を完成しましょう　　🔊CD2-21

① [　　　　　] 한 번 일본으로 갑니다.
② [　　　　　] 별로 재미없습니다. (재미없다＝面白くない)
③ [　　　　　] 학교에 도착합니다.
④ [　　　　　] 전화가 왔습니다.
⑤ 같이 점심 [　　　　　] 먹읍시다. (점심＝昼ごはん)
⑥ [　　　　　] 공부했습니다.
⑦ [　　] 먹고 집에 갔습니다. (～고＝～して)
⑧ [　　] 외국에 갔습니다.
⑨ [　　] 산이 보입니다. (보이다＝見える)
⑩ 동생이 [　　　　　] 있어요.

第28課　丁寧な命令の文型を学ぶ

먼저 가세요（先に行ってください）

この課の学習ポイント

1. ～（し）てください・お～ください

「～세요」は丁寧な命令形で、敬語の「시」+ヘヨ体の語尾「어요」からなっています。指示を出したりアドバイスを与えるときの「～（し）てください」という日本語にあたります。시は尊敬の補助語幹で、子音語幹と接続する場合は으시となります。

母音語幹＋세요　　　　　　오다（来る）　오＋세요
「ㄹ」語幹（ㄹは消える）＋세요　살다（暮らす）　살⇒사＋세요
子音語幹＋으세요　　　　　웃다（笑う）　웃＋으세요

2. ～（し）ないでください

「～지 마세요」は禁止命令の言い方で、日本語の「～しないでください」という表現にあたります。語幹との接続は、動詞の語幹に지 마세요を続けるだけです。

新しい単語　前半　発音しながら3回ずつ書きましょう　　🔊CD2-22

①스위치	スイッチ			
②천천히	ゆっくり			
③일찍	早く			
④쓰레기	ごみ			
⑤지각하다	遅刻する			
⑥어기다	破る・違反する			
⑦북쪽	北			

> トレーニング・チェック：解答は 345 ページ

⑧일어나다　　起きる　　＿＿＿＿＿　＿＿＿＿＿　＿＿＿＿＿

⑨앉다　　　　座る　　　＿＿＿＿＿　＿＿＿＿＿　＿＿＿＿＿

⑩켜다（火・電化製品を）つける　＿＿＿＿＿　＿＿＿＿＿　＿＿＿＿＿

語彙を増やそう！

1. 次の単語の意味を日本語で言ってください

①북쪽 ＿＿＿＿＿＿　②스위치 ＿＿＿＿＿＿

③앉다 ＿＿＿＿＿＿　④지각하다 ＿＿＿＿＿＿

⑤쓰레기 ＿＿＿＿＿＿　⑥일어나다 ＿＿＿＿＿＿

⑦켜다 ＿＿＿＿＿＿　⑧어기다 ＿＿＿＿＿＿

⑨천천히 ＿＿＿＿＿＿　⑩일찍 ＿＿＿＿＿＿

2. 次の単語を韓国語で言ってください

①遅刻する ＿＿＿＿＿＿　②ごみ ＿＿＿＿＿＿

③起きる ＿＿＿＿＿＿　④ゆっくり ＿＿＿＿＿＿

⑤座る ＿＿＿＿＿＿　⑥違反する ＿＿＿＿＿＿

⑦早く ＿＿＿＿＿＿　⑧北 ＿＿＿＿＿＿

⑨スイッチ ＿＿＿＿＿＿　⑩つける ＿＿＿＿＿＿

基本文型の練習 A　例にならって文を作り、できあがった文の意味も書きなさい

1. ～（し）てください・お～ください

> 例　먼저 / 가다 ⇒ 먼저 가세요（先に行ってください）

①여기 / 앉다 ⇒ ＿＿＿＿＿＿（　　　　　　　　）

②천천히 / 내리다 ⇒ ＿＿＿＿＿＿（　　　　　　　　）

③스위치 / 켜다 ⇒ ＿＿＿＿＿＿（　　　　　　　　）

トレーニング・チェック：解答は 345 ページ

④지하철 / 갈아타다⇒ _____ (　　　　　　　　)

⑤아침 / 일찍 / 일어나다⇒ _____ (　　　　　　　　)

2. ～（し）ないでください

> 例　먼저 / 가다⇒먼저 가지 마세요　（先に行かないでください）

①쓰레기 / 넣다⇒ _____ (　　　　　　　　)

②담배 / 피우다⇒ _____ (　　　　　　　　)

③학교 / 지각하다⇒ _____ (　　　　　　　　)

④약속 / 어기다⇒ _____ (　　　　　　　　)

⑤밤 / 운전하다⇒ _____ (　　　　　　　　)

新しい単語 後半　発音しながら3回ずつ書きましょう　🔊CD2-23

①제발	どうか			
②큰소리	大声			
③꼭	ぜひ・必ず			
④말씀하다	おっしゃる			
⑤남쪽	南			
⑥가을	秋			
⑦약	薬			
⑧걱정하다	心配する			
⑨나이	年齢			
⑩팝송	ポップソング			

トレーニング・チェック：解答は 345 ページ

語彙を増やそう！

1. 次の単語の意味を日本語で言ってください

　①걱정하다＿＿＿＿＿＿＿　②팝송＿＿＿＿＿＿＿

　③남쪽＿＿＿＿＿＿＿　④꼭＿＿＿＿＿＿＿

　⑤가을＿＿＿＿＿＿＿　⑥말씀하다＿＿＿＿＿＿＿

　⑦약＿＿＿＿＿＿＿　⑧나이＿＿＿＿＿＿＿

　⑨제발＿＿＿＿＿＿＿　⑩큰소리＿＿＿＿＿＿＿

2. 次の単語を韓国語で言ってください

　①大声＿＿＿＿＿＿＿　②どうか＿＿＿＿＿＿＿

　③薬＿＿＿＿＿＿＿　④心配する＿＿＿＿＿＿＿

　⑤おっしゃる＿＿＿＿＿＿＿　⑥年齢＿＿＿＿＿＿＿

　⑦ポップソング＿＿＿＿＿＿＿　⑧秋＿＿＿＿＿＿＿

　⑨ぜひ・必ず＿＿＿＿＿＿＿　⑩南＿＿＿＿＿＿＿

基本文型の練習 B　例にならって文を作り、できあがった文の意味も書きなさい

（し）てください・お～ください

```
例    내일 오후 / 오다⇒
         내일 오후에 오세요（明日の午後来てください）
```

①이 책 / 읽다⇒ ＿＿＿＿＿＿＿＿＿＿＿（　　　　　　　）

②한국 요리 / 만들다⇒＿＿＿＿＿＿＿＿＿＿＿（　　　　　　　）

③학교 앞 / 가다⇒ ＿＿＿＿＿＿＿＿＿＿＿（　　　　　　　）

④여기 / 기다리다⇒＿＿＿＿＿＿＿＿＿＿＿（　　　　　　　）

⑤김 사장님 / 만나다⇒＿＿＿＿＿＿＿＿＿＿＿（　　　　　　　）

トレーニング・チェック：解答は 345 ページ

韓国語で言ってみましょう！

① あまり心配しないでください。　　　_____

② 少々お待ちください。　　　_____

③ ここでたばこを吸わないでください。　_____

④ 時間を必ず守ってください。　　　_____

⑤ たくさん召し上がってください。　　_____

聞きとり　　CDを聞いて文を完成しましょう　　🔊 CD2-24

① 그렇게 ☐ ☐ .

② 매일 아침을 꼭 ☐ .

③ 약속을 ☐ ☐ .

④ 스즈키 씨, 전화 ☐ .

⑤ 아침에 일찍 ☐ .

⑥ 한번 더 ☐ .

⑦ 여기서 좀 ☐ .

⑧ 좀 천천히 ☐ .

⑨ 제발 ☐ ☐ .

⑩ 큰소리로 ☐ ☐ .

第29課　提案・勧誘の言い方を学ぶ

택시로 갈까요？（タクシーで行きましょうか）

この課の学習ポイント

1. 〜（し）ましょうか・〜でしょうか＝提案・推量

「〜ㄹ까요?」は「〜（し）ましょうか」・「〜でしょうか」にあたる表現です。提案するとき、ものごとを推測するときに使います。

① 普通形

母音語幹＋ㄹ까요？　　　　　　　　오다（来る）오＋ㄹ까요？⇒올까요？
「ㄹ」語幹（ㄹは消える）＋ㄹ까요？　살다（暮らす）사＋ㄹ까요？⇒살까요？
子音語幹＋을까요？　　　　　　　　찍다（撮る）찍＋을까요？⇒찍을까요？

② 敬語形

母音語幹＋실까요？　　　　　　　　오다（来る）오＋실까요？⇒오실까요？
「ㄹ」語幹（ㄹは消える）＋실까요？　살다（暮らす）사＋실까요？⇒사실까요？
子音語幹＋으실까요？　　　　　　　찍다（撮る）찍＋으실까요？⇒찍으실까요？

2. 〜（し）ましょう＝勧誘・同意

「〜ㅂ시다」は相手を誘うとき、または相手に同意するときに使います。男性がよく用いる表現で、目上の人には使いません。

母音語幹＋ㅂ시다　　　　　　　　가다（行く）가＋ㅂ시다⇒갑시다
「ㄹ」語幹（ㄹは消える）＋ㅂ시다　만들다（作る）만드＋ㅂ시다⇒만듭시다
子音語幹＋읍시다　　　　　　　　웃다（笑う）웃＋읍시다⇒웃읍시다

新しい単語　前半　発音しながら3回ずつ書きましょう　🔊CD2-25

① 또　　　また・さらに　　＿＿＿＿　＿＿＿＿　＿＿＿＿
② 동안　　〜の間・期間　　＿＿＿＿　＿＿＿＿　＿＿＿＿

トレーニング・チェック：解答は 345 ページ

③장미　　　　薔薇(ばら)　　　　＿＿＿＿＿　＿＿＿＿＿　＿＿＿＿＿

④끄다　　（火・電化製品を）消す＿＿＿＿＿　＿＿＿＿＿　＿＿＿＿＿

⑤재미있다　　面白い　　　　　＿＿＿＿＿　＿＿＿＿＿　＿＿＿＿＿

⑥맛있다　　　おいしい　　　　＿＿＿＿＿　＿＿＿＿＿　＿＿＿＿＿

⑦걸어가다　　歩いて行く　　　＿＿＿＿＿　＿＿＿＿＿　＿＿＿＿＿

⑧앞으로　　　今後　　　　　　＿＿＿＿＿　＿＿＿＿＿　＿＿＿＿＿

⑨아저씨　　　おじさん　　　　＿＿＿＿＿　＿＿＿＿＿　＿＿＿＿＿

⑩자리　　　　座席・席　　　　＿＿＿＿＿　＿＿＿＿＿　＿＿＿＿＿

語彙を増やそう！

1. 次の単語の意味を日本語で言ってください

　①걸어가다 ＿＿＿＿＿＿＿　②장미 ＿＿＿＿＿＿＿

　③재미있다 ＿＿＿＿＿＿＿　④또 ＿＿＿＿＿＿＿

　⑤끄다 ＿＿＿＿＿＿＿　⑥아저씨 ＿＿＿＿＿＿＿

　⑦앞으로 ＿＿＿＿＿＿＿　⑧동안 ＿＿＿＿＿＿＿

　⑨자리 ＿＿＿＿＿＿＿　⑩맛있다 ＿＿＿＿＿＿＿

2. 次の単語を韓国語で言ってください

　①今後 ＿＿＿＿＿＿＿　②また・さらに ＿＿＿＿＿＿＿

　③薔薇(ばら) ＿＿＿＿＿＿＿　④歩いて行く ＿＿＿＿＿＿＿

　⑤おじさん ＿＿＿＿＿＿＿　⑥おいしい ＿＿＿＿＿＿＿

　⑦面白い ＿＿＿＿＿＿＿　⑧消す ＿＿＿＿＿＿＿

　⑨座席・席 ＿＿＿＿＿＿＿　⑩〜の間 ＿＿＿＿＿＿＿

トレーニング・チェック：解答は 345 ページ

基本文型の練習 A　例にならって文を作り、できあがった文の意味も書きなさい

1. 提案

   > 例　버스 / 가다 ⇒ 버스로 갈까요？（バスで行きましょうか）

   ① 불고기 / 시키다 ⇒ _____ (　　　　　　　　)

   ② 음식 / 만들다 ⇒ _____ (　　　　　　　　)

   ③ 창문 / 닫다 ⇒ _____ (　　　　　　　　)

   ④ 택시 / 타다 ⇒ _____ (　　　　　　　　)

   ⑤ 내일 / 전화하다 ⇒ _____ (　　　　　　　　)

2. 推量

   > 例　영화 / 재미있다 ⇒ 영화가 재미있을까요？（映画は面白いでしょうか）

   ① 친구 / 오다 ⇒ _____ (　　　　　　　　)

   ② 그 사람 / 좋아하다 ⇒ _____ (　　　　　　　　)

   ③ 냉면 / 맛있다 ⇒ _____ (　　　　　　　　)

   ④ 몇 시 / 끝나다 ⇒ _____ (　　　　　　　　)

   ⑤ 눈 / 내리다 ⇒ _____ (　　　　　　　　)

3. 提案・推量　敬語

   > 例　버스 / 가다 ⇒ 버스로 가실까요？（バスで行かれますか）

   ① 여기 / 앉다 ⇒ _____ (　　　　　　　　)

   ② 같이 / 가다 ⇒ _____ (　　　　　　　　)

   ③ 어느 분 / 오다 ⇒ _____ (　　　　　　　　)

   ④ 지금 / 주무시다 ⇒ _____ (　　　　　　　　)

   ⑤ 사장님 / 계시다 ⇒ _____ (　　　　　　　　)

トレーニング・チェック：解答は346ページ

4. 勧誘・同意

例 다 같이/부르다⇒다 같이 부릅시다.（みな一緒に歌いましょう）

①같이/가다⇒ _____ (　　　　　　　　　)

②자리/앉다⇒ _____ (　　　　　　　　　)

③서로/연락하다⇒ _____ (　　　　　　　　　)

④또/만나다⇒ _____ (　　　　　　　　　)

⑤한잔/하다⇒ _____ (　　　　　　　　　)

新しい単語 後半　発音しながら3回ずつ書きましょう　🔊 CD2-26

①공원	公園	_____	_____	_____
②커피숍	喫茶店	_____	_____	_____
③빨리	速く・急いで	_____	_____	_____
④도시락	お弁当	_____	_____	_____
⑤아줌마	おばさん	_____	_____	_____
⑥다음	次・次の	_____	_____	_____
⑦주	週	_____	_____	_____
⑧세우다	立てる	_____	_____	_____
⑨얼마나	どれぐらい	_____	_____	_____
⑩어떤	どんな	_____	_____	_____

語彙を増やそう！

1. 次の単語の意味を日本語で言ってください

①세우다 _____　②커피숍 _____

③아줌마 _____　④주 _____

⑤공원 _____　⑥다음 _____

トレーニング・チェック：解答は346ページ

⑦도시락 _____ ⑧빨리 _____
⑨어떤 _____ ⑩얼마나 _____

2. 次の単語を韓国語で言ってください

①喫茶店 _____ ②おばさん _____
③週 _____ ④どれぐらい _____
⑤速く・急いで _____ ⑥公園 _____
⑦立てる _____ ⑧どんな _____
⑨お弁当 _____ ⑩次・次の _____

基本文型の練習B　例にならって文を作り、できあがった文の意味も書きなさい
提案・推量＋勧誘・同意

> 例　　뭘/마시다⇒뭘 마실까요?（何を飲みましょうか）
> 　　　커피를 마십시다.（コーヒーを飲みましょう）

①무슨 꽃/사다⇒_____ (　　　　　)
　　장미꽃 _____ (　　　　　)
②어떤 영화/보다⇒_____ (　　　　　)
　　한국 영화 _____ (　　　　　)
③누구/연락하다⇒_____ (　　　　　)
　　김 선생님 _____ (　　　　　)
④무엇/먹다⇒_____ (　　　　　)
　　중국 요리 _____ (　　　　　)
⑤어디/만나다⇒_____ (　　　　　)
　　그 커피숍 _____ (　　　　　)

トレーニング・チェック：解答は 346 ページ

韓国語で言ってみましょう！

①銀行まで一緒に行きましょう。　　　＿＿＿＿＿＿＿＿＿＿

②誕生日のプレゼントに何が一番いいでしょうか。＿＿＿＿＿＿＿＿＿＿

③今後気を付けましょう。　　　＿＿＿＿＿＿＿＿＿＿

④明日雨が降るでしょうか。　　　＿＿＿＿＿＿＿＿＿＿

⑤次の駅で降りましょう。　　　＿＿＿＿＿＿＿＿＿＿

聞きとり　　CDを聞いて文を完成しましょう　　　　🔊 CD2-27

① 빨리 ☐　　　.

② 시간이 얼마나 ☐　　　?

③ 여기 좀 ☐　　　?

④ 공원에서 좀 ☐　　　.

⑤ 누가 더 ☐　　　?

⑥ 밖에서 도시락을 ☐　　　?

⑦ 다음 주까지 ☐　　　.

⑧ 공항까지 버스로 ☐　　　? 택시로 ☐　　　?

⑨ 어느 분이 ☐　　　?

⑩ 내일 학교 앞에서 ☐　　　?

第30課 「～고」を含む文型を学ぶ

밖에서 놀고 있습니다（外で遊んでいます）

この課の学習ポイント

1. ～（し）たいです＝願望

「～고 싶다」は希望の意を表す言い方です。語幹の種類に関係なく「動詞の語幹＋고 싶＋語尾」となります。「～が～したい」という日本語の文は、「～를/을～고 싶다」という韓国語に対応しています。助詞の使い方に注意してください。

　물을 마시고 싶어요.　　　　水が飲みたいです。

2. ～（し）ています＝現在の状況

「～고 있다」は、現在の状況や現在進行を表す言い方です。語幹の種類に関係なく「動詞の語幹＋고 있＋語尾」となります。

　밖에서 놀고 있습니다.　　　外で遊んでいます。

新しい単語 前半　発音しながら3回ずつ書きましょう　🔊CD2-28

① 할아버지　おじいさん
② 할머니　　おばあさん
③ 듣다　　　聞く
④ 나오다　　出てくる
⑤ 샌드위치　サンドイッチ
⑥ 홍차　　　紅茶
⑦ 중계　　　中継
⑧ 진찰　　　診察

トレーニング・チェック：解答は346ページ

⑨바람　　　風　　　　＿＿＿＿＿　＿＿＿＿＿　＿＿＿＿＿
⑩불다　　　吹く　　　＿＿＿＿＿　＿＿＿＿＿　＿＿＿＿＿

語彙を増やそう！

1. 次の単語の意味を日本語で言ってください

   ①샌드위치 ＿＿＿＿＿　②듣다 ＿＿＿＿＿
   ③할아버지 ＿＿＿＿＿　④불다 ＿＿＿＿＿
   ⑤바람 ＿＿＿＿＿　⑥홍차 ＿＿＿＿＿
   ⑦중계 ＿＿＿＿＿　⑧나오다 ＿＿＿＿＿
   ⑨할머니 ＿＿＿＿＿　⑩진찰 ＿＿＿＿＿

2. 次の単語を韓国語で言ってください

   ①紅茶 ＿＿＿＿＿　②出てくる ＿＿＿＿＿
   ③風 ＿＿＿＿＿　④サンドイッチ ＿＿＿＿＿
   ⑤診察 ＿＿＿＿＿　⑥吹く ＿＿＿＿＿
   ⑦おじいさん ＿＿＿＿＿　⑧おばあさん ＿＿＿＿＿
   ⑨聞く ＿＿＿＿＿　⑩中継 ＿＿＿＿＿

基本文型の練習A　例にならって文を作り、できあがった文の意味も書きなさい

1. 願望　ハムニダ体

   > 例　일본어 / 배우다 ⇒ 일본어를 배우고 싶습니다 (日本語を習いたいです)

   ① 아이 / 찾다 ⇒ ＿＿＿＿＿＿＿＿＿＿ （　　　　　　）
   ② 음악 / 듣다 ⇒ ＿＿＿＿＿＿＿＿＿＿ （　　　　　　）
   ③ 매일 / 운동하다 ⇒ ＿＿＿＿＿＿＿＿＿＿ （　　　　　　）
   ④ 텔레비전 / 보다 ⇒ ＿＿＿＿＿＿＿＿＿＿ （　　　　　　）

トレーニング・チェック：解答は 346 ページ

⑤ 샌드위치 / 먹다⇒ _____ (   )

2. 願望 ヘヨ体

> 例 영화 / 보다⇒영화를 보고 싶어요．(映画を見たいです)

① 그 분 / 만나다⇒ _____ (   )
② 음악 / 듣다⇒ _____ (   )
③ 일본 / 가다⇒ _____ (   )
④ 한국 노래 / 부르다⇒_____ (   )
⑤ 홍차 / 마시다⇒ _____ (   )

3. 願望 敬語 ヘヨ体

> 例 영화 / 보다⇒영화를 보고 싶으세요？(映画をご覧になりたいですか)

① 불고기 / 드시다⇒ _____ (   )
② 영어 회화 / 배우다⇒ _____ (   )
③ 좀 / 쉬다⇒ _____ (   )
④ 집 / 가다⇒ _____ (   )
⑤ 진찰 / 받다⇒ _____ (   )

4. 現在の状況 ハムニダ体

> 例 병원 / 다니다⇒병원에 다니고 있습니다．(病院に通っています)

① 안경 / 찾다⇒ _____ (   )
② 서울 / 살다⇒ _____ (   )
③ 은행 / 일하다⇒ _____ (   )

トレーニング・チェック：解答は 346 ページ

④음악 / 듣다⇒ _____ ( )
⑤눈 / 내리다⇒ _____ ( )

5. 現在の状況 ヘヨ体

> 例 영화 / 보다⇒영화를 보고 있어요． (映画を見ています)

①편지 / 쓰다⇒ _____ ( )
②지금 / 숙제하다⇒ _____ ( )
③도시락 / 만들다⇒ _____ ( )
④스포츠 중계 / 보다⇒ _____ ( )
⑤바람 / 불다⇒ _____ ( )

新しい単語 後半　発音しながら3回ずつ書きましょう　◆CD2-29

①사정	事情			
②아들	息子			
③고등학교	高校			
④복잡하다	複雑だ・混んでいる			
⑤경영학	経営学			
⑥작년	昨年			
⑦여행	旅行			
⑧지도	地図			
⑨시청	市庁			
⑩유학	留学			

トレーニング・チェック：解答は 347 ページ

語彙を増やそう！

1. 次の単語の意味を日本語で言ってください

   ① 경영학 _____ ② 작년 _____
   ③ 아들 _____ ④ 복잡하다 _____
   ⑤ 유학 _____ ⑥ 지도 _____
   ⑦ 사정 _____ ⑧ 여행 _____
   ⑨ 시청 _____ ⑩ 고등학교 _____

2. 次の単語を韓国語で言ってください

   ① 旅行 _____ ② 混んでいる _____
   ③ 昨年 _____ ④ 経営学 _____
   ⑤ 市庁 _____ ⑥ 息子 _____
   ⑦ 事情 _____ ⑧ 地図 _____
   ⑨ 留学 _____ ⑩ 高校 _____

基本文型の練習 B　例にならって文を作り、できあがった文の意味も書きなさい

1. 願望　敬語

   > 例　뭘 / 마시다 ⇒ 뭘 마시고 싶으세요？（何をお飲みになりたいですか）
   > 　　홍차를 마시고 싶어요．（紅茶を飲みたいです）

   ① 언제 / 가다 ⇒ _____（　　　　　　）
   　　내일 _____（　　　　　　）
   ② 뭘 / 사다 ⇒ _____（　　　　　　）
   　　한국 지도 _____（　　　　　　）
   ③ 무슨 책 / 읽다 ⇒ _____（　　　　　　）
   　　소설책 _____（　　　　　　）

トレーニング・チェック：解答は 347 ページ

④어디 / 여행하다⇒ _____ (　　　　　　)
　　미국 _____ (　　　　　　)
⑤어떤 영화 / 보다⇒ _____ (　　　　　　)
　　한국 영화 _____ (　　　　　　)

2. 現在の状況　敬語

> 例　지금 뭘 / 하다⇒지금 뭘 하고 계세요？（今何をしていらっしゃいますか）
> 　　저녁밥 / 먹다⇒저녁밥을 먹고 있어요．（夕飯を食べています）

①무슨 / 일 / 하다⇒ _____ (　　　　　　)
　　회사 / 경영하다⇒ _____ (　　　　　　)
②누구 / 편지 / 쓰다⇒ _____ (　　　　　　)
　　조카⇒ _____ (　　　　　　)
③어디 / 근무하다⇒ _____ (　　　　　　)
　　시청⇒ _____ (　　　　　　)
④무슨 / 음악 / 듣다⇒ _____ (　　　　　　)
　　팝송⇒ _____ (　　　　　　)
⑤매일 / 병원 / 다니다⇒ _____ (　　　　　　)
　　네⇒ _____ (　　　　　　)

韓国語で言ってみましょう！　（語尾はすべてヘヨ体で）

①ぜひ一度会いたいです。　　　　_____
②事情はよく知っています。　　　_____
③毎日病院に通っています。　　　_____
④診察をお受けになりたいですか。_____
⑤経営学を専攻したいです。　　　_____

聞きとり　CDを聞いて文を完成しましょう　🔊 CD2-30

① 하루종일 바람이 ＿＿＿ ＿＿＿.
② 김 선생님은 지금 전화를 ＿＿＿ ＿＿＿.
③ 외국에 유학을 ＿＿＿.
④ 작년부터 회사를 ＿＿＿ ＿＿＿.
⑤ 저는 시청에 ＿＿＿ ＿＿＿.
⑥ 요즘도 중국어를 ＿＿＿ ＿＿＿?
⑦ ＿＿＿ 안경을 ＿＿＿ 있어요.
⑧ ＿＿＿ 어떻게 하고 ＿＿＿?
⑨ 우리 ＿＿＿ 은 ＿＿＿ 에 다니고 있어요.
⑩ 저는 ＿＿＿ 하고 ＿＿＿ 를 먹고 싶어요.

第31課 動作の目的・計画を表す言い方を学ぶ
병원에 가려고 합니다（病院に行くつもりです）

この課の学習ポイント

1. ～（し）に行く・来る＝動作の目的

「～러 가다／오다」は「～（し）に行く・来る」にあたる表現です。この日本語の接続詞「～に」と同様、「～러」の後ろには가다、오다、다니다などの移動の動詞が来ます。母音語幹と「ㄹ」語幹には＋러 가다／오다、子音語幹には＋으러 가다／오다を接続します。

백화점에 옷을 사러 갔습니다．デパートに服を買いに行きました。

2. ～するつもりだ＝意図・予定

「～려고 하다」は「～するつもりだ」にあたる表現です。母音語幹と「ㄹ」語幹には＋려고 하다、子音語幹には＋으려고 하다を接続します。

내일쯤 병원에 가려고 합니다．明日病院に行くつもりです。

3. ～（し）ようと思う＝計画・予定

「～려고 생각하다」は「～（し）ようと思う」にあたる表現です。「～려고 하다」とほとんど同意の文型です。母音語幹と「ㄹ」語幹には＋려고 생각하다、子音語幹には＋으려고 생각하다を接続します。

미국에 유학을 가려고 생각합니다．アメリカに留学しようと思います。

新しい単語 前半 発音しながら3回ずつ書きましょう　　　🔊 CD2-31

① 취직하다　　就職する

② 치료　　　　治療

トレーニング・チェック：解答は 347 ページ

③운전 면허　運転免許　＿＿＿＿＿　＿＿＿＿＿　＿＿＿＿＿

④따다　取る・もぐ　＿＿＿＿＿　＿＿＿＿＿　＿＿＿＿＿

⑤솔직히　率直に　＿＿＿＿＿　＿＿＿＿＿　＿＿＿＿＿

⑥되다　なる　＿＿＿＿＿　＿＿＿＿＿　＿＿＿＿＿

⑦형　（弟から見た）兄　＿＿＿＿＿　＿＿＿＿＿　＿＿＿＿＿

⑧말씀드리다　申し上げる　＿＿＿＿＿　＿＿＿＿＿　＿＿＿＿＿

⑨시장　市場　＿＿＿＿＿　＿＿＿＿＿　＿＿＿＿＿

⑩교실　教室　＿＿＿＿＿　＿＿＿＿＿　＿＿＿＿＿

語彙を増やそう！

1. 次の単語の意味を日本語で言ってください

　①운전 면허＿＿＿＿＿　②교실＿＿＿＿＿

　③말씀드리다＿＿＿＿＿　④따다＿＿＿＿＿

　⑤형＿＿＿＿＿　⑥되다＿＿＿＿＿

　⑦시장＿＿＿＿＿　⑧취직하다＿＿＿＿＿

　⑨치료＿＿＿＿＿　⑩솔직히＿＿＿＿＿

2. 次の単語を韓国語で言ってください

　①（弟から見た）兄＿＿＿＿＿　②申し上げる＿＿＿＿＿

　③なる＿＿＿＿＿　④就職する＿＿＿＿＿

　⑤運転免許＿＿＿＿＿　⑥教室＿＿＿＿＿

　⑦率直に＿＿＿＿＿　⑧市場＿＿＿＿＿

　⑨取る・もぐ＿＿＿＿＿　⑩治療＿＿＿＿＿

トレーニング・チェック：解答は 347 ページ

基本文型の練習 A　例にならって文を作り、できあがった文の意味も書きなさい

1. 動作の目的　ハムニダ体

> 例　일본어 / 배우다 / 가다 ⇒ 일본어를 배우러 갑니다
> 　　　　　　　　　　　　　（日本語を習いに行きます）

① 아이 / 찾다 / 가다 ⇒ ＿＿＿＿＿＿＿＿＿＿（　　　　　　　　　）

② 밥 / 먹다 / 오다 ⇒ ＿＿＿＿＿＿＿＿＿＿（　　　　　　　　　）

③ 야구 / 보다 / 가다 ⇒ ＿＿＿＿＿＿＿＿＿＿（　　　　　　　　　）

④ 치료 / 받다 / 다니다 ⇒ ＿＿＿＿＿＿＿＿＿＿（　　　　　　　　　）

⑤ 책 / 빌리다 / 가다 ⇒ ＿＿＿＿＿＿＿＿＿＿（　　　　　　　　　）

2. 動作の目的　ヘヨ体

> 例　영화 / 보다 / 가다 ⇒ 영화를 보러 가요．（映画を見に行きます）

① 친구 / 만나다 / 오다 ⇒ ＿＿＿＿＿＿＿＿＿＿（　　　　　　　　　）

② 돈 / 받다 / 다니다 ⇒ ＿＿＿＿＿＿＿＿＿＿（　　　　　　　　　）

③ 밥 / 먹다 / 가다 ⇒ ＿＿＿＿＿＿＿＿＿＿（　　　　　　　　　）

④ 선물 / 사다 / 가다 ⇒ ＿＿＿＿＿＿＿＿＿＿（　　　　　　　　　）

⑤ 밤 / 놀다 / 오다 ⇒ ＿＿＿＿＿＿＿＿＿＿（　　　　　　　　　）

3. 意図・予定　ヘヨ体

> 例　일본어 / 배우다 ⇒ 일본어를 배우려고 해요．
> 　　　　　　　　　　　　（日本語を習うつもりです）

① 돈 / 빌리다 ⇒ ＿＿＿＿＿＿＿＿＿＿（　　　　　　　　　）

② 솔직히 / 말하다 ⇒ ＿＿＿＿＿＿＿＿＿＿（　　　　　　　　　）

③ 치료 / 받다 ⇒ ＿＿＿＿＿＿＿＿＿＿（　　　　　　　　　）

トレーニング・チェック：解答は 348 ページ

④차 / 팔다⇒ _____ ( )
⑤유학 / 가다⇒ _____ ( )

4. 計画・予定 ヘヨ体

> 例 영화 / 보다⇒영화를 보려고 생각해요．(映画を見ようと思います)

①회사 / 취직하다⇒ _____ ( )
②운전 면허 / 따다⇒ _____ ( )
③친구 / 소개하다⇒ _____ ( )
④의사 / 되다⇒ _____ ( )
⑤진찰 / 받다⇒ _____ ( )

新しい単語 後半 発音しながら3回ずつ書きましょう　　🔊 CD2-32

① 우체국	郵便局	_____	_____	_____
② 소포	小包	_____	_____	_____
③ 부치다	（郵便を）送る	_____	_____	_____
④ 공무원	公務員	_____	_____	_____
⑤ 수영장	プール	_____	_____	_____
⑥ 바다	海	_____	_____	_____
⑦ 시합	試合	_____	_____	_____
⑧ 함께	一緒に	_____	_____	_____
⑨ 저녁	夕方・夕食	_____	_____	_____
⑩ 방학	学校休み	_____	_____	_____

> トレーニング・チェック：解答は 348 ページ

語彙を増やそう！

1. 次の単語の意味を日本語で言ってください

   ①공무원 ＿＿＿＿＿＿＿＿　②부치다 ＿＿＿＿＿＿＿＿

   ③우체국 ＿＿＿＿＿＿＿＿　④소포 ＿＿＿＿＿＿＿＿

   ⑤함께 ＿＿＿＿＿＿＿＿　⑥방학 ＿＿＿＿＿＿＿＿

   ⑦바다 ＿＿＿＿＿＿＿＿　⑧수영장 ＿＿＿＿＿＿＿＿

   ⑨저녁 ＿＿＿＿＿＿＿＿　⑩시합 ＿＿＿＿＿＿＿＿

2. 次の単語を韓国語で言ってください

   ①海 ＿＿＿＿＿＿＿＿　②試合 ＿＿＿＿＿＿＿＿

   ③公務員 ＿＿＿＿＿＿＿＿　④プール ＿＿＿＿＿＿＿＿

   ⑤学校休み ＿＿＿＿＿＿＿＿　⑥小包 ＿＿＿＿＿＿＿＿

   ⑦一緒に ＿＿＿＿＿＿＿＿　⑧郵便局 ＿＿＿＿＿＿＿＿

   ⑨(郵便を)送る ＿＿＿＿＿＿＿＿　⑩夕食 ＿＿＿＿＿＿＿＿

基本文型の練習B　例にならって文を作り、できあがった文の意味も書きなさい

1. 敬語겠＋〜つもりだ

   > 例　무엇 / 시키다⇒무엇을 시키시겠습니까？（何を注文されますか）
   > 　　커피를 시키려고 해요．（コーヒーを頼もうと思います）

   ①언제 / 가다⇒ ＿＿＿＿＿＿＿＿＿＿＿（　　　　　）

   　　내일⇒＿＿＿＿＿＿＿＿＿＿＿（　　　　　）

   ②뭘 / 사다⇒ ＿＿＿＿＿＿＿＿＿＿＿（　　　　　）

   　　한국 지도⇒＿＿＿＿＿＿＿＿＿（　　　　　）

   ③무슨 책 / 읽다⇒＿＿＿＿＿＿＿＿＿（　　　　　）

   　　소설책⇒＿＿＿＿＿＿＿＿＿（　　　　　）

トレーニング・チェック：解答は348ページ

　　④어떻게 / 하다⇒ _____ (　　　　　　　　　)

　　　　　치료 / 받다⇒ _____ (　　　　　　　　　　　　)

　　⑤어떤 / 영화 / 보다⇒ _____ (　　　　　　　)

　　　　　한국 영화⇒ _____ (　　　　　　　　　　　　　)

2. **敬語ヘヨ体＋〜（し）に行く**

> 例　지금 어디 가세요?
> 　　도서관 / 책 / 빌리다⇒도서관에 책을 빌리러 가요.
> 　　　　　（図書館へ本を借りに行きます）

①지금 어디 가세요?

　　　은행 / 돈 / 찾다⇒ _____ (　　　　　　　　　)

②지금 어디 가세요?

　　　서울역 / 조카 / 만나다⇒ _____ (　　　　　　)

③지금 어디 가세요?

　　　우체국 / 소포 / 부치다⇒ _____ (　　　　　　)

④지금 어디 가세요?

　　　백화점 / 선물 / 사다⇒ _____ (　　　　　　　)

⑤지금 어디 가세요?

　　　식당 / 저녁 / 먹다⇒ _____ (　　　　　　　　)

トレーニング・チェック：解答は 348 ページ

3. 提案・推量＋意志

> 例　공원 / 쉬다 ⇒ <u>공원에 쉬러 갈까요?</u>（公園に休みに行きましょうか）
> 　　집 / 쉬다 ⇒ <u>저는 집에서 쉴 거예요.</u>（私は家で休みます）

① 학교 / 일본어 / 배우다 ⇒ _____（　　　　　　　　）
　　혼자 / 공부하다 ⇒ _____（　　　　　　　　）
② 바다 / 수영하다 ⇒ _____（　　　　　　　　）
　　수영장 / 수영하다 ⇒ _____（　　　　　　　　）
③ 식당 / 점심 / 먹다 ⇒ _____（　　　　　　　　）
　　교실 / 도시락 ⇒ _____（　　　　　　　　）
④ 백화점 / 옷 / 사다 ⇒ _____（　　　　　　　　）
　　시장 / 사다 ⇒ _____（　　　　　　　　）
⑤ 저녁 / 연습하다 ⇒ _____（　　　　　　　　）
　　지금 / 연습하다 ⇒ _____（　　　　　　　　）

韓国語で言ってみましょう！　（語尾はすべてヘヨ体で）

① 彼は毎晩遊びに来ます。　_____
② 何しに来られるのですか。　_____
③ 公務員になろうと思います。　_____
④ 何時ごろ寝るつもりですか。　_____
⑤ プレゼントを買いに市場へ行きましょうか。
　　_____

トレーニング・チェック：解答は 349 ページ

聞きとり　CDを聞いて文を完成しましょう　　🔊 CD2-33

① 돈을 [　　　] 은행에 갑니다.
② 치료를 [　　　] 병원에 다니고 있어요.
③ 같이 영화 [　　　] 가시겠어요?
④ 미국으로 [　　　] 가려고 해요.
⑤ 가족을 [　　　] 한국에 갈 거예요.
⑥ 겨울 방학에 운전 면허를 [　　　] 해요.
⑦ [　　　] 먹으러 식당에 가요.
⑧ 아까부터 그 사람을 [　　　] 기다리고 있습니다.
⑨ 선생님께 [　　　] [　　　　　] 생각해요.
⑩ 언제 [　　　] [　　　]?

第32課　連用形を学ぶ

사진을 찍어 주세요（写真を撮ってください）

この課の学習ポイント

連用形

　後ろに（補助）用語が続く形を連用形と言います。「～（し）てください」、「～（し）てみる」、「～（し）てあげましょう」、「～く見える」、「～（し）てしまう」などの文型とともに使われます。連用形はヘヨ体から語尾の「～요」をとった形です。文型を作るとき、母音語幹の縮約に注意しましょう。

①規則用言　　語幹末に陽母音が含まれる場合
　　　　　　　　語幹＋아　　　찾다（探す・求める）⇒ 찾아
　　　　　　語幹末に陰母音が含まれる場合
　　　　　　　　語幹＋어　　　읽다（読む）⇒ 읽어
②ハダ用言　　「하다用言」の連用形は、話し言葉では「～해」、書き言葉では「～하여」となります。

新しい単語　前半　発音しながら3回ずつ書きましょう　　🔊 CD2-34

①	가르치다	教える
②	남다	残る
③	멋있다	すてきだ
④	신다	履く
⑤	젊다	若い
⑥	위험하다	危険だ
⑦	보이다	見える
⑧	값	値段

トレーニング・チェック：解答は349ページ

⑨솔직하다　率直だ　_____　_____　_____

⑩착하다　善良だ　_____　_____　_____

語彙を増やそう！

1. 次の単語の意味を日本語で言ってください

①솔직하다 _____　②멋있다 _____

③값 _____　④위험하다 _____

⑤젊다 _____　⑥남다 _____

⑦보이다 _____　⑧가르치다 _____

⑨신다 _____　⑩착하다 _____

2. 次の単語を韓国語で言ってください

①履く _____　②残る _____

③素敵だ _____　④危険だ _____

⑤教える _____　⑥善良だ _____

⑦率直だ _____　⑧値段 _____

⑨若い _____　⑩見える _____

基本文型の練習A　例にならって文を作り、できあがった文の意味も書きなさい

1. ～（し）てください　ヘヨ体

> 例　사진 / 찍다⇒사진을 찍어 주세요．（写真を撮ってください）

①값 / 깎다⇒ _____ (　　　　　　　)

②일본어 / 가르치다⇒ _____ (　　　　　　　)

③돈 / 보내다⇒ _____ (　　　　　　　)

④치료 / 하다⇒ _____ (　　　　　　　)

> トレーニング・チェック：解答は 349 ページ

⑤책 / 빌리다⇒ _____ (   )

2. ～（し）てみてください　ヘヨ体

> 例　책 / 읽다⇒책을 읽어 보세요．（本を読んでみてください）

①문 / 열다⇒ _____ (   )
②솔직히 / 말하다⇒ _____ (   )
③진찰 / 받다⇒ _____ (   )
④구두 / 신다⇒ _____ (   )
⑤한글 / 쓰다⇒ _____ (   )

3. ～く見えます　ヘヨ体

> 例　멋있다 / 보이다⇒멋있어 보여요．（すてきに見えます）

①젊다 / 보이다⇒ _____ (   )
②밝다 / 보이다⇒ _____ (   )
③착하다 / 보이다 _____ (   )
④맛있다 / 보이다⇒ _____ (   )
⑤재미없다 / 보이다⇒ _____ (   )

4. ～（し）てみましょうか

> 例　한국어 / 배우다⇒한국어를 배워 볼까요？
> 　　　　　　　　　　（韓国語を習ってみましょうか）

①같이 / 가다⇒ _____ (   )
②구두 / 신다⇒ _____ (   )

> トレーニング・チェック：解答は 349 ページ

③제가 / 연락하다⇒ _____ (　　　　　　)
④한번 / 먹다⇒ _____ (　　　　　　)
⑤지도 / 그리다⇒ _____ (　　　　　　)

> 新しい単語　後半　発音しながら3回ずつ書きましょう　🔊CD2-35

①사이　　　間・仲　　_____　_____　_____
②양식　　　洋食　　　_____　_____　_____
③신발　　　履物　　　_____　_____　_____
④양말　　　靴下　　　_____　_____　_____
⑤벗다　　　脱ぐ　　　_____　_____　_____
⑥믿다　　　信じる　　_____　_____　_____
⑦그림　　　絵　　　　_____　_____　_____
⑧한복　　　韓国服　　_____　_____　_____
⑨잃다　　　失う・なくす_____　_____　_____
⑩다음 주　来週　　　_____　_____　_____

> 語彙を増やそう！

1. 次の単語の意味を日本語で言ってください

①신발　_____　　②믿다　_____
③다음 주　_____　④그림　_____
⑤한복　_____　　⑥잃다　_____
⑦사이　_____　　⑧벗다　_____
⑨양식　_____　　⑩양말　_____

2. 次の単語を韓国語で言ってください

①脱ぐ　_____　　②失う　_____

トレーニング・チェック：解答は 349 ページ

③間　_____　④信じる　_____
⑤靴下　_____　⑥洋食　_____
⑦韓国服　_____　⑧履物　_____
⑨絵　_____　⑩来週　_____

基本文型の練習 B　例にならって文を作り、できあがった文の意味も書きなさい

1. 提案・推量＋連用形

> 例　언제 / 가다 ⇒ <u>언제 갈까요?</u>（いつ行きましょうか）
> 　　내일 <u>가 봅시다</u>.（明日行ってみましょう）

①김 선생님 / 전화하다 ⇒ _____（　　　　　　）
　　네, _____（　　　　　　）
②무엇 / 먹다 ⇒ _____（　　　　　　）
　　샌드위치 _____（　　　　　　）
③무슨 꽃 / 사다 ⇒ _____（　　　　　　）
　　장미꽃 _____（　　　　　　）
④진찰 / 받다 ⇒ _____（　　　　　　）
　　네, _____（　　　　　　）
⑤어디 / 사다 ⇒ _____（　　　　　　）
　　시장 _____（　　　　　　）

トレーニング・チェック：解答は 349 ページ

2. 敬語　連用形　겠

> 例　언제 / 전화하다 ⇒ 언제 전화해 주시겠어요?
> 　　　　　　　　　　　（いつ電話していただけますか）
> 　　내일 ⇒ 내일 전화해 드리겠습니다. （明日お電話いたします）

① 몇 시쯤 / 오다 ⇒＿＿＿＿＿＿＿＿＿＿＿（　　　　　　　　　）

　　3 시쯤 ⇒＿＿＿＿＿＿＿＿＿　（　　　　　　　　　）

② 같이 / 가다 ⇒　＿＿＿＿＿＿＿＿＿（　　　　　　　　　）

　　네 , ⇒＿＿＿＿＿＿＿（　　　　　　　　　）

③ 무슨 꽃 / 사다 ⇒＿＿＿＿＿＿＿＿＿（　　　　　　　　　）

　　장미꽃 ⇒＿＿＿＿＿＿＿　（　　　　　　　　　）

④ 어떻게 / 하다 ⇒　＿＿＿＿＿＿＿＿＿（　　　　　　　　　）

　　친구 / 소개하다 ⇒＿＿＿＿＿＿＿　　（　　　　　　　　　）

⑤ 무엇 / 보내다 ⇒＿＿＿＿＿＿＿＿＿（　　　　　　　　　）

　　구두 ⇒＿＿＿＿＿＿＿（　　　　　　　　　）

韓国語で言ってみましょう！

① ドアをちょっと開けてください。　＿＿＿＿＿＿＿＿＿＿＿

② ゆっくり言ってみてください。　　＿＿＿＿＿＿＿＿＿＿＿

③ ここに絵を描いてください。　　　＿＿＿＿＿＿＿＿＿＿＿

④ この本を読んでみてください。　　＿＿＿＿＿＿＿＿＿＿＿

⑤ 明日一緒に行ってみましょう。　　＿＿＿＿＿＿＿＿＿＿＿

トレーニング・チェック：解答は349ページ

聞きとり　CDを聞いて文を完成しましょう　　　CD2-36

① 안경을 ☐ 보세요.
② 잘 ☐ ☐ .
③ ☐ ☐ 해 볼까요?
④ 사진을 ☐ ☐ ?
⑤ 아저씨, ☐ 좀 ☐ 주세요.
⑥ 이 종이에 한글로 ☐ ☐ .
⑦ 내일 ☐ ☐ 보시겠어요?
⑧ 나카타니 씨한테 ☐ ☐ ?
⑨ 다음 주까지 ☐ ☐ .
⑩ ☐ 한국어를 좀 ☐ 주세요.

第33課 補助動詞を学ぶ

이름을 잊어 버렸습니다（名前を忘れてしまいました）

この課の学習ポイント

1. 主な補助動詞

　補助動詞は、３２課で紹介した「連用形＋보다～てみる」の보다のように、用言の連用形に後続してその用言にさまざまな意味をつけ加える役割をします。この課ではよく使われる補助動詞をいくつか紹介します。

① 지다　～くなる、になる、される
　　　많다　多い ⇒ 많아지다　多くなる
　　　세우다　建てる ⇒ 세워지다　建てられる

② 버리다　～てしまう
　　　되다　なる ⇒ 되어 버리다　なってしまう
　　　잃다　なくす ⇒ 잃어 버리다　なくしてしまう

③ 주다　～てあげる、てくれる
　　　가르치다　教える ⇒ 가르쳐 주다　教えてあげる、教えてくれる

④ 드리다　～てさしあげる
　　　안내하다　案内する ⇒ 안내해 드리다
　　　　　　　　　　　　案内してさしあげる、ご案内する

⑤ 하다　～がる、と思う（形容詞を動詞にする補助動詞）
　　　싫다　嫌だ ⇒ 싫어하다　嫌がる、嫌う

⑥ 있다　～ている（進行ではなく、結果の状態を表す）
　　　서다　立つ ⇒ 서 있다　立っている

⑦ 놓다/두다　～ておく
　　　쓰다　書く ⇒ 써 놓다　書いておく

（「連用形＋補助動詞」の中には、その組み合わせによって分かち書きするものと、分かち書きしないものがあるので注意してください）

| トレーニング・チェック：解答は 350 ページ |

新しい単語 前半　発音しながら3回ずつ書きましょう　　CD2-37

①성적	成績	_____	_____	_____
②꿈	夢	_____	_____	_____
③이루다	成す・遂げる	_____	_____	_____
④비다	空く	_____	_____	_____
⑤문화	文化	_____	_____	_____
⑥지우다	消す	_____	_____	_____
⑦잊다	忘れる	_____	_____	_____
⑧안내하다	案内する	_____	_____	_____
⑨소식	知らせ	_____	_____	_____
⑩죽다	死ぬ・枯れる	_____	_____	_____

語彙を増やそう！

1. 次の単語の意味を日本語で言ってください

　①이루다 _____　②지우다 _____
　③꿈 _____　④소식 _____
　⑤비다 _____　⑥잊다 _____
　⑦문화 _____　⑧죽다 _____
　⑨안내하다 _____　⑩성적 _____

2. 次の単語を韓国語で言ってください

　①忘れる _____　②文化 _____
　③成績 _____　④知らせ _____
　⑤空く _____　⑥夢 _____

トレーニング・チェック：解答は 350 ページ

⑦消す _____ ⑧死ぬ _____

⑨案内する _____ ⑩成す _____

基本文型の練習 A　例にならって文を作り、できあがった文の意味も書きなさい

1. 連用形＋지다

> 例　돈 / 없다 ⇒ 돈이 없어졌습니다（お金がなくなりました）

①성적 / 좋다 ⇒ _____ (　　　　　　)

②꿈 / 이루다 ⇒ _____ (　　　　　　)

③건물 / 만들다 ⇒ _____ (　　　　　　)

2. 連用形＋버리다

> 例　이름 / 잊다 ⇒ 이름을 잊어 버렸습니다.（名前を忘れてしまいました）

①개 / 죽다 ⇒ _____ (　　　　　　)

②글자 / 지우다 ⇒ _____ (　　　　　　)

③외국 / 가다 ⇒ _____ (　　　　　　)

3. 連用形＋주다 / 드리다

> 例1　동생 / 수학을 가르치다 ⇒
> 　동생에게 수학을 가르쳐 주었습니다（弟に数学を教えてあげました）
> 例2　선생님 / 사진을 보이다 ⇒
> 　선생님께 사진을 보여 드렸습니다
> 　　　　　（先生に写真を見せてさしあげました）

①아이 / 책을 읽다 ⇒ _____ (　　　　　　)

②친구 / 저녁을 사다 ⇒ _____ (　　　　　　)

> トレーニング・チェック：解答は 350 ページ

③아버님 / 서울을 안내하다 ⇒

　　　　　　　　　　＿＿＿＿＿＿＿＿＿＿（　　　　　　　　　　）

④나 / 여자 친구를 소개하다 ⇒

　　　　　　　　　　＿＿＿＿＿＿＿＿＿＿（　　　　　　　　　　）

⑤선생님 / 이 소식을 알다 ⇒

　　　　　　　　　　＿＿＿＿＿＿＿＿＿＿（　　　　　　　　　　）

新しい単語 後半　発音しながら３回ずつ書きましょう　🔊 CD2-38

①불안하다	不安だ
②빨다	洗濯する
③슬프다	悲しい
④들다	入る
⑤쓰이다	書かれる
⑥칠판	黒板
⑦미리	あらかじめ
⑧쌀	米
⑨유원지	遊園地
⑩어색하다	不自然だ・ぎこちない

語彙を増やそう！

1. 次の単語の意味を日本語で言ってください

①미리 ＿＿＿＿＿　　②칠판 ＿＿＿＿＿

③쓰이다 ＿＿＿＿＿　　④유원지 ＿＿＿＿＿

⑤어색하다 ＿＿＿＿＿　　⑥쌀 ＿＿＿＿＿

⑦슬프다 ＿＿＿＿＿　　⑧불안하다 ＿＿＿＿＿

> トレーニング・チェック：解答は 350 ページ

⑨들다 ＿＿＿＿＿＿＿＿ ⑩빨다 ＿＿＿＿＿＿＿＿

2. 次の単語を韓国語で言ってください

①遊園地 ＿＿＿＿＿＿＿＿ ②米 ＿＿＿＿＿＿＿＿

③ぎこちない ＿＿＿＿＿＿＿＿ ④入る ＿＿＿＿＿＿＿＿

⑤不安だ ＿＿＿＿＿＿＿＿ ⑥悲しい ＿＿＿＿＿＿＿＿

⑦書かれる ＿＿＿＿＿＿＿＿ ⑧洗濯する ＿＿＿＿＿＿＿＿

⑨あらかじめ ＿＿＿＿＿＿＿＿ ⑩黒板 ＿＿＿＿＿＿＿＿

基本文型の練習 B　例にならって文を作り、できあがった文の意味も書きなさい

1. 連用形＋하다

> 例　기쁘다 ⇒ 기뻐하다（うれしがる、喜ぶ）

①슬프다⇒ ＿＿＿＿＿＿＿＿＿＿（　　　　　　）

②재미있다⇒ ＿＿＿＿＿＿＿＿＿＿（　　　　　　）

③불안하다⇒ ＿＿＿＿＿＿＿＿＿＿（　　　　　　）

④어색하다⇒ ＿＿＿＿＿＿＿＿＿＿（　　　　　　）

⑤하고 싶다⇒ ＿＿＿＿＿＿＿＿＿＿（　　　　　　）

2. 連用形＋있다

> 例　의자에 앉다 ⇒ 의자에 앉아 있어요．（いすに座っています）

①가방 속에 들다⇒ ＿＿＿＿＿＿＿＿＿＿（　　　　　　）

②교실에 학생들이 남다⇒
＿＿＿＿＿＿＿＿＿＿（　　　　　　）

③칠판에 글자가 쓰이다⇒
＿＿＿＿＿＿＿＿＿＿（　　　　　　）

3. 連用形＋놓다 / 두다

> 例1　냉장고에 넣다 / 두다⇒
> 　　　냉장고에 넣어 두었습니다 （冷蔵庫に入れておきました）
> 例2　창문을 열다 / 놓다⇒
> 　　　창문을 열어 놓았습니다 （窓を開けておきました）

①편지를 쓰다 / 놓다⇒

　　　　＿＿＿＿＿＿＿＿＿＿＿＿＿＿（　　　　　　　　　　　）

②미리 전화를 걸다 / 두다⇒

　　　　＿＿＿＿＿＿＿＿＿＿＿＿＿＿（　　　　　　　　　　　）

③불을 끄다 / 놓다⇒

　　　　＿＿＿＿＿＿＿＿＿＿＿＿＿＿（　　　　　　　　　　　）

④쌀을 씻다 / 두다（씻다＝洗う）⇒

　　　　＿＿＿＿＿＿＿＿＿＿＿＿＿＿（　　　　　　　　　　　）

⑤옷을 빨다 / 놓다⇒

　　　　＿＿＿＿＿＿＿＿＿＿＿＿＿＿（　　　　　　　　　　　）

韓国語で言ってみましょう！　（語尾はすべてハムニダ体で）

①弟が遊園地に行きたがっています。＿＿＿＿＿＿＿＿＿＿＿＿＿＿＿

②あらかじめ切符を買っておきました。

　　　　　　　　　　　　　　　＿＿＿＿＿＿＿＿＿＿＿＿＿＿＿

③さいふをなくしてしまいました。　＿＿＿＿＿＿＿＿＿＿＿＿＿＿＿

④母は私のことばを信じてくれませんでした。

　　　　　　　　　　　　　　　＿＿＿＿＿＿＿＿＿＿＿＿＿＿＿

⑤食べ物がたくさん残っています。　＿＿＿＿＿＿＿＿＿＿＿＿＿＿＿

トレーニング・チェック：解答は350ページ

聞きとり CDを聞いて文を完成しましょう　　🔊 CD2-39

① 지갑을 ＿＿＿＿＿．
② 가방을 여기에 ＿＿＿＿．
③ 과자를 ＿＿＿＿＿＿．（과자＝お菓子）
④ 아버지는 이해 ＿＿ ＿＿ 거예요．（이해＝理解）
⑤ 밤이 ＿＿＿＿＿．
⑥ 꽃이 ＿＿ 있어요．
⑦ 음식이 ＿＿ 버렸습니다．
⑧ 창문을 ＿＿ 놓았어요．
⑨ 이름이 ＿＿ 있습니다．
⑩ 성적이 ＿＿＿＿．

第34課　用言の副詞形といくつかの副詞を学ぶ
필요 없게 되었습니다（要らなくなりました）

この課の学習ポイント

1. 用言を副詞形にする語尾～게

用言の語幹＋게　～く、に、ように
- 밝다 明るい ⇒ 밝게 明るく　정확하다 正確だ ⇒ 정확하게 正確に
- 만들다 作る ⇒ 만들게 作るように

게を使った文型
- ①～게 하다　～くする、にする、させる
- ②～게 되다　～くなる、になる、ようになる

2. 日本語の補助動詞に対応する副詞

日本語では補助動詞によって表すところを、韓国語では副詞を使って表現することがあります。

～し続ける	⇒계속 ～	（続けて～する）
～し終わる	⇒다 ～	（全部、すっかり～する）
～し間違える	⇒잘못 ～	（誤って～する）
～しあう	⇒서로 ～	（お互いに～する）
～し直す	⇒다시 ～	（もう一度～する）
～するのをやめる	⇒그만 ～	（その位で、そこそこに～する）
～しすぎる	⇒너무 ～	（あまりに～）

新しい単語 前半　発音しながら3回ずつ書きましょう　　🔊 CD2-40

①반갑다　　うれしい　＿＿＿＿＿　＿＿＿＿＿　＿＿＿＿＿
②가볍다　　軽い　　　＿＿＿＿＿　＿＿＿＿＿　＿＿＿＿＿

トレーニング・チェック：解答は350ページ

③교통　　　交通　　　　_____　　_____　　_____

④편리하다　便利だ　　　_____　　_____　　_____

⑤책임　　　責任　　　　_____　　_____　　_____

⑥느끼다　　感じる　　　_____　　_____　　_____

⑦기계　　　機械　　　　_____　　_____　　_____

⑧움직이다　動く・動かす

　　　　　　　　　　　　_____　　_____　　_____

⑨보통　　　普通　　　　_____　　_____　　_____

⑩자기　　　自分　　　　_____　　_____　　_____

語彙を増やそう！

1. 次の単語の意味を日本語で言ってください

　①책임 _____　　②가볍다 _____

　③편리하다 _____　　④자기 _____

　⑤반갑다 _____　　⑥기계 _____

　⑦느끼다 _____　　⑧보통 _____

　⑨교통 _____　　⑩움직이다 _____

2. 次の単語を韓国語で言ってください

　①便利だ _____　　②普通 _____

　③機械 _____　　④感じる _____

　⑤交通 _____　　⑥うれしい _____

　⑦軽い _____　　⑧責任 _____

　⑨動く _____　　⑩自分 _____

トレーニング・チェック：解答は 350 ページ

基本文型の練習 A　例にならって文を作り、できあがった文の意味も書きなさい

1. **語幹＋게 하다**

> 例　아이들 / 기쁘다 ⇒ 아이들을 기쁘게 했습니다
> 　　　　　　　　　　　（子供たちを喜ばせました）

①손님 / 기다리다 ⇒ _____（　　　　　）

②방 / 시원하다 ⇒ _____（　　　　　）

③짐 / 가볍다 ⇒ _____（　　　　　）

④음악 소리 / 작다 ⇒ _____（　　　　　）

⑤부모님 / 슬프다 ⇒ _____（　　　　　）

2. **語幹＋게 되다**

> 例　이제 / 필요 없다 ⇒
> 　이제 필요 없게 되었습니다．（もう要らなくなりました）

①교통 / 편리하다 ⇒ _____（　　　　　）

②책임 / 느끼다 ⇒ _____（　　　　　）

③그 사람 / 알다 ⇒ _____（　　　　　）

④기계 / 움직이지 않다 ⇒ _____（　　　　　）

⑤약속 / 지키지 못하다 ⇒ _____（　　　　　）

3. **語幹＋게**　下の5つから適当な形容詞を選び、「語幹＋게」の形にして下線部に入れなさい。また、できあがった文の意味も書きなさい

깨끗하다	크다	반갑다	재미있다	맛있다

①영화를 _____ 봤어요．　（　　　　　）

②친구를 _____ 만났어요．　（　　　　　）

トレーニング・チェック：解答は351ページ

③밥을 _____ 먹었어요．（　　　　　　　　　）

④방을 _____ 청소했어요．（　　　　　　　　　）

⑤글자를 _____ 썼습니다．（　　　　　　　　　）

新しい単語 後半　発音しながら3回ずつ書きましょう　🔊CD2-41

① 계속　続けて・ずっと　_____　_____　_____

② 아무것도　何も　_____　_____　_____

③ 한숨 (을 쉬다)

　　　　ため息（をつく）　_____　_____　_____

④ 집세　　家賃　_____　_____　_____

⑤ 이만　　このくらいで　_____　_____　_____

⑥ 잘못　　誤って・過ち　_____　_____　_____

⑦ 기분　　気分　_____　_____　_____

⑧ 행방　　行方　_____　_____　_____

⑨ 협력하다　協力する　_____　_____　_____

⑩ 싸우다　けんかする　_____　_____　_____

語彙を増やそう！

1. 次の単語の意味を日本語で言ってください

① 한숨 _____　　② 싸우다 _____

③ 기분 _____　　④ 잘못 _____

⑤ 행방 _____　　⑥ 협력하다 _____

⑦ 계속 _____　　⑧ 이만 _____

⑨ 아무것도 _____　　⑩ 집세 _____

トレーニング・チェック：解答は 351 ページ

2. 次の単語を韓国語で言ってください

①家賃 ＿＿＿＿＿＿＿　　②何も ＿＿＿＿＿＿＿
③このくらいで ＿＿＿＿＿　　④気分 ＿＿＿＿＿＿＿
⑤協力する ＿＿＿＿＿＿　　⑥続けて ＿＿＿＿＿＿
⑦行方 ＿＿＿＿＿＿＿　　⑧けんかする ＿＿＿＿＿
⑨ため息 ＿＿＿＿＿＿　　⑩誤って ＿＿＿＿＿＿

基本文型の練習 B　日本語訳と同じになるよう、下の副詞から適当なものを選び下線部に書きなさい

| 계속 | 그만/이만 | 너무 | 다 | 다시 | 서로 | 잘못 |

①전화를 ＿＿＿＿＿ 걸었어요．（電話をかけまちがえました）
②비가 ＿＿＿＿＿ 오고 있습니다．（雨が降り続いています）
③한숨을 ＿＿＿＿＿ 쉬세요．（ため息はそのくらいで止めてください）
④소설을 ＿＿＿＿＿ 읽었습니다．（小説を読み終えました）
⑤부부가 ＿＿＿＿＿ 사랑합니다．（夫婦は愛し合っています）
⑥그럼 ＿＿＿＿＿ 쓰겠습니다．（ではこのへんで筆をおきます）
⑦교과서를 ＿＿＿＿＿ 읽으세요．（教科書を読み直してください）
⑧버스를 ＿＿＿＿＿ 타지 마세요．（バスを乗り間違えないでください）
⑨술을 ＿＿＿＿＿ 마시지 마세요．（お酒を飲みすぎないでください）
⑩행방을 ＿＿＿＿＿ 찾았습니다．（行方を探し続けました）

韓国語で言ってみましょう！　（語尾はすべてヘヨ体で）

①家賃をもっと安くしてください。　＿＿＿＿＿＿＿＿＿＿＿
②気分がとても良くなりました。　＿＿＿＿＿＿＿＿＿＿＿
③字を書き間違えました。　＿＿＿＿＿＿＿＿＿＿＿

トレーニング・チェック：解答は351ページ

④お酒はそのへんでやめてください。＿＿＿＿＿＿＿＿＿

⑤自分の国のことばを教えあっています。
＿＿＿＿＿＿＿＿＿＿＿＿＿＿＿＿＿

聞きとり　CDを聞いて文を完成しましょう　🔊 CD2-42

① 만화만 [　　] 보고 있어요 .
② 숙제는 [　　] 했어요 ?
③ 기분을 [　　] 해 버렸습니다 .
④ 영화를 [　　] 봤습니다 .
⑤ 길을 [　　] 들었어요 .
⑥ 옷이 [　　] 커요 .
⑦ 작문을 [　　] 썼습니다 .
⑧ 두 나라가 서로 [　　] 있어요 .
⑨ [　　] 싸우세요 .
⑩ 생활이 아주 [　　] 됐어요 .

第35課　動詞の連体形を学ぶ

책을 읽는 학생（本を読んでいる学生）

この課の学習ポイント

1. 動詞の連体形

　用言が名詞を修飾する形を連体形といいます。日本語の動詞は文末でも連体形でも同じ形を使いますが、韓国語の連体形はこれまでの活用形や原形とはまったく違う形をとります。またこれまで用言を活用させる上で動詞と形容詞を区別してきませんでしたが、連体形の場合動詞（＋存在詞있다/없다）と形容詞（＋指定詞이다/아니다）で異なった語尾をつけます。この課では動詞と存在詞の連体形のみを扱います。

2. 現在・過去・未来の連体形

　韓国語の連体形は現在、過去、未来の３つの形があります。

① 現在の連体形　　　語幹 ＋ 는（ㄹ語幹はㄹが消える）

　　먹다 食べる　⇒　먹는 사람　食べている人

　　울다 泣く　　⇒　우는 사람　泣いている人

② 過去の連体形　　　母音語幹、ㄹ語幹 ＋ ㄴ（ㄹ語幹はㄹが消える）

　　　　　　　　　　子音語幹＋은

　　보다 見る　　⇒　본 것　見たもの

　　만들다 作る　⇒　만든 것　作ったもの

　　먹다 食べる　⇒　먹은 것　食べたもの

　（ただし、存在詞있다/없다の過去の連体形は普通있은/없은という形を使わず、過去の回想を表す～(았/었)던という連体形語尾をつけて있(었)던/없(었)던になります。）

③ 未来の連体形　　　母音語幹、ㄹ語幹 ＋ ㄹ（ㄹ語幹はㄹが消える）

　　　　　　　　　　子音語幹　　 ＋ 을

　　보다　見る　⇒　볼 것　見る（べき）もの

トレーニング・チェック：解答は351ページ

만들다　作る　⇒　만들 예정　作る予定
먹다　食べる　⇒　먹을 필요　食べる必要

新しい単語 前半　発音しながら3回ずつ書きましょう　🔊CD2-43

① 항구　　港
② 프로　　番組
③ 떡　　　もち
④ 구경　　見物
⑤ 가게　　店
⑥ 열쇠　　鍵
⑦ 전쟁　　戦争
⑧ 상자　　箱
⑨ 방법　　方法
⑩ 결혼식　結婚式

語彙を増やそう！

1. 次の単語の意味を日本語で言ってください

① 결혼식　　　　　② 가게
③ 전쟁　　　　　　④ 항구
⑤ 프로　　　　　　⑥ 열쇠
⑦ 상자　　　　　　⑧ 떡
⑨ 구경　　　　　　⑩ 방법

2. 次の単語を韓国語で言ってください

① 見物　　　　　　② 方法

トレーニング・チェック：解答は 351 ページ

③鍵　　＿＿＿＿＿＿＿　　④結婚式　＿＿＿＿＿＿＿

⑤戦争　＿＿＿＿＿＿＿　　⑥港　　　＿＿＿＿＿＿＿

⑦もち　＿＿＿＿＿＿＿　　⑧箱　　　＿＿＿＿＿＿＿

⑨番組　＿＿＿＿＿＿＿　　⑩店　　　＿＿＿＿＿＿＿

基本文型の練習 A　例にならって文を作り、できあがった文の意味も書きなさい

1. 現在の連体形

> 例　책을 읽다 + 학생 ⇒ 책을 읽는 학생　（本を読んでいる学生）

①항구로 가다 + 버스 ⇒ ＿＿＿＿＿＿＿＿＿（　　　　　　　）

②잘 알다 + 사람 ⇒ ＿＿＿＿＿＿＿＿＿（　　　　　　　）

③한복을 입다 + 방법 ⇒ ＿＿＿＿＿＿＿＿＿（　　　　　　　）

④재미있다 + 프로 ⇒ ＿＿＿＿＿＿＿＿＿（　　　　　　　）

⑤떡을 팔다 + 가게 ⇒ ＿＿＿＿＿＿＿＿＿（　　　　　　　）

2. 過去の連体形

> 例　친구에게 보내다 + 편지 ⇒ 친구에게 보낸 편지　（友達に送った手紙）

①아까 하다 + 말 ⇒ ＿＿＿＿＿＿＿＿＿（　　　　　　　）

②내가 만들다 + 음식 ⇒ ＿＿＿＿＿＿＿＿＿（　　　　　　　）

③작년에 쓰다 + 작문 ⇒ ＿＿＿＿＿＿＿＿＿（　　　　　　　）

④전쟁에서 죽다 + 사람 ⇒ ＿＿＿＿＿＿＿＿＿（　　　　　　　）

⑤아이가 잡다 + 벌레 ⇒ ＿＿＿＿＿＿＿＿＿（　　　　　　　）

3. 次のフレーズを日本語にしなさい

①편지를 쓰는 학생 ⇒ （　　　　　　　　　　）

トレーニング・チェック：解答は 351 ページ

②저녁을 먹은 가게 ⇒ (　　　　　　　　　)

③일본에서 온 사람 ⇒ (　　　　　　　　　)

④상자를 만드는 방법 ⇒ (　　　　　　　　　)

⑤결혼식에서 입은 한복 ⇒ (　　　　　　　　　)

新しい単語 後半 発音しながら3回ずつ書きましょう　　🔊CD2-44

①회의	会議	_____	_____	_____
②열리다	開かれる	_____	_____	_____
③예정	予定	_____	_____	_____
④가능성	可能性	_____	_____	_____
⑤끊다	絶つ・断つ	_____	_____	_____
⑥뜻	意味・意図	_____	_____	_____
⑦단어	単語	_____	_____	_____
⑧돌려주다	返す	_____	_____	_____
⑨마침	ちょうど・あいにく	_____	_____	_____
⑩옛날	昔	_____	_____	_____

語彙を増やそう！

1. 次の単語の意味を日本語で言ってください

①뜻 _____　　②마침 _____

③단어 _____　　④옛날 _____

⑤회의 _____　　⑥열리다 _____

⑦가능성 _____　　⑧끊다 _____

⑨돌려주다 _____　　⑩예정 _____

トレーニング・チェック：解答は 351 ページ

2. 次の単語を韓国語で言ってください

①ちょうど _____　②意味 _____

③返す _____　④会議 _____

⑤可能性 _____　⑥予定 _____

⑦開かれる _____　⑧単語 _____

⑨昔 _____　⑩断つ _____

基本文型の練習 B　例にならって文を作り、できあがった文の意味も書きなさい

1. 未来の連体形

> 例　한국에 가다 + 예정 ⇒ 한국에 갈 예정（韓国に行く予定）

①내일 만나다 + 사람⇒ _____

　　　(　　　　　　　　　　)

②회의가 열리다 + 예정⇒ _____

　　　(　　　　　　　　　　)

③전쟁이 일어나다 + 가능성⇒ _____

　　　(　　　　　　　　　　)

④혼자서 살다 + 계획⇒ _____

　　　(　　　　　　　　　　)

⑤오늘 하다 + 일⇒ _____

　　　(　　　　　　　　　　)

2. 連体形の使い分け

(　) の中の動詞を文の内容にあった時制の連体形に変えなさい

> 例　어제 (열리다 ⇒ 열린) 회의에는 참석하지 않았습니다 .
> 　　　　(昨日開かれた会議には参加しませんでした)

トレーニング・チェック：解答は351ページ

①담배를 (끊다 ⇒   ) 생각은 없어요 ?
                (   )

②뜻을 (모르다 ⇒   ) 단어가 많이 있었습니다 .
                (   )

③친구에게 (빌리다 ⇒   ) 책을 돌려 주었어요 .
                (   )

④바빠서 (쉬다 ⇒   ) 시간도 없어요 .
                (   )

⑤마침 (비다 ⇒   ) 자리가 하나도 없었습니다 .
                (   )

3. 次のフレーズを日本語にしなさい

①서울에 사시는 할아버지 ⇒ (   )
②담배를 끊으신 아버지 ⇒ (   )
③결혼식에 오실 분 ⇒ (   )
④술을 팔지 않는 가게 ⇒ (   )
⑤아직 결혼하지 않은 사람 ⇒ (   )

韓国語で言ってみましょう！　（語尾はすべてヘヨ体で）

①さっき見た番組は面白かったです。＿＿＿＿＿＿＿＿＿
②開いている店を探しました。＿＿＿＿＿＿＿＿＿
③言うべきことばがありませんでした。＿＿＿＿＿＿＿＿＿
④雨が降る可能性はありません。＿＿＿＿＿＿＿＿＿
⑤まだ読んでいない本を返しました。＿＿＿＿＿＿＿＿＿

聞きとり　CDを聞いて文を完成しましょう　　🔊 CD2-45

① 이것은 [　　　] 책입니다.
② [　　] 방이 있습니까?
③ 떡을 [　　] 사람.
④ 내일 [　　] 분.
⑤ 전쟁이 일어날 [　　].
⑥ 술을 [　　] 가게.
⑦ [　　] 에서 한 말.
⑧ 한국에 갈 [　　].
⑨ 한복을 [　　] 사람
⑩ 버스를 타는 [　　].

第36課　ㄷ変則とㅅ変則を学ぶ
음악을 들어요（音楽を聞きます）

この課の学習ポイント

1. ㄷ変則用言

語幹がㄷパッチムで終わる用言のうち、母音の前でㄷがㄹに変化する用言をㄷ変則用言と言います。

(ㄷ変則用言)　듣다 聞く　묻다 尋ねる　싣다 載せる
　　　　　　　걷다 歩く　깨닫다 気づく

걷다：걷 + 어요 ⇒ 걸어요　　듣다：듣 + 으세요 ⇒ 들으세요

語幹がㄷパッチムで終わる用言でも、変則用言でない正則用言は語幹末のㄷが変化しません。

(正則用言)　받다 受け取る　닫다 閉める　묻다 埋める　굳다 固い

2. ㅅ変則用言

語幹がㅅパッチムで終わる用言のうち、母音の前でㅅが消える用言をㅅ変則用言と言います。

(ㅅ変則用言)　낫다 治る　잇다 つなぐ　짓다 作る　젓다 かきまぜる
　　　　　　　붓다 注ぐ

젓다：젓 + 어요 ⇒ 저어요　　붓다：붓 + 으세요 ⇒ 부으세요

(語幹と語尾間で母音が連続しても、ㅅ変則の場合は縮約が起こりません) 語幹がㅅパッチムで終わる用言でも、変則用言でない正則用言の語幹末のㅅは消えません。

(正則用言)　씻다 洗う　웃다 笑う　벗다 脱ぐ　빼앗다 奪う

> トレーニング・チェック：解答は 352 ページ

新しい単語 前半　発音しながら3回ずつ書きましょう　🔊CD2-46

① 애인　　　恋人　　　　　　＿＿＿＿＿＿　＿＿＿＿＿＿　＿＿＿＿＿＿

② 들다　　　(費用が)かかる　＿＿＿＿＿＿　＿＿＿＿＿＿　＿＿＿＿＿＿

③ 묻다　　　尋ねる　　　　　＿＿＿＿＿＿　＿＿＿＿＿＿　＿＿＿＿＿＿

④ 싣다　　　載せる　　　　　＿＿＿＿＿＿　＿＿＿＿＿＿　＿＿＿＿＿＿

⑤ 걷다　　　歩く　　　　　　＿＿＿＿＿＿　＿＿＿＿＿＿　＿＿＿＿＿＿

⑥ 거리　　　街・通り　　　　＿＿＿＿＿＿　＿＿＿＿＿＿　＿＿＿＿＿＿

⑦ 완전히　　完全に　　　　　＿＿＿＿＿＿　＿＿＿＿＿＿　＿＿＿＿＿＿

⑧ 목소리　　声　　　　　　　＿＿＿＿＿＿　＿＿＿＿＿＿　＿＿＿＿＿＿

⑨ 기사　　　記事　　　　　　＿＿＿＿＿＿　＿＿＿＿＿＿　＿＿＿＿＿＿

⑩ 마음에 들다　気に入る　　 ＿＿＿＿＿＿　＿＿＿＿＿＿　＿＿＿＿＿＿

語彙を増やそう！

1. 次の単語の意味を日本語で言ってください

① 기사　　　＿＿＿＿＿＿　　② 완전히　　＿＿＿＿＿＿

③ 애인　　　＿＿＿＿＿＿　　④ 마음에 들다　＿＿＿＿＿＿

⑤ 묻다　　　＿＿＿＿＿＿　　⑥ 거리　　　＿＿＿＿＿＿

⑦ 들다　　　＿＿＿＿＿＿　　⑧ 싣다　　　＿＿＿＿＿＿

⑨ 걷다　　　＿＿＿＿＿＿　　⑩ 목소리　　＿＿＿＿＿＿

2. 次の単語を韓国語で言ってください

① 通り　　　　　＿＿＿＿＿＿　　② 声　　　　＿＿＿＿＿＿

③ 載せる　　　　＿＿＿＿＿＿　　④ 完全に　　＿＿＿＿＿＿

⑤ 歩く　　　　　＿＿＿＿＿＿　　⑥ 記事　　　＿＿＿＿＿＿

⑦ 恋人　　　　　＿＿＿＿＿＿　　⑧ 気に入る　＿＿＿＿＿＿

⑨ (費用が)かかる＿＿＿＿＿＿　　⑩ 尋ねる　　＿＿＿＿＿＿

トレーニング・チェック：解答は352ページ

基本文型の練習A

1．次の活用表を埋めなさい

	ハムニダ体 〜습니다	ヘヨ体 〜어요	敬語＋ヘヨ体 〜으세요
듣다(聞く)			
싣다(載せる)			
묻다(尋ねる)			

	現在連体形 〜는	過去連体形 〜은	未来連体形 〜을
듣다(聞く)			
싣다(載せる)			
묻다(尋ねる)			

2．次の活用形の原形に丸をつけなさい（どちらとも考えられる場合は両方に丸をしてください）

①들은 (듣다 / 들다)　　②들까요 (듣다 / 들다)
③들었어요 (듣다 / 들다)　　④들으려고 (듣다 / 들다)
⑤들고 (듣다 / 들다)　　⑥걸어 보세요 (걷다 / 걸다)
⑦걸을 (걷다 / 걸다)　　⑧걸러 가다 (걷다 / 걸다)
⑨거는 (걷다 / 걸다)　　⑩걸으세요 (걷다 / 걸다)

3．次の文を日本語にしなさい

①마음에 드는 것이 있으세요？⇒（　　　　　　　　）
②이번 여행에 돈이 많이 들었어요．⇒（　　　　　　　　）
③전화를 잘못 거셨습니다．⇒（　　　　　　　　）
④경제학 수업을 들으세요？⇒（　　　　　　　　）
⑤1시간쯤 계속 걸었습니다．⇒（　　　　　　　　）

トレーニング・チェック：解答は352ページ

新しい単語 後半 発音しながら3回ずつ書きましょう　　　🔊CD2-47

① 낫다　治る・ましだ　　＿＿＿＿＿　＿＿＿＿＿　＿＿＿＿＿
② 짓다　作る　　＿＿＿＿＿　＿＿＿＿＿　＿＿＿＿＿
③ 지다　負ける・負う・散る　　＿＿＿＿＿　＿＿＿＿＿　＿＿＿＿＿
④ 병　病気　　＿＿＿＿＿　＿＿＿＿＿　＿＿＿＿＿
⑤ 열　熱　　＿＿＿＿＿　＿＿＿＿＿　＿＿＿＿＿
⑥ 고장이 나다　故障する（直訳は「故障が出る」）
　　＿＿＿＿＿　＿＿＿＿＿　＿＿＿＿＿
⑦ 잇다　つなぐ・継ぐ　　＿＿＿＿＿　＿＿＿＿＿　＿＿＿＿＿
⑧ 줄　列・ひも　　＿＿＿＿＿　＿＿＿＿＿　＿＿＿＿＿
⑨ 젓다　かきまぜる・漕ぐ　　＿＿＿＿＿　＿＿＿＿＿　＿＿＿＿＿
⑩ 병이 들다　病気になる　　＿＿＿＿＿　＿＿＿＿＿　＿＿＿＿＿

語彙を増やそう！

1. 次の単語の意味を日本語で言ってください

①고장이 나다　＿＿＿＿＿　　②젓다　＿＿＿＿＿
③열　＿＿＿＿＿　　④잇다　＿＿＿＿＿
⑤짓다　＿＿＿＿＿　　⑥줄　＿＿＿＿＿
⑦병　＿＿＿＿＿　　⑧낫다　＿＿＿＿＿
⑨병이 들다　＿＿＿＿＿　　⑩지다　＿＿＿＿＿

2. 次の単語を韓国語で言ってください

①列・ひも　＿＿＿＿＿　　②治る　＿＿＿＿＿
③つなぐ　＿＿＿＿＿　　④負ける　＿＿＿＿＿
⑤故障する　＿＿＿＿＿　　⑥病気になる　＿＿＿＿＿
⑦熱　＿＿＿＿＿　　⑧作る　＿＿＿＿＿
⑨病気　＿＿＿＿＿　　⑩かきまぜる　＿＿＿＿＿

トレーニング・チェック：解答は352ページ

基本文型の練習B

1. 次の活用表を埋めなさい

	ハムニダ体 〜습니다	ヘヨ体 〜어요	敬語＋ヘヨ体 〜으세요
낫다(治る)			
잇다(つなぐ)			
젓다(かきまぜる)			
	現在連体形 〜는	過去連体形 〜은	未来連体形 〜을
낫다(治る)			
잇다(つなぐ)			
젓다(かきまぜる)			

2. 次の活用形の原形に丸をつけなさい（どちらとも考えられる場合は両方に丸をしてください）

①나은 (낫다 / 나다)　　②나아요 (낫다/ 나다)
③났습니다 (낫다/ 나다)　　④나는 (낫다 / 나다)
⑤이어요 (잇다 / 이다)　　⑥이세요 (잇다 / 이다)
⑦지을 (짓다/ 지다)　　⑧졌습니다 (짓다 / 지다)
⑨지어 (짓다 / 지다)　　⑩지으려고 (짓다 / 지다)

3. 次の文を日本語にしなさい

①감기는 나았어요？ ⇒ (　　　　　　　　　　　　)
②열이 났어요． ⇒ (　　　　　　　　　　　　)
③책임을 질 사람은 저예요．
　　　　　⇒ (　　　　　　　　　　　　)
④이 밥을 지은 사람은 누구예요？
　　　　　⇒ (　　　　　　　　　　　　)
⑤시합에 져 버렸어요．
　　　　　⇒ (　　　　　　　　　　　　)

トレーニング・チェック：解答は 352 ページ

韓国語で言ってみましょう！ （語尾はすべてヘヨ体で）

①音楽でも聞きましょうか。＿＿＿＿＿＿＿＿＿＿＿＿＿＿＿

②人々は列を作って待っていました。＿＿＿＿＿＿＿＿＿＿＿

③ひもを長くつなぎました。＿＿＿＿＿＿＿＿＿＿＿＿＿＿＿

④病気がまだ治りません。＿＿＿＿＿＿＿＿＿＿＿＿＿＿＿＿

⑤知らない人に道を尋ねてみました。＿＿＿＿＿＿＿＿＿＿＿

聞きとり CDを聞いて文を完成しましょう　　　　🔊 CD2-48

①한국 노래를 ＿＿＿＿＿＿＿ ?

②돈이 많이 ＿＿＿＿＿＿ .

③시합에서 ＿＿＿＿＿＿ .

④내가 이 밥을 ＿＿＿＿＿＿＿ .

⑤병이 ＿＿＿＿＿＿ ?

⑥선생님께 ＿＿＿＿＿ ＿＿＿＿＿＿ .

⑦꽃이 ＿＿＿＿＿ 졌습니다 .

⑧고장이 ＿＿ 컴퓨터 .

⑨숟가락으로 커피를 ＿＿＿＿＿＿＿ .

⑩경제학 수업을 ＿＿＿＿＿＿＿ ?

第37課　形容詞の連体形とㅂ変則を学ぶ

날씨가 추워요（寒いです）

この課の学習ポイント

1. 形容詞の連体形

　形容詞を名詞の前において使う時も、動詞と同様連体形にしなければなりません。動詞の現在連体形を作る語尾はㄴでしたが、形容詞と指定詞の連体形は語幹にㄴ/은をつけて作ります（ㄹ語幹のㄹは消えます）。

　　싸다　安い ＋ 것 もの ⇒ 싼 것　安いもの
　　작다　小さい ＋ 집 家 ⇒ 작은 집　小さい家
　　길다　長い ＋ 치마 スカート ⇒ 긴 치마　長いスカート

　また形容詞・指定詞の過去連体形は、存在詞同様「語幹＋(았/었)던」という形になります。

2. ㅂ変則用言

　語幹がㅂで終わる形容詞のほとんどといくつかの動詞は不規則な活用をするのですが、これらの用言をㅂ変則用言と呼びます。ㅂ変則用言がどのように変則を起こすかは、으が後続する場合と아/어が後続する場合で少し違います。

① 으が後続する場合： ㅂ ＋ 으 ⇒ 우
　例　가깝다　近い　나라　国 ⇒ 가깝+은　나라 ⇒ 가까운 나라
　　　近い国

② 아/어が後続する場合： ㅂ ＋ 아/어 ⇒ 워
　例　가깝다 ＋ 아요 ⇒ 가까워요　近いです

（ただし、形容詞の「곱다 きれいだ」動詞の「돕다 助ける」は例外的に、곱다+아⇒고와、돕다+아 ⇒도와となる）

語幹がㅂで終わっていても正則用言なら、上のような変化を起こしません。

　（正則用言）　좁다　狭い　잡다　捕まえる　굽다　曲がる
　　　　　　　뽑다　抜き取る・選ぶ　집다 つまむ　업다　負う

| トレーニング・チェック：解答は352ページ |

新しい単語 前半　発音しながら3回ずつ書きましょう　🔊 CD2-49

① 넓다　　広い　　_____　　_____　　_____
② 좁다　　狭い　　_____　　_____　　_____
③ 그리고　そして・それから _____　　_____　　_____
④ 가깝다　近い　　_____　　_____　　_____
⑤ 어렵다　難しい　_____　　_____　　_____
⑥ 쉽다　　易しい　_____　　_____　　_____
⑦ 사랑하다 愛している _____　　_____　　_____
⑧ 눈　　　目　　　_____　　_____　　_____
⑨ 곳　　　ところ　_____　　_____　　_____
⑩ 길　　　道　　　_____　　_____　　_____

語彙を増やそう！

1. 次の単語の意味を日本語で言ってください

　①눈　_____　　②길　_____
　③쉽다　_____　　④사랑하다　_____
　⑤그리고　_____　　⑥넓다　_____
　⑦곳　_____　　⑧어렵다　_____
　⑨가깝다　_____　　⑩좁다　_____

2. 次の単語を韓国語で言ってください

　①ところ　_____　　②難しい　_____
　③近い　_____　　④目　_____
　⑤狭い　_____　　⑥道　_____
　⑦広い　_____　　⑧そして　_____
　⑨易しい　_____　　⑩愛している　_____

> トレーニング・チェック：解答は 352 ページ

基本文型の練習 A　例にならって文を作り、できあがった文の意味も書きなさい

１．形容詞の連体形

| 例　좋다 + 날씨 ⇒ <u>좋은 날씨</u>　（いい天気） |

① 많다 + 사람 ⇒ _____（　　　　　）
② 크다 + 집 ⇒ _____（　　　　　）
③ 작다 + 문제 ⇒ _____（　　　　　）
④ 넓다 + 방 ⇒ _____（　　　　　）
⑤ 길다 + 머리 ⇒ _____（　　　　　）

２．形容詞の連体形（ㅂ変則＋正則）

| 例　춥다 + 날 ⇒ <u>추운 날</u>　（寒い日） |

① 어렵다 + 문제 ⇒ _____（　　　　　）
② 덥다 + 날 ⇒ _____（　　　　　）
③ 가깝다 + 곳 ⇒ _____（　　　　　）
④ 좁다 + 길 ⇒ _____（　　　　　）
⑤ 쉽다 + 일 ⇒ _____（　　　　　）

新しい単語 後半　発音しながら３回ずつ書きましょう　🔊CD2-50

① 시끄럽다　うるさい　_____　_____　_____
② 곱다　美しい　_____　_____　_____
③ 새롭다　新しい　_____　_____　_____
④ 높다　高い　_____　_____　_____
⑤ 고향　故郷　_____　_____　_____
⑥ 소리　音・声　_____　_____　_____

トレーニング・チェック：解答は352ページ

⑦생기다　生じる　_____　_____　_____
⑧글　文　_____　_____　_____
⑨얼굴　顔　_____　_____　_____
⑩생각보다　思ったより　_____　_____　_____

語彙を増やそう！

1. 次の単語の意味を日本語で言ってください

　①얼굴　_____　②높다　_____
　③글　_____　④생기다　_____
　⑤고향　_____　⑥곱다　_____
　⑦시끄럽다　_____　⑧생각보다　_____
　⑨새롭다　_____　⑩소리　_____

2. 次の単語を韓国語で言ってください

　①生じる　_____　②故郷　_____
　③高い　_____　④音・声　_____
　⑤文　_____　⑥うるさい　_____
　⑦新しい　_____　⑧思ったより　_____
　⑨顔　_____　⑩美しい　_____

基本文型の練習B　例にならって文を作り、できあがった文の意味も書きなさい

1. 形容詞のヘヨ体（ㅂ変則＋正則）

> 例　덥습니까？⇒ 네, <u>좀 더워요</u>. （はい、ちょっと暑いです）

　①맵습니까？ ⇒ 네, _____（　　　　　　　　　）
　②시끄럽습니까？ ⇒ 네, _____（　　　　　　　　　）

トレーニング・チェック：解答は 353 ページ

③어렵습니까? ⇒ 네, _____ (　　　　　　　)

④춥습니까? ⇒ 네, _____ (　　　　　　　)

⑤좁습니까? ⇒ 네, _____ (　　　　　　　)

2．形容詞のヘヨ体と連体形

> 例　문제가 어렵다 ⇒ 문제가 어려워요?　（問題が難しいですか）
>   　　　　　　　　네, 아주 어려운 문제예요.
>   　　　　　　　　　　　（はい、とても難しい問題です）

①기분이 좋다 ⇒ _____ (　　　　　　　)

　　네, _____ (　　　　　　　)

②꽃이 곱다 ⇒ _____ (　　　　　　　)

　　네, _____ (　　　　　　　)

③소리가 크다 ⇒ _____ (　　　　　　　)

　　네, _____ (　　　　　　　)

④방이 새롭다 ⇒ _____ (　　　　　　　)

　　네, _____ (　　　　　　　)

⑤이야기가 길다 ⇒ _____ (　　　　　　　)

　　네, _____ (　　　　　　　)

3．形容詞の過去形

> 例　문제가 어렵다 ⇒ 문제가 어려웠어요.　（問題が難しかったです）

①머리가 길다 ⇒ _____ (　　　　　　　)

②날씨가 춥다 ⇒ _____ (　　　　　　　)

③얼굴이 곱다 ⇒ _____ (　　　　　　　)

④머리가 아프다 ⇒ _____ (　　　　　　　)

⑤음악 소리가 시끄럽다 ⇒ _____ (　　　　　　　)

> トレーニング・チェック:解答は 353 ページ

韓国語で言ってみましょう！　(語尾はすべてヘヨ体で)

①辛い食べ物はお好きですか。＿＿＿＿＿＿＿＿＿＿＿＿＿＿＿

②韓国はとても寒かったです。＿＿＿＿＿＿＿＿＿＿＿＿＿＿＿

③大きいのより小さいのの方が新しいです。＿＿＿＿＿＿＿＿＿

④遠いところからよくいらっしゃいました。＿＿＿＿＿＿＿＿＿

⑤思ったより難しい問題が多かったです。＿＿＿＿＿＿＿＿＿＿

聞きとり　CDを聞いて文を完成しましょう　　　🔊 CD2-51

① 시험이 ＿＿＿＿＿ .

② ＿＿＿＿＿ 문제가 생겼습니다 .

③ 음식이 너무 ＿＿＿＿＿ .

④ ＿＿＿ ＿＿＿ 썼습니다

⑤ 기분이 ＿＿＿＿＿ .

⑥ 아주 ＿＿＿＿＿ 사람이에요 .

⑦ ＿＿＿ 소설을 읽었어요 .

⑧ 옆방이 너무 ＿＿＿＿＿ .

⑨ ＿＿＿ 소식이 왔습니다 .

⑩ 여기서 ＿＿＿＿＿ ?

第38課　ㅎ変則、르変則、ㄹ語幹を学ぶ

노래를 불러요 （歌を歌います）

この課の学習ポイント

1. ㅎ変則用言

　語幹がㅎパッチムで終わる用言のうち、母音の前で次のような変化を起こすものがあり、このような用言をㅎ変則用言と言います。

　ㅎ ＋ 으 ⇒ ㅎ ＋ 으 が消える
　ㅎ ＋ 아/어 ⇒ ㅎが消え、語幹末母音＋아/어がㅐに変化する
　　　　　（ただし語幹末母音がㅏの時はㅐ、ㅓの時はㅖに変化する）
　ㅎ変則用言のグループは「こ、そ、あ、ど」の形容詞と、色の形容詞から成っています。

　（ㅎ変則用言）이렇다 こうだ 그렇다 そうだ 저렇다 ああだ 어떻다 どうだ
　까맣다　黒い 하얗다 白い 빨갛다 赤い 노랗다 黄色い　파랗다 青い
　까맣다：까맣 ＋ 은 ⇒ 까만　　그렇다：그렇 ＋ 으세요 ⇒ 그러세요
　이렇다：이렇 ＋ 어요 ⇒ 이래요　　하얗다：하얗 ＋ 아요 ⇒ 하얘요
　ただし語幹がㅎパッチムで終わる動詞と「좋다 良い」は正則用言です。
　（正則用言）좋다　良い 넣다　入れる 놓다　置く 쌓다　積む

2. 르変則用言

　語幹が르で終わる用言のうち、아/어をつけて連用形にした時次のような変化がおきるものを르変則用言と言います

　르 ＋ 아/어 ⇒ ㄹ라/ㄹ러
　（르変則用言）모르다　知らない 부르다　呼ぶ 누르다　押す、押さえる 고르다　選ぶ 찌르다　刺す 자르다　切る 흐르다　流れる 기르다　育てる 나르다　運ぶ 가르다　分ける 오르다　上がる 서두르다　急ぐ 빠르다　速い 다르다　違う
　모르다：모르 ＋ 아요 ⇒ 몰라요　　흐르다：흐르 ＋ 어요 ⇒ 흘러요
　（陰陽の判断は一で終わる으語幹同様、르のひとつ手前に陽母音があれば陽

トレーニング・チェック：

母音語幹となります）

語幹が르で終わる用言の中には、変則用言でない으語幹や러変則用言もあります。

（으語幹） 따르다 従う 치르다 支払う

（러変則用言） 이르다 到る 푸르다 青い 누르다 黄色い

（러変則用言は、르＋아/어⇒르러と変化します）

3．ㄹ語幹

語幹末にㄹパッチムを持つㄹ語幹は、これまで習った活用形でもわかるように後続する接辞によってㄹが消えることがあります。どんな場合にㄹが消えるのか混乱しないよう、ㄹ語幹についての規則をおさらいしておきましょう。

① ㄹ語幹の後につける語尾や補助語幹は母音語幹につける時と同じ形

② ㄹが消えるのは、後ろにㅅ、ㅂ、ㄴで始まる語尾や補助語幹をつけた時と未来の連体形（하오体という文体にしたときも消えるのですが、このテキストでは하오体を扱っていません）

新しい単語 前半 発音しながら3回ずつ書きましょう　　　🔊 CD2-52

① 그렇다　そうだ

② 이렇다　こうだ

③ 어떻다　どうだ

④ 빨갛다　赤い

⑤ 노랗다　黄色い

⑥ 파랗다　青い

⑦ 하얗다　白い

⑧ 상태　　状態

⑨ 직접　　直接

⑩ 전하다　伝える

> トレーニング・チェック：解答は353ページ

語彙を増やそう！

1. 次の単語の意味を日本語で言ってください

    ①직접 _____　②이렇다 _____

    ③하얗다 _____　④노랗다 _____

    ⑤상태 _____　⑥어떻다 _____

    ⑦파랗다 _____　⑧전하다 _____

    ⑨그렇다 _____　⑩빨갛다 _____

2. 次の単語を韓国語で言ってください

    ①青い _____　②そうだ _____

    ③伝える _____　④赤い _____

    ⑤白い _____　⑥状態 _____

    ⑦どうだ _____　⑧黄色い _____

    ⑨こうだ _____　⑩直接 _____

基本文型の練習 A

1. ㅎ変則：次の活用表を埋めなさい

	ハムニダ体 〜습니까？	ヘヨ体 〜아/어요？	現在の連体形 〜ㄴ
그렇다（そうだ）			
어떻다（どうだ）			
빨갛다（赤い）			

2. ㅎ変則

    指示された活用形を下線部に書き入れ、できあがった文を日本語にしなさい

    例 어떻다+어요 ⇒ 기분이 <u>어때요?</u>　（気分はどうですか）

    ①어떻다 + 세요 ⇒ 건강상태는 _____?　（　　　　　　　　　）

> トレーニング・チェック：解答は353ページ

②그렇다 + ㄴ ⇒ _____ 사람이 어디 있어요?
　　　　　　　　　（　　　　　　　　　　　）

③그렇다 + 게 ⇒ 선생님께 물어 볼까요? --- 네, _____ 합시다.
　　　　　　　　　（　　　　　　　　　　　）

④그렇다 + 지 않습니다 ⇒ 아뇨, _____
　　　　　　　　　（　　　　　　　　　　　）

⑤어떻다 + ㄹ까요 ⇒ 직접 전하는 것이 _____ ?
　　　　　　　　　（　　　　　　　　　　　）

新しい単語 後半　発音しながら3回ずつ書きましょう　🔊 CD2-53

① 단추	ボタン
② 누르다	押す
③ 소중하다	大事だ
④ 기르다	育てる・飼う
⑤ 자르다	切る
⑥ 서두르다	急ぐ
⑦ 다르다	違う
⑧ 고르다	選ぶ
⑨ 빠르다	速い
⑩ 따르다	従う

語彙を増やそう！

1．次の単語の意味を日本語で言ってください

　①고르다 _____　　②자르다 _____

　③서두르다 _____　　④소중하다 _____

トレーニング・チェック：解答は 353 ページ

⑤누르다 ＿＿＿＿＿＿　⑥단추 ＿＿＿＿＿＿

⑦따르다 ＿＿＿＿＿＿　⑧기르다 ＿＿＿＿＿＿

⑨다르다 ＿＿＿＿＿＿　⑩빠르다 ＿＿＿＿＿＿

2. 次の単語を韓国語で言ってください

①従う ＿＿＿＿＿＿　②急ぐ ＿＿＿＿＿＿

③ボタン ＿＿＿＿＿＿　④速い ＿＿＿＿＿＿

⑤選ぶ ＿＿＿＿＿＿　⑥切る ＿＿＿＿＿＿

⑦大事だ ＿＿＿＿＿＿　⑧押す ＿＿＿＿＿＿

⑨違う ＿＿＿＿＿＿　⑩飼う ＿＿＿＿＿＿

基本文型の練習 B

1. 르変則、으語幹、러変則：次の活用表を埋めなさい

	現在形ヘヨ体 ～아/어요	過去形ヘヨ体 ～았/었어요	現在の連体形 ～는/～ㄴ
기르다(育てる・르変)			
고르다(選ぶ・르変)			
흐르다(流れる・르変)			
빠르다(速い・르変)			
따르다(従う・으語幹)			
푸르다(青い・러変)			

2. 르変則：例のとおり文を作り、できあがった文の意味も書きなさい

例　노래를 부르다 ⇒ <u>노래를 불러 주세요</u>　（歌を歌ってください）

①단추를 누르다⇒ ＿＿＿＿＿＿＿＿＿＿＿＿（　　　　　）

②소중하게 기르다⇒ ＿＿＿＿＿＿＿＿＿＿＿（　　　　　）

③짧게 자르다⇒ ＿＿＿＿＿＿＿＿＿＿＿＿＿（　　　　　）

> トレーニング・チェック：解答は353ページ

④좀 서두르다⇒ _____ ( )

⑤하나만 고르다⇒ _____ ( )

3．ㄹ語幹：놀다の正しい活用形に丸をつけなさい

① a. 놉니다　　　　　b. 놀습니다　　　　c. 노습니다

② a. 놀아요　　　　　b. 노아요　　　　　c. 놔요

③ a. 놉시다　　　　　b. 놀읍시다　　　　c. 노읍시다

④ a. 놀까요?　　　　b. 놀을까요?　　　　c. 노을까요?

⑤ a. 놀세요　　　　　b. 노은　　　　　　c. 논

⑥ a. 놀러 가요　　　　b. 놀으러 가요　　　c. 노러 가요

⑦ a. 놀지 마세요　　　b. 노지 마세요　　　c. 놀으지 마세요

⑧ a. 노는　　　　　　b. 놀으는　　　　　c. 노는

> 韓国語で言ってみましょう！　（語尾はすべてヘヨ体で）

①旅行はどうでしたか。_____

②赤い服を選びました。_____

③どんな方法に従いましたか。_____

④母は私たちを大事に育ててくれました。_____

⑤冷麺をお切りしましょうか。_____

トレーニング・チェック：解答は354ページ

聞きとり　CDを聞いて文を完成しましょう　　　🔊 CD2-54

① ☐ 꽃이 피었어요.

② ☐ 책을 읽어요?

③ 나만 ☐.

④ 옷을 ☐ 보세요.

⑤ 얼굴이 좀 ☐.

⑥ 택시가 더 ☐.

⑦ 나라에 ☐ 문화가 ☐.

⑧ ☐ 일이 있을까요?

⑨ 고향이 많이 ☐.

⑩ 그 노래 좀 ☐ 보세요.

第39課 現在連体形・過去連体形を使った文型を学ぶ

본 적이 있습니다（見たことがあります）

この課の学習ポイント

1. ～ことがある／ない

過去の連体形 ＋ 적이 있다　　　～したことがある
그 영화를 본 적이 있습니다.　　その映画を見たことがあります。

過去の連体形 ＋ 적이 없다　　　～したことがない
만점을 받은 적이 없어요.　　　満点をもらったことがありません。

2. ～方がいい

現在の連体形 ＋ 것이 좋다　　　～方がいい
일찍 자는 것이 좋습니다.　　　早く寝た方がいいです。
가지 않는 것이 좋아요.　　　　行かない方がいいです。

過去の連体形ではなく、現在の連体形を使うことに注意してください。

3. ～て以来

過去の連体形 ＋ 지　　　　　　～て以来、てから
한국말을 배운 지 1년이 되었습니다.　韓国語を勉強して1年になります

新しい単語　前半　　発音しながら3回ずつ書きましょう　　🔊 CD2-55

① 동물원　　動物園
② 만점　　　満点
③ 올라가다　のぼる
④ 놀라다　　驚く
⑤ 댁　　　　お宅

| トレーニング・チェック：解答は354ページ |

⑥만지다　　触る　　_____　　_____　　_____

⑦남　　　　ひと・他人　_____　　_____　　_____

⑧훔치다　　盗む　　_____　　_____　　_____

⑨누나　　（弟から見た）姉　_____　　_____　　_____

⑩그런데　　ところで・でも　_____　　_____　　_____

語彙を増やそう！

1. 次の単語の意味を日本語で言ってください

①그런데　_____　　②놀라다　_____

③남　_____　　　　④만점　_____

⑤만지다　_____　　⑥댁　_____

⑦동물원　_____　　⑧누나　_____

⑨훔치다　_____　　⑩올라가다　_____

2. 次の単語を韓国語で言ってください

①のぼる　_____　　②盗む　_____

③驚く　_____　　　④満点　_____

⑤ところで　_____　⑥(弟から見た)姉　_____

⑦触る　_____　　　⑧他人　_____

⑨動物園　_____　　⑩お宅　_____

基本文型の練習A　例にならって文を作り、できあがった文の意味も書きなさい

1. 語幹＋은　적이　있다

> 例　그 책을 읽다 ⇒ 그 책을 읽은 적이 있어요．(その本を読んだことがあります)

①그 동물원에 가 보다 ⇒ _____（　　　　　　　　　）

> トレーニング・チェック：解答は354ページ

②그 노래를 듣다⇒ _____ (　　　　　)

③한국 음식을 먹다⇒ _____ (　　　　　)

④시험에서 만점을 받다⇒ _____ (　　　　　)

⑤그 단어를 배우다⇒ _____ (　　　　　)

2．**語幹＋은 적이 없다**

> 例　누나와 싸우다⇒ **누나와 싸운 적이 없어요．** (姉とけんかしたことがありません)

①컴퓨터를 만지다⇒ _____ (　　　　　)

②남의 것을 훔치다⇒ _____ (　　　　　)

③약속을 어기다⇒ _____ (　　　　　)

④한국 소설을 읽다⇒ _____ (　　　　　)

⑤큰 지진을 경험하다⇒ _____ (　　　　　)

新しい単語 後半　発音しながら3回ずつ書きましょう　🔊 CD2-56

①겨우	やっと			
②짐	荷物			
③맡기다	預ける・任せる			
④끼다	はさむ・(めがねを)かける			
⑤오른쪽	右側			
⑥졸업하다	卒業する			
⑦되도록	できるだけ			
⑧나누다	分ける			
⑨반	クラス			
⑩왼쪽	左側			

トレーニング・チェック：解答は 354 ページ

語彙を増やそう！

1. 次の単語の意味を日本語で言ってください

　　①되도록　_____　②반　_____

　　③짐　_____　④끼다　_____

　　⑤나누다　_____　⑥왼쪽　_____

　　⑦오른쪽　_____　⑧겨우　_____

　　⑨맡기다　_____　⑩졸업하다　_____

2. 次の単語を韓国語で言ってください

　　①卒業する　_____　②預ける　_____

　　③右側　_____　④分ける　_____

　　⑤やっと　_____　⑥左側　_____

　　⑦荷物　_____　⑧クラス　_____

　　⑨できるだけ　_____　⑩はさむ　_____

基本文型の練習 B　例にならって文を作り、できあがった文の意味も書きなさい

1. 語幹＋는　것이　좋다

```
例　택시를 타다⇒
　　택시를 타는 것이 좋습니다．（タクシーに乗った方がいいです）
```

①창문을 닫다 ⇒ _____（　　　　　　　）

②되도록 서두르다⇒ _____（　　　　　　　）

③쉬다⇒ _____（　　　　　　　）

④길을 물어 보다⇒ _____（　　　　　　　）

⑤두 반으로 나누다⇒ _____（　　　　　　　）

2. ～て以来、てから

> 例　한국어를 배우다 /1년 ⇒
> 　　한국어를 배운 지 얼마나 됐어요?. （韓国語を習ってどのくらいになりますか）
> 　　1년이 됐어요. （1年になります）

① 서울에 오다 /1주일 ⇒
　　_____（　　　　　　　　　）
　　_____（　　　　　　　　　）

② 여기서 살다 / 한 달 ⇒
　　_____（　　　　　　　　　）
　　_____（　　　　　　　　　）

③ 결혼하다 /3년 ⇒
　　_____（　　　　　　　　　）
　　_____（　　　　　　　　　）

④ 학교를 졸업하다 /1년 반 ⇒
　　_____（　　　　　　　　　）
　　_____（　　　　　　　　　）

⑤ 이 집을 짓다 /10년 ⇒
　　_____（　　　　　　　　　）
　　_____（　　　　　　　　　）

韓国語で言ってみましょう！　（語尾はすべてヘヨ体で）

① あの山に登ったことがあります。　_____
② 人前で泣いたことがありません。　_____
③ 荷物を預けた方がいいです。　_____
④ 日本に来られてどのくらいになりますか。　_____
⑤ 引っ越して来て1年になります。　_____

トレーニング・チェック：解答は 355 ページ

聞きとり　CDを聞いて文を完成しましょう　　🔊 CD2-57

① 한국 노래를 [　　　] 적이 있어요?

② [　　　] 않는 것이 좋아요.

③ 제주도에 [　　　] 적이 없습니다.

④ 돈을 [　　　] 적이 있습니다.

⑤ [　　　] 얼마나 됐어요?

⑥ [　　　] 쉬는 것이 좋아요.

⑦ 안경을 [　　　] 것이 좋습니다.

⑧ 지진을 [　　　] 적이 없습니다.

⑨ 친구하고 [　　　] 1주일이 됐어요.

⑩ [　　　] 기른 적이 없습니다.

第40課 未来連体形を使った文型を学ぶ
한국말을 할 수 있습니다（韓国語が話せます）

この課の学習ポイント

1. ～ことができる／できない

未来の連体形 ＋ 수(가) 있다　　～ことができる
　한국말을 할 수 있습니다.　　韓国語を話すことができます。

未来の連体形 ＋ 수(가) 없다　　～ことができない
　술을 먹을 수 없어요.　　お酒を飲むことができません。

2. ～しかない

未来の連体形 ＋ 수밖에 없다　　～しかない
　다른 길로 갈 수밖에 없습니다.　　他の道を行くしかありません。

3. ～かもしれない

未来の連体形 ＋ 수도 있다　　～かもしれない
　눈이 올 수도 있습니다.　　雪が降るかもしれません。

新しい単語 前半　発音しながら3回ずつ書きましょう　　🔊CD2-58

① 예약 없이　予約なしで
② 묵다　泊まる
③ 마음대로　好きなように・勝手に
④ 더 이상　もうこれ以上
⑤ 효과　効果
⑥ 기대하다　期待する
⑦ 아무도　誰も

| トレーニング・チェック：解答は 355 ページ |

⑧대답하다　答える　　　_____　　_____　　_____
⑨참다　　　我慢する　　_____　　_____　　_____
⑩알아듣다　聞き取る　　_____　　_____　　_____

語彙を増やそう！

1. 次の単語の意味を日本語で言ってください

　①더 이상 _____　　②아무도 _____
　③효과 _____　　④참다 _____
　⑤대답하다 _____　　⑥예약 없이 _____
　⑦묵다 _____　　⑧알아듣다 _____
　⑨마음대로 _____　　⑩기대하다 _____

2. 次の単語を韓国語で言ってください

　①聞き取る _____　　②我慢する _____
　③泊まる _____　　④勝手に _____
　⑤誰も _____　　⑥期待する _____
　⑦もうこれ以上 _____　　⑧答える _____
　⑨効果 _____　　⑩予約なしで _____

基本文型の練習A　例にならって文を作り、できあがった文の意味も書きなさい

1. 語幹＋을 수 있다

> 例　혼자서 가다 ⇒ <u>혼자서 갈 수 있습니다．</u>（1人で行くことができます）

　①예약 없이 묵다 ⇒
　_____（　　　　　　　　）

トレーニング・チェック：解答は 355 ページ

②거기서 표를 사다 ⇒

　　_____（　　　　　）

③음식을 마음대로 고르다 ⇒

　　_____（　　　　　）

④김치를 먹다 ⇒

　　_____（　　　　　）

⑤효과를 기대하다 ⇒

　　_____（　　　　　）

2. 語幹＋을 수 없다

> 例　사전 없이 신문을 읽다 ⇒
> 　　<u>사전 없이 신문을 읽을 수 없어요</u>．(辞書なしで新聞を読むことができません)

①친구와의 약속을 어기다 ⇒

　　_____（　　　　　）

②더 이상 참다 ⇒

　　_____（　　　　　）

③그가 하는 말을 알아듣다 ⇒

　　_____（　　　　　）

④아무도 그의 질문에 대답하다 ⇒

　　_____（　　　　　）

⑤다음 시합에서 지다 ⇒

　　_____（　　　　　）

トレーニング・チェック：解答は355ページ

新しい単語 後半　発音しながら3回ずつ書きましょう　　CD2-59

① 버리다　　捨てる　　　_____　　_____　　_____
② 가난하다　貧しい　　　_____　　_____　　_____
③ 견디다　　耐える　　　_____　　_____　　_____
④ 부탁　　　お願い　　　_____　　_____　　_____
⑤ 그냥　　　単に・そのまま　_____　　_____　　_____
⑥ 헤어지다　別れる　　　_____　　_____　　_____
⑦ 무섭다　　怖い　　　　_____　　_____　　_____
⑧ 나타나다　現れる　　　_____　　_____　　_____
⑨ 변하다　　変わる　　　_____　　_____　　_____
⑩ 넘다　　　越える（「〜を越える」は「〜가/이 넘다」）
　　　　　　_____　　_____　　_____

語彙を増やそう！

1. 次の単語の意味を日本語で言ってください

① 그냥　_____　　② 견디다　_____
③ 넘다　_____　　④ 나타나다　_____
⑤ 버리다　_____　　⑥ 변하다　_____
⑦ 헤어지다　_____　　⑧ 가난하다　_____
⑨ 부탁　_____　　⑩ 무섭다　_____

2. 次の単語を韓国語で言ってください

① 変わる　_____　　② 別れる　_____
③ 貧しい　_____　　④ 怖い　_____
⑤ 耐える　_____　　⑥ お願い　_____
⑦ 単に・そのまま　_____　　⑧ 現れる　_____
⑨ 捨てる　_____　　⑩ 越える　_____

> トレーニング・チェック：解答は 355 ページ

基本文型の練習 B　例にならって文を作り、できあがった文の意味も書きなさい

1. 語幹＋을　수도　있다

   > 例　눈이 오다 ⇒ <u>눈이 올 수도 있어요</u>．（雪が降るかもしれません）

   ① 그의 마음이 변하다 ⇒

   ＿＿＿＿＿＿＿＿＿＿＿＿＿＿＿＿＿＿（　　　　　　　　　　　）

   ② 학생들이 30명이 넘다 ⇒

   ＿＿＿＿＿＿＿＿＿＿＿＿＿＿＿＿＿＿（　　　　　　　　　　　）

   ③ 다음 시험은 어렵다 ⇒

   ＿＿＿＿＿＿＿＿＿＿＿＿＿＿＿＿＿＿（　　　　　　　　　　　）

   ④ 무서운 동물이 있다 ⇒

   ＿＿＿＿＿＿＿＿＿＿＿＿＿＿＿＿＿＿（　　　　　　　　　　　）

   ⑤ 효과가 나타나다 ⇒

   ＿＿＿＿＿＿＿＿＿＿＿＿＿＿＿＿＿＿（　　　　　　　　　　　）

2. 語幹＋을　수밖에　없다

   > 例　그의 말을 믿다 ⇒
   > <u>그의 말을 믿을 수밖에 없었어요</u>．
   > （彼のことばを信じるしかありませんでした）

   ① 가난한 생활에 견디다 ⇒

   ＿＿＿＿＿＿＿＿＿＿＿＿＿＿＿＿＿＿（　　　　　　　　　　　）

   ② 부탁을 들어 주다 ⇒

   ＿＿＿＿＿＿＿＿＿＿＿＿＿＿＿＿＿＿（　　　　　　　　　　　）

   ③ 사랑하는 사람들과 헤어지다 ⇒

   ＿＿＿＿＿＿＿＿＿＿＿＿＿＿＿＿＿＿（　　　　　　　　　　　）

> トレーニング・チェック：解答は 355 ページ

④그냥 집에 오다⇒

_____ (　　　　　　　　　)

⑤남은 음식은 버리다⇒

_____ (　　　　　　　　　)

> 韓国語で言ってみましょう！ （語尾はすべてヘヨ体で）

① 荷物を預けることはできますか。_____
② これ以上お願いを聞いてあげることはできません。_____
③ 誰もことばを聞き取れませんでした。_____
④ 我慢するしかありません。_____
⑤ 貧しい生活が変わるかもしれません。_____

> 聞きとり　CDを聞いて文を完成しましょう　　🔊 CD2-60

① 질문에 [　　　] 수 있습니까?

② [　] [　　] 기다릴 수는 없습니다.

③ 효과가 [　　] 수도 있습니다.

④ [　　　　] 수 없었어요.

⑤ 가족들과 [　　　　] 수가 있겠습니까?

⑥ [　　　　] 먹을 수 있습니다.

⑦ 이 호텔에 [　　　] [　　　　] 없어요.

⑧ 생각이 [　　　] 수도 있습니다.

⑨ [　　　　] 돌아올 수밖에 없었습니다. (돌아오다＝帰って来る)

⑩ 학생이 20명이 [　　　] 수도 있습니다.

第41課 「ようだ・らしい・そうだ」にあたる表現を学ぶ

비가 올 것 같아요 (雨が降りそうです)

この課の学習ポイント

1. ～ようだ、らしい

現在の連体形 + 것 같다　　　　～しているようだ
　비가 오는 것 같습니다.　　　雨が降っているようです
　비가 오지 않는 것 같습니다.　雨が降っていないようです。
　좀 작은 것 같아요.　　　　　ちょっと小さいようです。

過去の連体形 + 것 같다　　　　～したようだ
　비가 온 것 같습니다.　　　　雨が降ったようです。
　비가 오지 않은 것 같아요.　　雨が降らなかったようです。

未来の連体形 + 것 같다　　　　～するようだ、しそうだ
　비가 올 것 같아요.　　　　　雨が降りそうです。
　비가 오지 않을 것 같습니다.　雨が降らなさそうです
　비쌀 것 같아요.　　　　　　値段が高そうです。

新しい単語 前半　発音しながら3回ずつ書きましょう　🔊 CD2-61

① 이상하다　　変だ
② 냄새가 나다　においがする
③ 외국인　　　外国人
④ 꿈을 꾸다　　夢を見る
⑤ 화가 나다　　腹がたつ
⑥ 매진되다　　売り切れる
⑦ 속다　　　　だまされる

トレーニング・チェック：解答は 355 ページ

⑧그치다　　止む　　_____　_____　_____
⑨일부러　　わざと　_____　_____　_____
⑩무시하다　無視する　_____　_____　_____

語彙を増やそう！

1. 次の単語の意味を日本語で言ってください

　①일부러　_____　　②그치다　_____

　③외국인　_____　　④냄새가 나다　_____

　⑤꿈을 꾸다　_____　　⑥이상하다　_____

　⑦속다　_____　　⑧무시하다　_____

　⑨화가 나다　_____　　⑩매진되다　_____

2. 次の単語を韓国語で言ってください

　①夢を見る　_____　　②だまされる　_____

　③外国人　_____　　④わざと　_____

　⑤無視する　_____　　⑥腹が立つ　_____

　⑦変だ　_____　　⑧売り切れる　_____

　⑨においがする　_____　　⑩止む　_____

基本文型の練習 A　例にならって文を作り、できあがった文の意味も書きなさい

1. **語幹+는 것 같다**

> 例　잠을 자다⇒ 잠을 자는 것 같습니다．（寝ているようです）

　①음악을 듣다⇒

　_____（　　　　　　　　　　　）

> トレーニング・チェック：解答は 356 ページ

②매일 친구들과 같이 놀다⇒

　　_____（　　　　　　　　）

③이상한 냄새가 나다⇒

　　_____（　　　　　　　　）

④거짓말이 아니다⇒

　　_____（　　　　　　　　）

⑤방 안에 있다⇒

　　_____（　　　　　　　　）

2．**語幹+은 것 같다**

> 例　비가 그치다⇒
> 　　**비가 그친 것 같아요.**（雨が止んだようです）

①표가 매진되다⇒

　　_____（　　　　　　　　）

②수업이 끝나다⇒

　　_____（　　　　　　　　）

③화가 나다⇒

　　_____（　　　　　　　　）

④감기가 낫다⇒

　　_____（　　　　　　　　）

⑤일부러 나를 무시하다⇒

　　_____（　　　　　　　　）

トレーニング・チェック：解答は356ページ

新しい単語 後半　発音しながら3回ずつ書きましょう　🔊CD2-62

①나무	木
②쓰러지다	倒れる
③주머니	ポケット
④떨어지다	落ちる
⑤불	火・灯り
⑥꺼지다	消える
⑦유리	ガラス
⑧깨지다	割れる・壊れる
⑨남편	夫
⑩사고가 나다	事故が起こる

語彙を増やそう！

1. 次の単語の意味を日本語で言ってください

①꺼지다　　　　　　②주머니
③깨지다　　　　　　④남편
⑤쓰러지다　　　　　⑥유리
⑦불　　　　　　　　⑧사고
⑨떨어지다　　　　　⑩나무

2. 次の単語を韓国語で言ってください

①火　　　　　　　　②落ちる
③倒れる　　　　　　④割れる
⑤ガラス　　　　　　⑥事故が起こる
⑦ポケット　　　　　⑧消える
⑨木　　　　　　　　⑩夫

トレーニング・チェック：解答は 356 ページ

基本文型の練習B　例にならって文を作り、できあがった文の意味も書きなさい

1．語幹＋을 것 같다

> 例　비가 오다⇒
> 　　비가 올 것 같아요．（雨が降りそうです）

①불이 꺼지다⇒

_____（　　　　　　　　　）

②나무가 쓰러지다⇒

_____（　　　　　　　　　）

③내일은 춥다⇒

_____（　　　　　　　　　）

④8시까지 일이 끝나지 않다⇒

_____（　　　　　　　　　）

⑤여행을 못 가다⇒

_____（　　　　　　　　　）

2．連体形の使い分け

> 例　날씨가 덥겠습니다 ⇒
> 　　날씨가 더울 것 같아요．（暑くなりそうです）

①사고가 났습니다⇒

_____（　　　　　　　　　）

②유학을 간 친구는 잘 지내다⇒

_____（　　　　　　　　　）

③아주 바쁘다⇒

_____（　　　　　　　　　）

トレーニング・チェック：解答は 356 ページ

④꽃이 죽겠습니다⇒

_____（　　　　　　　　　）

⑤먹지 않았다⇒

_____（　　　　　　　　　）

韓国語で言ってみましょう！ （語尾はすべてヘヨ体で）

①ポケットからさいふが落ちそうです。_____

②完全にだまされたようです。_____

③あの人は外国人のようです。_____

④近くで事故が起こったみたいです。_____

⑤韓国語が話せないようです。_____

聞きとり　CDを聞いて文を完成しましょう　　　🔊CD2-63

①그들은 싸우는 것 [　　　] .

②이 나무는 쓰러지지 [　　] [　] 같아요 .

③문제가 [　　　] 것 같습니다 .

④가난한 [　　　] 것 같아요 .

⑤꿈이 [　　　] 것 같습니다 .

⑥[　　] 를 알 수 [　　] 것 같아요 .

⑦아주 [　] 가 난 것 [　　　　] .

⑧이상한 음악을 [　　　] 것 같습니다 .

⑨다 [　　　] 것 같습니다 .

⑩수업이 아직 [　　　] [　] 것 같아요 .

第42課　用言の名詞化を学ぶ

날씨가 덥기 때문에（暑いので）

この課の学習ポイント

1. 用言を名詞形にする語尾「〜기」

用言に「기」がつくと「〜すること」という意味になり、用言が名詞化されます。また、「기」による名詞化においては、元々用言にかかっていた副詞や名詞＋助詞などをともなうことができます。

用言の語幹＋기　〜すること、〜であること

　　쓰다 書く　⇒　쓰기 書き方
　　달리다 走る　⇒　달리기 駆けっこ
　　크다 大きい　⇒　크기 大きさ

2.「〜기」を含む慣用句

①用言の語幹＋기 때문에　〜するので、〜するから、〜せいで（強い理由）
　＊過去形 用言の語幹＋았/었기 때문에　〜したので、〜したから
②用言の語幹＋기 위해서/위한　〜するために/ための
③用言の語幹＋기로 하다　〜することにする
④用言の語幹＋기 시작하다　〜し始める（開始）

新しい単語　前半　発音しながら3回ずつ書きましょう　　🔊 CD2-64

①모자라다　足りない　＿＿＿＿＿＿　＿＿＿＿＿＿　＿＿＿＿＿＿
②합격하다　合格する　＿＿＿＿＿＿　＿＿＿＿＿＿　＿＿＿＿＿＿
③오래　長い間・久しく　＿＿＿＿＿＿　＿＿＿＿＿＿　＿＿＿＿＿＿
④학비　学費　＿＿＿＿＿＿　＿＿＿＿＿＿　＿＿＿＿＿＿
⑤벌다　稼ぐ　＿＿＿＿＿＿　＿＿＿＿＿＿　＿＿＿＿＿＿
⑥어깨　肩　＿＿＿＿＿＿　＿＿＿＿＿＿　＿＿＿＿＿＿

トレーニング・チェック：解答は 356 ページ

⑦시작하다　始める　＿＿＿＿＿　＿＿＿＿＿　＿＿＿＿＿

⑧소문　うわさ　＿＿＿＿＿　＿＿＿＿＿　＿＿＿＿＿

⑨퍼지다　広がる　＿＿＿＿＿　＿＿＿＿＿　＿＿＿＿＿

⑩때문　～のため・～のせい　＿＿＿＿＿　＿＿＿＿＿　＿＿＿＿＿

語彙を増やそう！

1. 次の単語の意味を日本語で言ってください

　①합격하다　＿＿＿＿＿　　②시작하다　＿＿＿＿＿

　③어깨　　　＿＿＿＿＿　　④오래　　　＿＿＿＿＿

　⑤벌다　　　＿＿＿＿＿　　⑥소문　　　＿＿＿＿＿

　⑦때문　　　＿＿＿＿＿　　⑧학비　　　＿＿＿＿＿

　⑨모자라다　＿＿＿＿＿　　⑩퍼지다　　＿＿＿＿＿

2. 次の単語を韓国語で言ってください

　①肩　　　　　＿＿＿＿＿　　②足りない　＿＿＿＿＿

　③学費　　　　＿＿＿＿＿　　④広がる　　＿＿＿＿＿

　⑤合格する　　＿＿＿＿＿　　⑥うわさ　　＿＿＿＿＿

　⑦稼ぐ　　　　＿＿＿＿＿　　⑧長い間　　＿＿＿＿＿

　⑨～のため・～のせい　＿＿＿＿＿　⑩始める　＿＿＿＿＿

基本文型の練習 A　例にならって文を作り、できあがった文の意味も書きなさい

1. 用言の語幹＋기　때문에　　現在

> 例　날씨 / 덥다 ⇒　<u>날씨가 덥기 때문에</u>　（暑くて・暑いので）

　①아이 / 자다 ⇒　＿＿＿＿＿＿＿＿＿（　　　　　　　　　）

　②시간 / 없다 ⇒　＿＿＿＿＿＿＿＿＿（　　　　　　　　　）

> トレーニング・チェック：解答は 356 ページ

③돈 / 모자라다⇒ _____ (　　　　　)

④김치 / 맵다⇒ _____ (　　　　　)

⑤형제 / 이다⇒ _____ (　　　　　)

2. **用言の語幹＋기 때문에　過去**

> 例　날씨 / 덥다⇒　<u>날씨가 더웠기 때문에</u>　（暑かったので）

①아이 / 자다⇒ _____ (　　　　　)

②시간 / 없다⇒ _____ (　　　　　)

③돈 / 모자라다⇒ _____ (　　　　　)

④김치 / 맵다⇒ _____ (　　　　　)

⑤형제 / 이다⇒ _____ (　　　　　)

3. **用言の語幹＋기 위해서**

> 例　노래 / 부르다⇒　<u>노래를 부르기 위해서</u>　（歌を歌うために）

①시험 / 합격하다⇒ _____ (　　　　　)

②학비 / 벌다⇒ _____ (　　　　　)

③책 / 빌리다⇒ _____ (　　　　　)

④유학 / 가다⇒ _____ (　　　　　)

⑤그 분 / 만나다⇒ _____ (　　　　　)

4. **用言の語幹＋기로 하다**

> 例　참다⇒ <u>참기로 해요</u>　（我慢することにしましょう）

①사다⇒ _____ (　　　　　)

②하다⇒ _____ (　　　　　)

③서로 연락하다⇒ _____ (　　　　　)

トレーニング・チェック：解答は 357 ページ

④같이 만들다⇒ _____ (　　　　　　　　)

⑤좀 쉬다⇒ _____ (　　　　　　　　)

5．用言の語幹＋기 시작하다

| 例　비 / 오다⇒　비가 오기 시작했어요　（雨が降りはじめました） |

①아이 / 울다⇒ _____ (　　　　　　　　)

②어깨 / 아프다⇒ _____ (　　　　　　　　)

③편지 / 읽다⇒ _____ (　　　　　　　　)

④밥 / 먹다⇒ _____ (　　　　　　　　)

⑤소문 / 퍼지다⇒ _____ (　　　　　　　　)

新しい単語 後半 発音しながら3回ずつ書きましょう　🔊CD2-65

①사업　　事業

②잘 되다　うまく行く

③결정하다　決定する

④에어컨　エアコン

⑤대통령　大統領

⑥때　　　時(とき)

⑦등　　　〜など

⑧신입생　新入生

⑨환영회　歓迎会

⑩바라다　願う・望む

トレーニング・チェック：解答は 357 ページ

語彙を増やそう！

1. 次の単語の意味を日本語で言ってください

　①등　　　　　　　　　　　　②바라다
　③사업　　　　　　　　　　　④환영회
　⑤대통령　　　　　　　　　　⑥잘 되다
　⑦때　　　　　　　　　　　　⑧결정하다
　⑨신입생　　　　　　　　　　⑩에어컨

2. 次の単語を韓国語で言ってください

　①事業　　　　　　　　　　　②歓迎会
　③大統領　　　　　　　　　　④時
　⑤願う・望む　　　　　　　　⑥エアコン
　⑦新入生　　　　　　　　　　⑧決定する
　⑨うまく行く　　　　　　　　⑩～など

基本文型の練習B　　例にならって文を作り、できあがった文の意味も書きなさい

> 例　언제부터 비가 왔어요?　（いつから雨が降ったのですか）
> 　　아침⇒ 아침부터 비가 오기 시작했어요.（朝から雨が降り始めました）

①언제부터 일본어를 배웠어요?
　작년 여름⇒ _____（　　　　　）

②몇 살 때부터 피아노를 배웠어요?
　다섯 살 때⇒ _____（　　　　　）

③언제부터 여기서 살아요?
　오래 전⇒ _____（　　　　　）

トレーニング・チェック：解答は357ページ

④몇 시부터 회의했어요?
　3시 반⇒ _____ (　　　　)

⑤언제부터 담배를 피웠어요?
　고등학교 때⇒ _____ (　　　　)

韓国語で言ってみましょう！（語尾はすべてヘヨ体で）

①午後から雨が降り始めました。_____

②明日空港で会うことにしましょう。_____

③手紙を大声で読み始めました。_____

④試験に合格するために一生懸命勉強しました。_____

⑤夏休みに韓国に行くことにしました。_____

聞きとり　CDを聞いて文を完成しましょう　　CD2-66

①제가 _____ 했어요.

②조금 전부터 식사를 _____ _____ .

③신입생을 _____ _____ 가 있습니다.

④사업이 _____ _____ 바랍니다.

⑤시간이 _____ _____ 못 가요.

⑥서울이 _____ _____ 시작했어요.

⑦유학을 _____ _____ 영어를 공부했어요.

⑧일본은 너무 _____ 때문에 _____ 이 필요해요.

⑨_____ _____ 에 잘 생각해 보세요.

⑩음식이 너무 _____ 때문에 많이 _____ 못했어요.

第43課　並列・理由・逆接の接続語尾を学ぶ

재미있으니까 꼭 읽으세요（面白いからぜひ読んでください）

この課の学習ポイント

1. 用言の語幹＋고＝並列

「〜고」は「〜して」や「〜たり」にあたる接続語尾で、語幹の種類に関係なく接続します。いくつかのことがらを並列的に述べる時に使います。

2. 用言の語幹＋니까＝理由・契機

「〜니까」は「〜から」、「〜ので」といった理由を表したり、「〜すると」、「〜したら」のような契機を表したりする接続語尾です。

母音語幹＋니까　　　　　자다（寝る）　　　자니까
「ㄹ」語幹（ㄹは消える）＋니까　놀다（遊ぶ）　놀⇒노니까
子音語幹＋으니까　　　　먹다（食べる）　　먹으니까

3. 用言の語幹＋지만＝逆接

「〜지만」は逆接の接続語尾で、「〜するが」、「〜だが」にあたります。語幹の種類に関係なく接続します。

新しい単語　前半　発音しながら3回ずつ書きましょう　　🔊 CD2-67

① 싱겁다　　味が薄い
② 하숙　　　下宿
③ 물건　　　物
④ 씻다　　　洗う
⑤ 딸　　　　娘
⑥ 마치다　　終える

> トレーニング・チェック：解答は 357 ページ

⑦더럽다　汚い　_____　_____　_____

⑧한가하다　ひまだ　_____　_____　_____

⑨간단하다　簡単だ　_____　_____　_____

⑩차례　順番　_____　_____　_____

> 語彙を増やそう！

1. 次の単語の意味を日本語で言ってください

①더럽다 _____　②차례 _____

③하숙 _____　④씻다 _____

⑤물건 _____　⑥간단하다 _____

⑦마치다 _____　⑧한가하다 _____

⑨딸 _____　⑩싱겁다 _____

2. 次の単語を韓国語で言ってください

①娘 _____　②汚い _____

③物 _____　④味が薄い _____

⑤ひまだ _____　⑥洗う _____

⑦簡単だ _____　⑧下宿 _____

⑨順番 _____　⑩終える _____

> 基本文型の練習 A　例にならって文を作り、できあがった文の意味も書きなさい

1. 語幹＋고

　　例　날씨／춥다／흐리다 ⇒ **날씨가 춥고 흐려요.** (寒くて曇っています)

　①손／씻다／밥／먹다 ⇒

　_____ (　　　　　　　　　　　)

②일본 / 가깝다 / 미국 / 멀다 ⇒

　　　＿＿＿＿＿＿＿＿＿＿＿＿＿＿＿　（　　　　　　　　　　　）

③이 김치 / 싱겁다 / 저 김치 / 맵다 ⇒

　　　＿＿＿＿＿＿＿＿＿＿＿＿＿＿＿　（　　　　　　　　　　　）

④비 / 오다 / 바람 / 불다 ⇒

　　　＿＿＿＿＿＿＿＿＿＿＿＿＿＿＿　（　　　　　　　　　　　）

⑤수업 / 마치다 / 친구 / 만나다 ⇒

　　　＿＿＿＿＿＿＿＿＿＿＿＿＿＿＿　（　　　　　　　　　　　）

2．**語幹＋니까**

> 例　재미있다 / 꼭 / 읽다 ⇒
> 　　**재미있으니까 꼭 읽으세요．**（面白いからぜひ読んでください）

①시간 / 없다 / 빨리 / 준비하다 ⇒

　　　＿＿＿＿＿＿＿＿＿＿＿＿＿＿＿　（　　　　　　　　　　　）

②값 / 싸다 / 많이 / 사다 ⇒

　　　＿＿＿＿＿＿＿＿＿＿＿＿＿＿＿　（　　　　　　　　　　　）

③지금 / 바쁘다 / 나중 / 오다 ⇒

　　　＿＿＿＿＿＿＿＿＿＿＿＿＿＿＿　（　　　　　　　　　　　）

④비 / 오다 / 다음 날 / 가다 ⇒

　　　＿＿＿＿＿＿＿＿＿＿＿＿＿＿＿　（　　　　　　　　　　　）

⑤오늘 / 늦다 / 내일 / 만나다（늦다＝遅い）⇒

　　　＿＿＿＿＿＿＿＿＿＿＿＿＿＿＿　（　　　　　　　　　　　）

トレーニング・チェック：解答は358ページ

3. 語幹＋지만

> 例　값 / 비싸다 / 물건 / 좋다 ⇒
> 　　값은 비싸지만 물건이 좋아요. （値段は高いけれど物が良いです）

① 돈 / 없다 / 시간 / 있다 ⇒
　　_____ (　　　　　　　　　)

② 그것 / 더럽다 / 이것 / 깨끗하다 ⇒
　　_____ (　　　　　　　　　)

③ 물건 / 좋다 / 값 / 비싸다 ⇒
　　_____ (　　　　　　　　　)

④ 오늘 / 바쁘다 / 내일 / 한가하다 ⇒
　　_____ (　　　　　　　　　)

⑤ 몸 / 아프다 / 기분 / 좋다 ⇒
　　_____ (　　　　　　　　　)

新しい単語　後半　発音しながら3回ずつ書きましょう　　CD2-68

① 주인　　主人・持ち主　_____　_____　_____
② 깊다　　深い　　　　　_____　_____　_____
③ 부엌　　台所　　　　　_____　_____　_____
④ 싫어하다　嫌がる　　　_____　_____　_____
⑤ 무척　　とても・非常に _____　_____　_____
⑥ 일어　　日本語　　　　_____　_____　_____
⑦ 일식　　日本食　　　　_____　_____　_____
⑧ 평일　　平日　　　　　_____　_____　_____
⑨ 오빠　　（妹から見た）兄　_____　_____　_____
⑩ 언니　　（妹から見た）姉　_____　_____　_____

> トレーニング・チェック：解答は 358 ページ

語彙を増やそう！

1. 次の単語の意味を日本語で言ってください

   ① 일식 _____　② 무척 _____

   ③ 주인 _____　④ 오빠 _____

   ⑤ 언니 _____　⑥ 일어 _____

   ⑦ 부엌 _____　⑧ 싫어하다 _____

   ⑨ 깊다 _____　⑩ 평일 _____

2. 次の単語を韓国語で言ってください

   ① 日本語 _____　② 深い _____

   ③ (妹から見た)兄 _____　④ 嫌がる _____

   ⑤ とても・非常に _____　⑥ (妹から見た)姉 _____

   ⑦ 平日 _____　⑧ 持ち主 _____

   ⑨ 台所 _____　⑩ 日本食 _____

基本文型の練習B　例にならって文を作り、できあがった文の意味も書きなさい

1. 「～고」「～니까」「～지만」のうちからもっとも適当なものを1つ選んで、2つの文を1つにしなさい

   > 例　덥습니다. 에어컨을 켜세요. ⇒
   >   **더우니까　에어컨을　켜세요**（暑いからエアコンをつけてください）

   ① 친구는 노래를 부릅니다. 나는 피아노를 칩니다.

   　⇒ _____ (　　　　　　　　　)

   ② 먹어 봤습니다. 맛이 있었습니다.

   　⇒ _____ (　　　　　　　　　)

   ③ 10년 동안 미국에 살아요. 아직 영어를 잘 못합니다.

   　⇒ _____ (　　　　　　　　　)

> トレーニング・チェック：解答は 358 ページ

④피곤합니다. 좀 쉽시다.
　⇒ _____　（　　　　　　　　　）

⑤ 운전 면허를 땄어요. 아직 자동차를 안 샀어요.（자동차＝自動車）
　⇒ _____　（　　　　　　　　　）

韓国語で言ってみましょう！　（語尾はすべてヘヨ体で）

①韓国料理は好きですけれど、キムチは嫌いです。_____

②毎日雨が降っていやです。_____

③行きたいですが、時間がないです。_____

④物も良いし、値段も安いです。_____

⑤お金はないけれど、時間はあります。_____

聞きとり　CD を聞いて文を完成しましょう　　🔊 CD2-69

① 집은 [　　　　　] 부엌이 좁아요.

② [　　] [　　　　] 돈이 없어요.

③ 매일 [　　　　] 오늘은 안 만나요.

④ 저는 일식도 잘 [　　　] 양식도 잘 먹어요.

⑤ 평일은 [　　　　　] 주말에는 한가합니다.

⑥ [　　　] 는 잘 하지만 [　　　] 는 못해요.

⑦ [　　] 보니까 [　　　] 재미있었어요.

⑧ 창 밖을 [　　　　] 비가 오고 있었어요.

⑨ 오늘은 수업이 [　　　　　] 학교에 안 가도 돼요.

⑩ 언니는 미국에 [　　　] 동생은 일본에 [　　　　].

第44課 条件・同時進行・逆接の接続語尾を学ぶ
비가 오면 못 갑니다（雨が降ったら行けません）

この課の学習ポイント

1. 用言の語幹＋면＝条件

「〜면」は「〜すれば」、「〜したら」、「〜すると」にあたる接続語尾です。母音語幹と「ㄹ」語幹には면を、子音語幹に으면を接続します。

시간이 있으면 여행을 가고 싶어요. 時間があれば旅行がしたいです。

2. 用言の語幹＋면서＝同時進行

「〜면서」は「〜しながら」、「〜すると同時に」、「〜するにつれ」などにあたる接続語尾です。母音語幹と「ㄹ」語幹には면서を、子音語幹には으면서を接続します。

식사하면서 이야기를 많이 했습니다. 食事をしながらたくさん話しました。

3. 用言の語幹＋면서도＝逆接

「〜면서도」は「〜しながらも」、「〜でありながらも」、「〜するのに」にあたる接続語尾です。母音語幹と「ㄹ」語幹には면서도を、子音語幹には으면서도を接続します。

그 사실을 알면서도 제게는 말해 주지 않았어요.
その事実を知っていたのに私には言ってくれませんでした。

新しい単語 前半 発音しながら3回ずつ書きましょう　　　CD2-70

① 겉　　　表面・見かけ
② 밝다　　明るい
③ 아기　　赤ん坊
④ 양　　　量

トレーニング・チェック：解答は 358 ページ

⑤질　　　質　　　_____　_____　_____
⑥도둑　　どろぼう　_____　_____　_____
⑦알리다　知らせる　_____　_____　_____
⑧팔리다　売れる　_____　_____　_____
⑨유익하다　有益だ　_____　_____　_____
⑩하늘　　空　　　_____　_____　_____

語彙を増やそう！

1. 次の単語の意味を日本語で言ってください

　①아기　_____　　②팔리다　_____
　③알리다　_____　　④겉　_____
　⑤하늘　_____　　⑥밝다　_____
　⑦양　_____　　⑧유익하다　_____
　⑨도둑　_____　　⑩질　_____

2. 次の単語を韓国語で言ってください

　①有益だ　_____　　②明るい　_____
　③質　_____　　④どろぼう　_____
　⑤みかけ　_____　　⑥売れる　_____
　⑦赤ん坊　_____　　⑧量　_____
　⑨空　_____　　⑩知らせる　_____

基本文型の練習A　例にならって文を作り、できあがった文の意味も書きなさい

1. 語幹＋면　ハムニダ体

> 例　비/오다/못 가다 ⇒ **비가 오면 못 갑니다.** （雨が降ったら行けません）

トレーニング・チェック：解答は 358 ページ

① 쉬다 / 몸 / 좋아지다 ⇒
_____ (   )

② 아기 / 울다 / 우유 / 주다 ⇒
_____ (   )

③ 값 / 싸다 / 많이 / 팔리다 ⇒
_____ (   )

④ 음식 / 맛있다 / 잘 먹다 ⇒
_____ (   )

⑤ 수업 / 끝나다 / 친구 / 만나다 ⇒
_____ (   )

2．語幹＋면서　ヘヨ体

> 例　담배 / 피우다 / 술 / 마시다 ⇒
> <u>담배를 피우면서 술을 마셔요．</u>（たばこを吸いながらお酒を飲みます）

① 공부 / 잘하다 / 운동 / 잘하다 ⇒
_____ (   )

② 양 / 많다 / 질 / 좋다 ⇒
_____ (   )

③ 일 / 하다 / 공부 / 하다 ⇒
_____ (   )

④ 바람 / 불다 / 비 / 오다 ⇒
_____ (   )

⑤ 음악 / 듣다 / 운전하다 ⇒
_____ (   )

3. 語幹＋면서도　ヘヨ体

> 例　내용 / 재미있다 / 유익하다 ⇒
> 　　내용이 재미있으면서도 유익해요. （内容が面白いと同時に有益です）

① 하늘 / 맑다 / 비 / 오다 ⇒
_____ (　　　　　　　　　　)

② 색깔 / 밝다 / 예쁘다 ⇒
_____ (　　　　　　　　　　)

③ 물건 / 좋다 / 값 / 싸다 ⇒
_____ (　　　　　　　　　　)

④ 돈 / 없다 / 친구 / 많다 ⇒
_____ (　　　　　　　　　　)

⑤ 몸 / 피곤하다 / 기분 / 좋다 ⇒
_____ (　　　　　　　　　　)

新しい単語　後半　発音しながら3回ずつ書きましょう　　CD2-71

① 날마다	日々・毎日			
② 누군지	だれなのか			
③ 깨끗이	清潔に			
④ 오르다	上がる			
⑤ 피로	疲労・疲れ			
⑥ 안되다	いけない・だめだ			
⑦ 들어오다	入ってくる			
⑧ 비슷하다	似ている			
⑨ 목욕하다	入浴する			
⑩ 풀리다	とれる・解ける			

トレーニング・チェック：解答は 358 ページ

語彙を増やそう！

1. 次の単語の意味を日本語で言ってください

   ①풀리다　_____　②날마다　_____
   ③누군지　_____　④안되다　_____
   ⑤오르다　_____　⑥들어오다　_____
   ⑦깨끗이　_____　⑧비슷하다　_____
   ⑨피로　_____　⑩목욕하다　_____

2. 次の単語を韓国語で言ってください

   ①上がる　_____　②似ている　_____
   ③日々・毎日　_____　④解ける　_____
   ⑤清潔に　_____　⑥疲労　_____
   ⑦入浴する　_____　⑧入ってくる　_____
   ⑨だれなのか　_____　⑩だめだ　_____

基本文型の練習 B 　例にならって文を作り、できあがった文の意味も書きなさい

どうすればいいですか＋～すればいいでしょう

> 例　어떻게 / 하다 / 되다 ⇒ 어떻게 하면 됩니까? (どうすればいいですか)
> 　　이 약 / 먹다 ⇒ 이 약을 먹으면 될 거예요. (この薬を飲めばいいでしょう)

①어떻게 / 공부하다 ⇒ _____　(　　　　)
　글자 / 외우다 ⇒ _____　(　　　　)
②어디 / 사다 ⇒ _____　(　　　　)
　저 가게 / 사다 ⇒ _____　(　　　　)
③언제 / 출발하다 ⇒ _____　(　　　　)
　내일 오후 / 출발하다 ⇒ _____　(　　　　)

トレーニング・チェック：解答は359ページ

④누구 / 만나다 ⇒ _____ ( )

　나카타 씨 / 만나다 ⇒ _____ ( )

⑤무엇 / 배우다 ⇒ _____ ( )

　영어 회화 / 배우다 ⇒ _____ ( )

韓国語で言ってみましょう！ （語尾はすべてヘヨ体で）

①明日天気が晴れたら山へ行きます。_____

②たばこを吸ったらだめです。_____

③値段が高いと買えません。_____

④水できれいに洗えばいいです。_____

⑤よく知っているのに守らないのです。_____

聞きとり　CDを聞いて文を完成しましょう　　　CD2-72

① 좀 [　　　　] 올 거예요.

② 날마다 [　　　　] 누군지 몰랐어요.

③ 혼자서 다 [　　　　] 안돼요.

④ 열심히 [　　　　] 성적이 오를 거예요.

⑤ 제가 언제 [　　　] 좋겠어요?

⑥ 지금 [　　　] 안됩니다.

⑦ [　　　] 피로가 풀릴 거예요.

⑧ 지하철역에는 어떻게 [　　　] 됩니까?

⑨ 여름에는 [　　　　] 비가 많이 와요.

⑩ 여기서 신발을 [　　　] 안돼요.

第45課　譲歩・義務の接続語尾を学ぶ

앉아도 됩니까？（座ってもいいですか）

この課の学習ポイント

連用形を含む文型を紹介します。

1．用言の語幹＋아서/어서＝先行動作・原因・状態

「〜아서/어서」は「〜して」、「〜なので」などにあたる接続語尾で、連用形に서が接続した形です。陽母音語幹には＋아서、陰母音語幹には＋어서を接続します。またハダ用言は話し言葉では「〜해서」、書き言葉では「〜하여서」になります。

2．用言の語幹＋아도/어도＝譲歩

「〜아도/어도」は「〜しても」にあたる接続語尾で、連用形に도が接続した形です。陽母音語幹＋아도、陰母音語幹＋어도を接続します。ハダ用言は話し言葉では「〜해도」、書き言葉では「〜하여도」になります。

〜（し）てもいい　語幹＋아도/어도 되다・괜찮다

앉아도 됩니까/돼요？（座ってもいいですか）

앉아도 괜찮습니다/괜찮아요．（座っても構いません）

3．用言の語幹＋아야/어야＝義務

「〜아야/어야」は義務・当為の意を表す接続語尾で、連用形に야が接続した形です。陽母音語幹＋아야、陰母音語幹＋어야を接続します。ハダ用言は話し言葉では「〜해야」、書き言葉では「〜하여야」になります。

〜（し）なければならない・いけない　　語幹＋아야/어야 되다・하다

제가 해야 됩니까/돼요？・합니까/해요？（私がしなければならないのですか）

トレーニング・チェック：解答は 359 ページ

新しい単語 前半　発音しながら3回ずつ書きましょう　　🔊 CD2-73

① 들어가다　　入る　　　　＿＿＿＿＿　　＿＿＿＿＿　　＿＿＿＿＿

② 괜찮다　　　構わない　　＿＿＿＿＿　　＿＿＿＿＿　　＿＿＿＿＿

③ 좋다　　　　良い　　　　＿＿＿＿＿　　＿＿＿＿＿　　＿＿＿＿＿

④ 싫다　　　　嫌いだ　　　＿＿＿＿＿　　＿＿＿＿＿　　＿＿＿＿＿

⑤ 밤늦게　　　夜遅く　　　＿＿＿＿＿　　＿＿＿＿＿　　＿＿＿＿＿

⑥ 늦다　　　　遅い・遅れる　＿＿＿＿＿　　＿＿＿＿＿　　＿＿＿＿＿

⑦ 미안하다　　すまない　　＿＿＿＿＿　　＿＿＿＿＿　　＿＿＿＿＿

⑧ 라면　　　　ラーメン　　＿＿＿＿＿　　＿＿＿＿＿　　＿＿＿＿＿

⑨ 짜다　　　　塩辛い　　　＿＿＿＿＿　　＿＿＿＿＿　　＿＿＿＿＿

⑩ 푹　　　　　ゆったり・じっくり　＿＿＿＿＿　　＿＿＿＿＿　　＿＿＿＿＿

語彙を増やそう！

1. 次の単語の意味を日本語で言ってください

① 미안하다　＿＿＿＿＿　　　　②괜찮다　＿＿＿＿＿

③ 늦다　　　＿＿＿＿＿　　　　④좋다　　＿＿＿＿＿

⑤ 싫다　　　＿＿＿＿＿　　　　⑥짜다　　＿＿＿＿＿

⑦ 푹　　　　＿＿＿＿＿　　　　⑧들어가다　＿＿＿＿＿

⑨ 라면　　　＿＿＿＿＿　　　　⑩밤늦게　＿＿＿＿＿

2. 次の単語を韓国語で言ってください

① 構わない　　　＿＿＿＿＿　　　②遅い　　　＿＿＿＿＿

③ ラーメン　　　＿＿＿＿＿　　　④良い　　　＿＿＿＿＿

⑤ ゆったり・じっくり　＿＿＿＿＿　⑥夜遅く　　＿＿＿＿＿

⑦ すまない　　　＿＿＿＿＿　　　⑧嫌いだ　　＿＿＿＿＿

⑨ 入る　　　　　＿＿＿＿＿　　　⑩塩辛い　　＿＿＿＿＿

トレーニング・チェック：解答は 359 ページ

基本文型の練習 A　例にならって文を作り、できあがった文の意味も書きなさい

1. 語幹＋아서 / 어서　ヘヨ体

   > 例　날씨 / 흐리다 / 싫다⇒ 날씨가 흐려서 싫어요 . （曇っていていやです）

   ① 집 / 조용하다 / 좋다⇒ ＿＿＿＿＿＿＿＿＿＿（　　　　　　　　）
   ② 늦다 / 미안하다⇒ ＿＿＿＿＿＿＿＿＿＿（　　　　　　　　）
   ③ 편지 / 쓰다 / 보내다⇒ ＿＿＿＿＿＿＿＿＿＿（　　　　　　　　）
   ④ 비싸다 / 못 사다⇒ ＿＿＿＿＿＿＿＿＿＿（　　　　　　　　）
   ⑤ 라면 / 짜다 / 싫다⇒ ＿＿＿＿＿＿＿＿＿＿（　　　　　　　　）

2. 語幹＋아도 / 어도　ヘヨ体

   > 例　이 / 책 / 읽다⇒ 이 책을 읽어도 돼요？（この本を読んでもいいですか）

   ① 화장실 / 가다⇒ ＿＿＿＿＿＿＿＿＿＿（　　　　　　　　）
   ② 밤늦게 / 전화하다⇒ ＿＿＿＿＿＿＿＿＿＿（　　　　　　　　）
   ③ 방 / 들어가다⇒ ＿＿＿＿＿＿＿＿＿＿（　　　　　　　　）
   ④ 담배 / 피우다⇒ ＿＿＿＿＿＿＿＿＿＿（　　　　　　　　）
   ⑤ 여기 / 앉다⇒ ＿＿＿＿＿＿＿＿＿＿（　　　　　　　　）

3. 語幹＋아야 / 어야　하다　ハムニダ体

   > 例　책 / 읽다⇒ 책을 읽어야 합니다 . （本を読まなければなりません）

   ① 약 / 먹다⇒ ＿＿＿＿＿＿＿＿＿＿（　　　　　　　　）
   ② 솔직히 / 말하다⇒ ＿＿＿＿＿＿＿＿＿＿（　　　　　　　　）
   ③ 10시 / 끝내다⇒ ＿＿＿＿＿＿＿＿＿＿（　　　　　　　　）
   ④ 지금 / 가다⇒ ＿＿＿＿＿＿＿＿＿＿（　　　　　　　　）
   ⑤ 매일 / 연습하다⇒ ＿＿＿＿＿＿＿＿＿＿（　　　　　　　　）

> トレーニング・チェック：解答は 359 ページ

4．語幹＋아야/어야　되다　ヘヨ体

> 例　책 / 읽다 ⇒ 책을 읽어야 돼요．（本を読まなければなりません）

① 지금 / 출발하다 ⇒ ＿＿＿＿＿＿＿＿＿（　　　　　　　　　）
② 편지 / 쓰다 ⇒ ＿＿＿＿＿＿＿＿＿（　　　　　　　　　）
③ 그 분 / 만나다 ⇒ ＿＿＿＿＿＿＿＿＿（　　　　　　　　　）
④ 푹 / 쉬다 ⇒ ＿＿＿＿＿＿＿＿＿（　　　　　　　　　）
⑤ 치료 / 받다 ⇒ ＿＿＿＿＿＿＿＿＿（　　　　　　　　　）

新しい単語　後半　発音しながら3回ずつ書きましょう　🔊 CD2-74

① 부인　　　　夫人・奥さん
② 춤을 추다　踊りを踊る
③ 외우다　　　暗記する
④ 죄송하다　　申し訳ない
⑤ 쓰다　　　　使う
⑥ 국　　　　　スープ・汁物
⑦ 아무리　　　どんなに・いくら（～ても）

⑧ 힘　　　　　ちから
⑨ 일주일　　　1週間
⑩ 정도　　　　程度

語彙を増やそう！

1．次の単語の意味を日本語で言ってください

① 아무리 ＿＿＿＿＿＿＿＿　② 외우다 ＿＿＿＿＿＿＿＿

トレーニング・チェック：解答は 359 ページ

③춤을 추다 ＿＿＿＿＿　　④정도 ＿＿＿＿＿

⑤쓰다 ＿＿＿＿＿　　⑥죄송하다 ＿＿＿＿＿

⑦일주일 ＿＿＿＿＿　　⑧부인 ＿＿＿＿＿

⑨힘 ＿＿＿＿＿　　⑩국 ＿＿＿＿＿

2. 次の単語を韓国語で言ってください

①程度 ＿＿＿＿＿　　②スープ・汁物 ＿＿＿＿＿

③1週間 ＿＿＿＿＿　　④奥さん ＿＿＿＿＿

⑤暗記する ＿＿＿＿＿　　⑥使う ＿＿＿＿＿

⑦踊りを踊る ＿＿＿＿＿　　⑧ちから ＿＿＿＿＿

⑨どんなに ＿＿＿＿＿　　⑩申し訳ない ＿＿＿＿＿

基本文型の練習 B　例にならって文を作り、できあがった文の意味も書きなさい

1. ～(し)てもいいですか＋だめです・構いません

> 例　여기/사진/찍다⇒
> 여기서 사진을 찍어도 됩니까? (ここで写真を撮ってもいいですか)
> 미안하지만, <u>여기서는 안돼요</u>. (すみませんが、ここではだめです)
> 네, <u>찍어도 괜찮아요</u>. (はい、撮っても構いません)

①여기/앉다⇒ ＿＿＿＿＿　　（　　　　）

　네, ＿＿＿＿＿　　（　　　　）

②담배/피우다⇒ ＿＿＿＿＿　　（　　　　）

　미안하지만, ＿＿＿＿＿　　（　　　　）

③텔레비전/보다⇒ ＿＿＿＿＿　　（　　　　）

　네, ＿＿＿＿＿　　（　　　　）

トレーニング・チェック：解答は 359 ページ

④방/들어가다⇒ _____ (　　　　　　　　)

　네, _____ (　　　　　　　　)

⑤전화/쓰다⇒ _____ (　　　　　　　　)

　네, _____ (　　　　　　　　)

2. ~(すれ)ばいいですか

> 例　어떻게/하다⇒ 어떻게 해야 합니까? (どうすればいいですか)
> 　　여기/잠시/기다리다⇒ 여기서 잠시 기다리세요.
> 　　　　　　　　　　　　（ここでちょっと待ってください）

①어디/사다⇒ _____ (　　　　　　　　)

　시장/사다⇒ _____ (　　　　　　　　)

②어떻게/사람을 부르다⇒ _____ (　　　　　　　　)

　이 단추/누르다⇒ _____ (　　　　　　　　)

③어디/음악을 듣다⇒ _____ (　　　　　　　　)

　제 방/듣다⇒ _____ (　　　　　　　　)

④어떻게/오다⇒ _____ (　　　　　　　　)

　택시/오다⇒ _____ (　　　　　　　　)

⑤무엇/배우다⇒ _____ (　　　　　　　　)

　경제학/배우다⇒ _____ (　　　　　　　　)

韓国語で言ってみましょう！　（語尾はすべてハムニダ体で）

①隣に座ってもいいですか。 _____

②ここでたばこを吸ってもいいですか。 _____

③1週間程度治療を受けなければなりません。 _____

④少し遅れても構いません。 _____

⑤トイレに行ってもいいですか。 _____

トレーニング・チェック：解答は 360 ページ

聞きとり　CD を聞いて文を完成しましょう　　🔊 CD2-75

① 국이 너무 [　　　] 못 먹겠어요.

② 밤늦게 전화해도 [　　　]?

③ 주말에는 오지 [　　　] 돼요.

④ 오늘은 [　　　] 못 가요.

⑤ 그렇게 일찍 [　　　] 합니까?

⑥ 약을 [　　　] 효과가 없어요.

⑦ 아무리 [　　　] 잘 모르겠습니다.

⑧ 사람이 너무 [　　　] 못 찾겠어요.

⑨ 하루에 세 번 약을 [　　　] 해요.

⑩ 방에 [　　　] 됩니까?

第46課　終結語尾を学ぶ

어제는 바빴지요（きのうは忙しかったでしょう）

この課の学習ポイント

ニュアンスの違いを中心に、様々な終結語尾を紹介します。

1．用言の語幹＋現在連体形＋데요＝婉曲

「〜데요」は「〜ですが」、「〜ますが」などにあたる、断定を避けた表現です。現在連体形にヘヨ体語尾の데요が接続した形です。過去や未来の補助語幹とともに用いる場合には、用言の語幹＋補助語幹＋는데요となります。

	現在	過去	未来
動詞 가다（行く）	가는데요	갔는데요	가겠는데요
存在詞있다（いる・ある）	있는데요	있었는데요	있겠는데요
形容詞좋다（いい）	좋은데요	좋았는데요	좋겠는데요
指定詞이다（〜だ）	子音名詞＋인데요	이었는데요	이겠는데요
	母音名詞＋ㄴ데요	였는데요	겠는데요

2．用言の語幹＋지요＝確認

「〜지요」は「〜（する）でしょう」、「〜しますよ」、「〜ですよ」などにあたり、相手に同意を求めたり確認するときに使う表現です。語幹の種類に関係なく接続し、過去形は았/었지요となります。話し言葉では縮約形の죠がよく使われます。

3．用言の語幹＋군요・는군요＝詠嘆

「〜군요」は「〜ですねえ」、「〜ますねえ」などにあたる、確認的感嘆語尾です。過去形は았/었군요となり、用言の品詞別に次のように接続します。

形容詞・指定詞	語幹　＋　군요
存在詞	子音語幹　＋　군요
動詞	母音語幹　＋　는군요
	子音語幹　＋　는군요
「ㄹ」語幹（ㄹは消える）	＋　는군요

> トレーニング・チェック：解答は 360 ページ

新しい単語 前半　発音しながら3回ずつ書きましょう　🔊 CD2-76

① 배　　　　　おなか・腹　　　_____　_____　_____
② 고프다　　　（おなかが）すく　_____　_____　_____
③ 항상　　　　いつも・常に　　_____　_____　_____
④ 한참　　　　しばらく・ずっと　_____　_____　_____
⑤ 곧　　　　　すぐ・直ちに　　_____　_____　_____
⑥ 들리다　　　聞こえる　　　　_____　_____　_____
⑦ 어울리다　　似合う　　　　　_____　_____　_____
⑧ 사인하다　　サインする　　　_____　_____　_____
⑨ 아름답다　　美しい　　　　　_____　_____　_____
⑩ 경치　　　　景色　　　　　　_____　_____　_____

語彙を増やそう！

1. 次の単語の意味を日本語で言ってください

① 사인하다 _____　② 고프다 _____
③ 항상 _____　　　④ 경치 _____
⑤ 한참 _____　　　⑥ 아름답다 _____
⑦ 배 _____　　　　⑧ 들리다 _____
⑨ 곧 _____　　　　⑩ 어울리다 _____

2. 次の単語を韓国語で言ってください

①（おなかが）すく _____　② いつも・常に _____
③ おなか・腹 _____　　　　④ すぐ・直ちに _____
⑤ しばらく・ずっと _____　⑥ 聞こえる _____
⑦ サインする _____　　　　⑧ 美しい _____
⑨ 景色 _____　　　　　　　⑩ 似合う _____

トレーニング・チェック：解答は 360 ページ

基本文型の練習 A　例にならって文を作り、できあがった文の意味も書きなさい

1. 用言の語幹＋現在連体形語尾＋데요

> 例　날씨/흐리다 ⇒　날씨가 흐린데요　（曇っていますが）

① 잘/안 들리다 ⇒ ＿＿＿＿＿＿＿＿＿＿＿＿＿＿＿（　　　　　　　）
② 시간/없다 ⇒ ＿＿＿＿＿＿＿＿＿＿＿＿＿＿＿（　　　　　　　）
③ 이것/좋다 ⇒ ＿＿＿＿＿＿＿＿＿＿＿＿＿＿＿（　　　　　　　）
④ 제/아니다 ⇒ ＿＿＿＿＿＿＿＿＿＿＿＿＿＿＿（　　　　　　　）
⑤ 야마다 씨/오시다 ⇒ ＿＿＿＿＿＿＿＿＿＿＿＿＿＿＿（　　　　　　　）

2. 用言の語幹＋겠＋는＋데요

> 例　오늘/흐리다 ⇒　오늘은 흐리겠는데요　（今日は曇りそうですね）

① 비/오다 ⇒ ＿＿＿＿＿＿＿＿＿＿＿＿＿＿＿（　　　　　　　）
② 곧/수업/시작되다 ⇒ ＿＿＿＿＿＿＿＿＿＿＿＿＿＿＿（　　　　　　　）
③ 별로/맛없다 ⇒ ＿＿＿＿＿＿＿＿＿＿＿＿＿＿＿（　　　　　　　）
④ 옷/잘/어울리다 ⇒ ＿＿＿＿＿＿＿＿＿＿＿＿＿＿＿（　　　　　　　）
⑤ 내일/바쁘시다 ⇒ ＿＿＿＿＿＿＿＿＿＿＿＿＿＿＿（　　　　　　　）

3. 用言の語幹＋지요

> 例　날씨/덥다 ⇒　날씨가 덥지요　（暑いですね）

① 경치/멋있다 ⇒ ＿＿＿＿＿＿＿＿＿＿＿＿＿＿＿（　　　　　　　）
② 너무/비싸다 ⇒ ＿＿＿＿＿＿＿＿＿＿＿＿＿＿＿（　　　　　　　）
③ 하늘/아름답다 ⇒ ＿＿＿＿＿＿＿＿＿＿＿＿＿＿＿（　　　　　　　）
④ 음식/좀/맵다 ⇒ ＿＿＿＿＿＿＿＿＿＿＿＿＿＿＿（　　　　　　　）
⑤ 아는 분/이시다 ⇒ ＿＿＿＿＿＿＿＿＿＿＿＿＿＿＿（　　　　　　　）

4. 用言の語幹＋았/었＋지요

> 例　어제/바쁘다⇒　어제는 바빴지요　(昨日は忙しかったでしょう)

① 서류/사인하다⇒ _____ (　　　　)

② 비/많이/오다⇒ _____ (　　　　)

③ 숙제/다/하다⇒ _____ (　　　　)

④ 댁/계시다⇒ _____ (　　　　)

⑤ 아까/만나시다⇒ _____ (　　　　)

5. 用言の語幹＋군요・는군요

> 例　생각보다/비싸다⇒　생각보다 비싸군요　(思ったより高いですね)

① 영화/재미있다⇒ _____ (　　　　)

② 배/고프다⇒ _____ (　　　　)

③ 라면/너무/짜다⇒ _____ (　　　　)

④ 밥/잘 먹다⇒ _____ (　　　　)

⑤ 항상/바쁘시다⇒ _____ (　　　　)

6. 用言の語幹＋았/었＋군요

> 例　살/빠지다⇒　살이 빠졌군요　(痩せましたね)

① 댁/계시다⇒ _____ (　　　　)

② 한참/기다리다⇒ _____ (　　　　)

③ 연습/많이/하다⇒ _____ (　　　　)

④ 작년/졸업하다⇒ _____ (　　　　)

⑤ 사장님/오시다⇒ _____ (　　　　)

トレーニング・チェック：解答は360ページ

新しい単語 後半　発音しながら3回ずつ書きましょう　🔊 CD2-77

①당연하다	当然だ	＿＿＿＿＿　＿＿＿＿＿　＿＿＿＿＿
②공기	空気	＿＿＿＿＿　＿＿＿＿＿　＿＿＿＿＿
③강하다	強い	＿＿＿＿＿　＿＿＿＿＿　＿＿＿＿＿
④사귀다	つきあう	＿＿＿＿＿　＿＿＿＿＿　＿＿＿＿＿
⑤따로	別々に・他に	＿＿＿＿＿　＿＿＿＿＿　＿＿＿＿＿
⑥극장	映画館・劇場	＿＿＿＿＿　＿＿＿＿＿　＿＿＿＿＿
⑦그럼	では・じゃあ	＿＿＿＿＿　＿＿＿＿＿　＿＿＿＿＿
⑧그거	それ	＿＿＿＿＿　＿＿＿＿＿　＿＿＿＿＿
⑨뽑다	引き抜く・選ぶ	＿＿＿＿＿　＿＿＿＿＿　＿＿＿＿＿
⑩참	実に・本当に	＿＿＿＿＿　＿＿＿＿＿　＿＿＿＿＿

語彙を増やそう！

1. 次の単語の意味を日本語で言ってください

①따로　＿＿＿＿＿＿　　②사귀다　＿＿＿＿＿＿
③뽑다　＿＿＿＿＿＿　　④당연하다　＿＿＿＿＿＿
⑤강하다　＿＿＿＿＿＿　⑥그럼　＿＿＿＿＿＿
⑦그거　＿＿＿＿＿＿　　⑧공기　＿＿＿＿＿＿
⑨참　＿＿＿＿＿＿　　　⑩극장　＿＿＿＿＿＿

2. 次の単語を韓国語で言ってください

①では　＿＿＿＿＿＿　　②本当に　＿＿＿＿＿＿
③強い　＿＿＿＿＿＿　　④引き抜く　＿＿＿＿＿＿
⑤映画館・劇場　＿＿＿＿　⑥それ　＿＿＿＿＿＿
⑦別々に　＿＿＿＿＿＿　⑧つきあう　＿＿＿＿＿＿
⑨空気　＿＿＿＿＿＿　　⑩当然だ　＿＿＿＿＿＿

トレーニング・チェック：解答は361ページ

基本文型の練習B　例にならって文を作り、できあがった文の意味も書きなさい

> 例　요즘/많이/바쁘다⇒
> 요즘 많이 바쁘시지요?（最近とてもお忙しいんでしょう）
> 네, 조금 바쁜데요.（ええ、少し忙しいですね）

① 일본어/배우다⇒ _____ (　　　　　)
　아뇨, 한국어 _____ (　　　　　)

② 회사/다니다⇒ _____ (　　　　　)
　아뇨, 은행 _____ (　　　　　)

③ 한국말/잘하다⇒ _____ (　　　　　)
　별로 잘 _____ (　　　　　)

④ 그 분/자주/만나다⇒ _____ (　　　　　)
　아뇨, 가끔 _____ (　　　　　)

⑤ 담배/많이/피우다⇒ _____ (　　　　　)
　네, 아주 많이 _____ (　　　　　)

韓国語で言ってみましょう！

① それ、いいでしょう。(確認) _____
② 韓国料理が食べたいんですが。(婉曲) _____
③ 今日は時間がないんでしょう。(確認) _____
④ あそこが銀行ですけれど。(婉曲) _____
⑤ 一度会いたいですね。(詠嘆) _____

聞きとり　CDを聞いて文を完成しましょう　　CD2-78

① 이 색깔이 더 잘 ☐ .

② 이 곳은 공기가 아주 ☐ .

③ 요즘 많이 ☐ ?

④ 그럼 같이 ☐ .

⑤ 내일 좀 만나고 ☐ 시간 있으세요?

⑥ 그것은 ☐ .

⑦ 여보세요. 저 김민철 ☐ . 스즈키 씨 계십니까?

⑧ 그 옷이 훨씬 ☐ .

⑨ 거기 김영숙 씨 댁 ☐ ?

⑩ 지금 자리에 안 ☐ .

第47課 ヘ体を学ぶ
많이 먹어（たくさん食べてね）

この課の学習ポイント

　日本語の「です・ます」体と「である・だ」体にあたる文体の使い分けが韓国語にもあります。丁寧な文体である上称体と丁寧でない文体である下称体がそれです。丁寧な言い方の上称体に対して、丁寧でないぞんざいな言い方を下称体と呼びます。前半で学習したハムニダ（합니다）体とヘヨ（해요）体が上称体ですが、下称体を韓国語ではパンマル（반말）といいます。

　下称体にはヘ（해）体とハンダ（한다）体があります。ヘ体は話し言葉でよく使われますが、同等や目下の人に、または子供が大人に甘える時に用いる文体です。ハンダ体は主に文章で用いる硬い文体です。新聞や雑誌、論文、小説の地の文などで用います。まずヘ体から学びましょう。

1．ヘ（해）体現在

　ヘヨ体から요をとった形なのでヘ体と呼びます。ヘ体はヘヨ体と同様、平叙形・疑問形・命令形・勧誘形が同形です。ヘ体現在は、ヘヨ体から요（ヨ）をとるとできあがります。

　　　가다（行く）　　　　가요　⇒ 가
　　　예쁘다（きれいだ）　예뻐요　⇒ 예뻐
　　　없다（ない・いない）없어요　⇒ 없어

ただし、指定詞はヘヨ体とヘ体がまったく異なる形になります。

　　　이다（である）　　　예요/이에요 ： 야/이야
　　　아니다（ではない）　아니에요　　 ： 아니야

2．ヘ（해）体現在否定

①前置否定（안＋用言）

　안 ＋ヘ体

　　가다（行く）　　　　안 가다（行かない）⇒ 안 가

283

トレーニング・チェック：

②後置否定（用言の語幹＋지 않다）

　用言の語幹＋지 않아

　　가다（行く）　　　　가지 않다（行かない）⇒ 가지 않아

3．ヘ（해）体過去

へ体過去は、過去時制補助語幹の았/었に어を接続します（指定詞も同様）。

　　가다（行く）　　　가+았+어　⇒ 갔어
　　예쁘다（きれいだ）　예쁘+었+어 ⇒ 예뻤어
　　없다（ない・いない）없+었+어　⇒ 없었어
　　이다（である）　　　이+었+어　⇒ 였어 / 이었어

新しい単語　前半　発音しながら3回ずつ書きましょう　　🔊 CD2-79

①인사　　あいさつ
②눈물　　涙
③특히　　特に
④빠지다　抜ける・はまる
⑤대개　　大体・たいてい
⑥힘들다　大変だ
⑦길이　　長さ
⑧경우　　場合
⑨바로　　まさに・ちょうど
⑩전철　　電車

トレーニング・チェック：解答は 361 ページ

語彙を増やそう！

1. 次の単語の意味を日本語で言ってください

   ①힘들다 _____　②전철 _____
   ③인사 _____　④바로 _____
   ⑤빠지다 _____　⑥특히 _____
   ⑦길이 _____　⑧눈물 _____
   ⑨경우 _____　⑩대개 _____

2. 次の単語を韓国語で言ってください

   ①まさに _____　②大変だ _____
   ③長さ _____　④たいてい _____
   ⑤特に _____　⑥場合 _____
   ⑦抜ける _____　⑧涙 _____
   ⑨あいさつ _____　⑩電車 _____

基本文型の練習 A　例にならって文を作り、できあがった文の意味も書きなさい

1. ヘ（해）体現在　平叙

   | 例 | 텔레비전/보다⇒ | 텔레비전을 봐 | （テレビを見ている） |

   ①너무/힘들다⇒ _____（　　　　　）
   ②경치/좋다⇒ _____（　　　　　）
   ③길이/짧다⇒ _____（　　　　　）
   ④다리/길다⇒ _____（　　　　　）
   ⑤전철/타다⇒ _____（　　　　　）

トレーニング・チェック：解答は361ページ

2．ヘ (해) 体現在　命令

> 例　많이 / 먹다 ⇒　**많이 먹어**　（たくさん食べてね）

① 이 / 책 / 읽다 ⇒ _____ (　　　　　　　)

② 나중 / 전화하다 ⇒ _____ (　　　　　　　)

③ 여기 / 좀 / 앉다 ⇒ _____ (　　　　　　　)

④ 내일 / 같이 / 오다 ⇒ _____ (　　　　　　　)

⑤ 일찍 / 일어나다 ⇒ _____ (　　　　　　　)

3．ヘ (해) 体否定　疑問

> 例　아직 / 자다 ⇒　**아직 안 자?**　（まだ寝ないの）

① 비 / 오다 ⇒ _____ (　　　　　　　)

② 마음 / 들다 ⇒ _____ (　　　　　　　)

③ 잘 / 들리다 ⇒ _____ (　　　　　　　)

④ 기분 / 좋다 ⇒ _____ (　　　　　　　)

⑤ 오늘 / 바쁘다 ⇒ _____ (　　　　　　　)

4．ヘ (해) 体過去　疑問

> 例　왜 / 가다 ⇒　**왜 갔어?**　（どうして行ったの）

① 무슨 일 / 전화하다 ⇒ _____ (　　　　　　　)

② 언제 / 오다 ⇒ _____ (　　　　　　　)

③ 별로 / 맛없다 ⇒ _____ (　　　　　　　)

④ 숙제 / 다 / 하다 ⇒ _____ (　　　　　　　)

⑤ 오늘 / 바쁘다 ⇒ _____ (　　　　　　　)

トレーニング・チェック：解答は361ページ

新しい単語 後半　発音しながら3回ずつ書きましょう　🔊CD2-80

①현대	現代	
②건설	建設	
③경기	競技	
④시골	いなか	
⑤진짜	本物・本当に	
⑥재일교포	在日僑胞・在日韓国朝鮮人	
⑦대신	代わり（に）	
⑧혹시	あるいは・ひょっとして	
⑨째	（～番）目	
⑩늘다	増える・上達する	

語彙を増やそう！

1. 次の単語の意味を日本語で言ってください

　①건설　　　　　　　　②경기
　③째　　　　　　　　　④늘다
　⑤혹시　　　　　　　　⑥재일교포
　⑦시골　　　　　　　　⑧진짜
　⑨현대　　　　　　　　⑩대신

2. 次の単語を韓国語で言ってください

　①現代　　　　　　　　②在日僑胞
　③あるいは　　　　　　④（～番）目
　⑤本物　　　　　　　　⑥いなか

トレーニング・チェック：解答は361ページ

⑦増える _____　⑧代わり _____
⑨競技 _____　⑩建設 _____

基本文型の練習B　例にならって文を作り、できあがった文の意味も書きなさい

```
例　지금 뭐 해？（今何しているの）
    텔레비전/보다⇒ 텔레비전을 봐. （テレビを見ているの）
```

①어디서 일본어 배워?　　　　　　　　　（　　　　　）
　일본어 학원⇒ _____（　　　　　）

②어느 회사에 다녀?　　　　　　　　　　（　　　　　）
　현대건설⇒ _____（　　　　　）

③축구 경기 봤어?　　　　　　　　　　　（　　　　　）
　못⇒ _____（　　　　　）

④저녁밥 먹었어?　　　　　　　　　　　（　　　　　）
　아직 안⇒ _____（　　　　　）

⑤언제 도착했어?　　　　　　　　　　　（　　　　　）
　2시쯤⇒ _____（　　　　　）

韓国語で言ってみましょう！　（語尾はすべてヘヨ体で）

①もう終わったの。 _____
②金先生に会えなかった。 _____
③いくらで買ったの。 _____
④アメリカへ行きたい。 _____
⑤どうして電話したの。 _____

聞きとり CDを聞いて文を完成しましょう　　　🔊CD2-81

① 입을 옷이 ☐ .

② 빨리 집에 ☐ .

③ 무슨 일로 ☐ ?

④ 가기 ☐ .

⑤ 먼저 ☐ ☐ .

⑥ 지금 저녁 ☐ ☐ .

⑦ 영숙이 좀 ☐ ☐ .

⑧ 꼭 ☐ ☐ .

⑨ 너무 ☐ .

⑩ 어제 몇 시에 ☐ ?(어제＝昨日)

第48課　ハンダ体を学ぶ

텔레비전을 본다（テレビを見る）

この課の学習ポイント

　ハンダ体は敬意を含まないもっともぞんざいな言い方です。主に文章で使われますが、会話で大人が子供に対して使う時もあります。

1. ハンダ(한다)体現在

動詞	母音語幹＋ ㄴ다	가다(行く)	간다
	「ㄹ」語幹(ㄹは消える)＋ ㄴ다	울다(泣く)	운다
	子音語幹＋ 는다	앉다(座る)	앉는다

指定詞・形容詞・存在詞は、ハンダ体現在が原形と同じ形です。

2. ハンダ(한다)体現在否定

①前置否定(안＋用言)

　안 ＋ハンダ体の順になります。

　　가다(行く) ⇒ 안 간다

②後置否定(用言の語幹＋지 않다)

　動詞の語幹には지 않는다が、形容詞の語幹には지 않다がつきます。

　　가다(行く) ⇒ 가지 않는다 (行かない)

　　적다(少ない) ⇒ 적지 않다 (少なくない)

3. ハンダ(한다)体現在敬語

動詞	母音語幹＋ 신다	가다(行く)	가신다
	「ㄹ」語幹(ㄹは消える)＋ 신다	울다(泣く)	우신다
	子音語幹＋ 으신다	앉다(座る)	앉으신다

指定詞・形容詞・存在詞

	母音語幹＋ 시다	이다(である)	이시다
	「ㄹ」語幹(ㄹは消える)＋ 시다	길다(長い)	기시다
	子音語幹＋ 으시다	있다(ある・いる)	있으시다

トレーニング・チェック：解答は 362 ページ

4. ハンダ(한다)体過去・未来

過去を表す았/었や意志・未来を表す겠などの時制補助語幹がつくと、動詞か形容詞かにかかわらずハンダ体は「語幹＋時制補助語幹＋다」となります。

앉다(座る)　⇒　앉았다(座った)

가다(行く)　⇒　가겠다(行くだろう)

新しい単語 前半　発音しながら3回ずつ書きましょう　　CD2-82

① 활짝　　　ぱあっと・にっこり

② 아시아　　アジア

③ 바닥　　　底・床

④ 새로　　　新たに

⑤ 닦다　　　拭く・磨く

⑥ 고생하다　苦労する

⑦ 평소　　　平素・普段

⑧ 그대로　　そのまま

⑨ 잔돈　　　小銭

⑩ 대단히　　非常に

語彙を増やそう！

1. 次の単語の意味を日本語で言ってください

① 아시아 ＿＿＿＿＿　　② 바닥 ＿＿＿＿＿

③ 그대로 ＿＿＿＿＿　　④ 활짝 ＿＿＿＿＿

⑤ 새로 ＿＿＿＿＿　　⑥ 잔돈 ＿＿＿＿＿

⑦ 대단히 ＿＿＿＿＿　　⑧ 고생하다 ＿＿＿＿＿

トレーニング・チェック：解答は362ページ

⑨닦다 ＿＿＿＿＿＿＿　⑩평소 ＿＿＿＿＿＿＿

2. 次の単語を韓国語で言ってください

①新たに ＿＿＿＿＿＿＿　②平素・普段 ＿＿＿＿＿＿＿

③小銭 ＿＿＿＿＿＿＿　④非常に ＿＿＿＿＿＿＿

⑤にっこり ＿＿＿＿＿＿＿　⑥そのまま ＿＿＿＿＿＿＿

⑦アジア ＿＿＿＿＿＿＿　⑧拭く・磨く ＿＿＿＿＿＿＿

⑨底 ＿＿＿＿＿＿＿　⑩苦労する ＿＿＿＿＿＿＿

基本文型の練習A　例にならって文を作り、できあがった文の意味も書きなさい

1. ハンダ(한다)体　現在

> 例　텔레비전/보다⇒　텔레비전을 본다.　（テレビを見ている）

①아기/웃다⇒ ＿＿＿＿＿＿＿＿＿＿＿＿（　　　　　）

②경치/좋다⇒ ＿＿＿＿＿＿＿＿＿＿＿＿（　　　　　）

③바람/불다⇒ ＿＿＿＿＿＿＿＿＿＿＿＿（　　　　　）

④인기/있다⇒ ＿＿＿＿＿＿＿＿＿＿＿＿（　　　　　）

⑤자주/전화하다⇒ ＿＿＿＿＿＿＿＿＿＿＿＿（　　　　　）

2. ハンダ(한다)体　現在　否定

> 例　책/읽다⇒　책을 안 읽는다.　（本を読まない）

①생선/먹다⇒ ＿＿＿＿＿＿＿＿＿＿＿＿（　　　　　）

②아직/자다⇒ ＿＿＿＿＿＿＿＿＿＿＿＿（　　　　　）

③마음/들다⇒ ＿＿＿＿＿＿＿＿＿＿＿＿（　　　　　）

④오늘/바쁘다⇒ ＿＿＿＿＿＿＿＿＿＿＿＿（　　　　　）

⑤술/마시다⇒ ＿＿＿＿＿＿＿＿＿＿＿＿（　　　　　）

トレーニング・チェック：解答は 362 ページ

3. ハンダ(한다)体　現在　敬語

> 例　벌써/주무시다⇒　벌써 주무신다．（もうおやすみになっている）

① 담배/피우다 ＿＿＿＿＿＿＿＿＿＿＿＿＿＿＿＿＿＿＿（　　　　）
② 잔돈/없다⇒ ＿＿＿＿＿＿＿＿＿＿＿＿＿＿＿＿＿＿＿（　　　　）
③ 많이/드시다⇒ ＿＿＿＿＿＿＿＿＿＿＿＿＿＿＿＿＿＿（　　　　）
④ 기분/좋다⇒ ＿＿＿＿＿＿＿＿＿＿＿＿＿＿＿＿＿＿＿（　　　　）
⑤ 일찍/일어나다⇒ ＿＿＿＿＿＿＿＿＿＿＿＿＿＿＿＿＿（　　　　）

4. ハンダ(한다)体　過去　敬語

> 例　혼자/살다⇒　혼자 사셨다．（1人で住まわれた）

① 같이/오다⇒ ＿＿＿＿＿＿＿＿＿＿＿＿＿＿＿＿＿＿＿（　　　　）
② 활짝/웃다⇒ ＿＿＿＿＿＿＿＿＿＿＿＿＿＿＿＿＿＿＿（　　　　）
③ 코트/입다⇒ ＿＿＿＿＿＿＿＿＿＿＿＿＿＿＿＿＿＿＿（　　　　）
④ 많이/고생하다⇒ ＿＿＿＿＿＿＿＿＿＿＿＿＿＿＿＿＿（　　　　）
⑤ 아주/바쁘다⇒ ＿＿＿＿＿＿＿＿＿＿＿＿＿＿＿＿＿＿（　　　　）

新しい単語　後半　発音しながら3回ずつ書きましょう　　CD2-83

① 기초	基礎			
② 입	口			
③ 알려지다	知られる			
④ 주소	住所			
⑤ 인구	人口			
⑥ 경기	景気			
⑦ 물가	物価			

トレーニング・チェック：解答は 362 ページ

⑧김밥　　海苔巻　　_____　_____　_____

⑨귀　　　耳　　　　_____　_____　_____

⑩심각하다　深刻だ　_____　_____　_____

語彙を増やそう！

1. 次の単語の意味を日本語で言ってください

①귀 _____　　②김밥 _____

③기초 _____　　④심각하다 _____

⑤인구 _____　　⑥경기 _____

⑦알려지다 _____　　⑧물가 _____

⑨입 _____　　⑩주소 _____

2. 次の単語を韓国語で言ってください

①人口 _____　　②基礎 _____

③知られる _____　　④口 _____

⑤物価 _____　　⑥海苔巻 _____

⑦深刻だ _____　　⑧景気 _____

⑨住所 _____　　⑩耳 _____

基本文型の練習 B　　例にならって文を作り、できあがった文の意味も書きなさい

> 例　할아버지/활짝/웃다⇒
>
> 　　할아버지가 활짝 웃으신다．（おじいさんがにっこりとお笑いになる）
>
> 　　할아버지가 활짝 웃으셨다．（おじいさんがにっこりとお笑いになった）

①날마다/2시간씩/운동하다(씩＝～ずつ)⇒

_____（　　　　　　　　　）

_____（　　　　　　　　　）

トレーニング・チェック：解答は 362 ページ

②평소/담배/피우다⇒

　　_____（　　　　　　　　　　）
　　_____（　　　　　　　　　　）

③축구/경기/보다⇒

　　_____（　　　　　　　　　　）
　　_____（　　　　　　　　　　）

④아침/빵/드시다⇒

　　_____（　　　　　　　　　　）
　　_____（　　　　　　　　　　）

⑤오후/친구분/오다⇒

　　_____（　　　　　　　　　　）
　　_____（　　　　　　　　　　）

韓国語で言ってみましょう！　（語尾はすべてハンダ体で）

①基礎がもっとも重要だ。_____

②日本人によく知られている。_____

③おばあさんは朝早くお起きになる。_____

④アジアでは人口問題が深刻だ。_____

⑤韓国より物価が高かった。_____

| トレーニング・チェック：解答は 362 ページ |

聞きとり　CD を聞いて文を完成しましょう　　◀CD2-84

① ☐ 돈이 ☐ .

②수업 중에 만화만 ☐ ☐ .

③ ☐ 담배를 많이 ☐ .

④아이들에게 ☐ 인기가 ☐ .

⑤할아버지께서는 귀가 ☐ ☐ ☐ .

⑥봄에는 ☐ 많이 ☐ .

⑦작년엔 ☐ 좋아 많이 ☐ .

⑧얼마 전에 ☐ 새로 ☐ .

⑨어머니께서 김밥을 ☐ ☐ .

⑩지금은 뭐라고 ☐ 수 ☐ .

第49課　平叙文と疑問文の引用形を学ぶ
영어를 배운다고 해요（英語を習っているそうです）

この課の学習ポイント

「～と言う・思う・考える」といった引用表現に含まれる「～と」は、韓国語で「～고」となります。この引用の「～고」は「～して・したり」を意味する「語幹＋고」とは前に来る用言の活用形が違います。（引用符を使って文をそのまま引用する場合には、"안녕하세요"라고 한다のように、引用符＋라고となります）

1. 平叙文の引用形

現在

　　指定詞　　　語幹＋라고　　　학생이라고 해요．　学生だそうです
　　指定詞以外　ハンダ体＋고　　간다고 해요．　　　行くそうです

過去（았/었）・未来（겠）

　全ての用言　ハンダ体＋고

　　　　　　이것이 아니었다고 해요．　これではなかったそうです

2. 疑問文の引用形

現在

　　動詞・存在詞　語幹＋느냐고　　있느냐고 해요．　　あるのかと言っています
　　形容詞・指定詞　語幹＋(으)냐고　싸냐고 해요　　安いのかと言っています

過去（았/었）・未来（겠）

　　全ての用言　　語幹＋느냐고

　　　　　　　얼마였느냐고 해요　いくらだったのかと言っています

（疑問文の引用形～느냐고/냐고においては、ㄹ語幹はㄴが後続するためㄹが消えてしまいます）

トレーニング・チェック：解答は 362 ページ

新しい単語 前半　発音しながら3回ずつ書きましょう　🔊 CD2-85

① 싸다	包む・(弁当を)作る	_____	_____	_____
② 너	君・お前	_____	_____	_____
③ 통하다	通じる	_____	_____	_____
④ 불편하다	不便だ	_____	_____	_____
⑤ 휴지	ティッシュ・トイレットペーパー	_____	_____	_____
⑥ 신용카드	クレジットカード	_____	_____	_____
⑦ 부끄럽다	恥ずかしい	_____	_____	_____
⑧ 점점	だんだん	_____	_____	_____
⑨ 군대	軍隊	_____	_____	_____
⑩ 모시다	ご案内する・お供する	_____	_____	_____

語彙を増やそう！

1. 次の単語の意味を日本語で言ってください

① 점점　_____　② 휴지　_____
③ 부끄럽다　_____　④ 너　_____
⑤ 군대　_____　⑥ 통하다　_____
⑦ 모시다　_____　⑧ 싸다　_____
⑨ 불편하다　_____　⑩ 신용카드　_____

2. 次の単語を韓国語で言ってください

① 通じる　_____　② 恥ずかしい　_____
③ ティッシュ　_____　④ お供する　_____

> トレーニング・チェック：解答は 362 ページ

⑤君・お前 _____　　⑥包む _____
⑦クレジットカード _____　　⑧軍隊 _____
⑨だんだん _____　　⑩不便だ _____

基本文型の練習 A　例にならって文を作り、できあがった文の意味も書きなさい

1. 引用文平叙：動詞　ハムニダ体

> 例　학원에서 영어 회화를 배우다 ⇒
> 　　학원에서 영어 회화를 배운다고 합니다.（塾で英会話を習っているそうです）

①매일 도시락을 싸다
　⇒ _____（　　　　　　　　　）

②바람이 많이 불다
　⇒ _____（　　　　　　　　　）

③고등학교에서 가르치다
　⇒ _____（　　　　　　　　　）

④당신을 믿다
　⇒ _____（　　　　　　　　　）

⑤말이 통하지 않다
　⇒ _____（　　　　　　　　　）

2. 引用文平叙：形容詞・存在詞・指定詞　ヘヨ体

> 例　아주 바쁘다⇒　아주 바쁘다고 해요.　（とても忙しいそうです）

①교통이 불편하다⇒ _____（　　　　　　）
②고향이 부산이다⇒ _____（　　　　　　）
③휴지가 없다⇒ _____（　　　　　　）

④문제가 적지 않다⇒ _____ ( )

⑤농담이 아니다⇒ _____ ( )

3. 引用文平叙：動詞・形容詞・存在詞・指定詞　ヘヨ体

> 例　시간이 더 필요합니다 ⇒
> 　　시간이 더 필요하다고 했어요. （時間がもっと必要だと言っていました）

①신용카드를 쓸 수 있습니다.
　⇒ _____ ( )

②물 속에 빠질 것 같습니다
　⇒ _____ ( )

③선물을 받고 기뻐합니다
　⇒ _____ ( )

④점점 추워집니다
　⇒ _____ ( )

⑤담배를 피워도 됩니다.
　⇒ _____ ( )

4. 引用文平叙：さまざまな時制　ハンダ体

> 例　일본에서 왔어요⇒　일본에서 왔다고 한다. （日本から来たそうだ）

①생일이 어제였어요.
　⇒ _____ ( )

②손님을 공항으로 모시겠어요.
　⇒ _____ ( )

③내년에 군대에 갈 거예요.
　⇒ _____ ( )

> トレーニング・チェック：解答は363ページ

④극장에서 영화를 봤어요.

⇒ _____ （　　　　　　　）

⑤돈이 모자라요

⇒ _____ （　　　　　　　）

新しい単語 後半　発音しながら3回ずつ書きましょう　🔊CD2-86

① 닮았다　　似ている
　　　　　　（過去形で使う）　_____　_____　_____
② 그립다　　恋しい　_____　_____　_____
③ 모양　　　形　_____　_____　_____
④ 즐겁다　　楽しい　_____　_____　_____
⑤ 편의점　　コンビニ　_____　_____　_____
⑥ 태어나다　生まれる　_____　_____　_____
⑦ 무겁다　　重い　_____　_____　_____
⑧ (〜에)대해서
　　　　　　（〜に）ついて　_____　_____　_____
⑨ 맞다　　　合う　_____　_____　_____
⑩ 침대　　　ベッド　_____　_____　_____

語彙を増やそう！

1. 次の単語の意味を日本語で言ってください

① 맞다　_____　　② 무겁다　_____
③ 태어나다　_____　　④ 닮았다　_____
⑤ 그립다　_____　　⑥ 즐겁다　_____
⑦ 에 대해서　_____　　⑧ 침대　_____
⑨ 모양　_____　　⑩ 편의점　_____

> トレーニング・チェック：解答は 363 ページ

2. 次の単語を韓国語で言ってください

①楽しい _____　②(〜に)ついて_____

③ベッド _____　④形 _____

⑤重い _____　⑥恋しい _____

⑦コンビニ _____　⑧似ている _____

⑨生まれる _____　⑩合う _____

基本文型の練習B　例にならって文を作り、できあがった文の意味も書きなさい

1. 引用文疑問：存在詞・形容詞・指定詞

> 例　대학교에서 뭘 전공합니까? ⇒
> 　　대학교에서 뭘 전공하느냐고 물어 봤어요.
> 　　(大学で何を専攻しているのかと尋ねました)

①침대가 없습니까?

　⇒ _____ (　　　　　　　　　　)

②색깔과 모양이 어떻습니까?

　⇒ _____ (　　　　　　　　　　)

③이것이 무엇입니까?

　⇒ _____ (　　　　　　　　　　)

④여기서 멉니까?

　⇒ _____ (　　　　　　　　　　)

⑤편의점이 어디 있습니까?

　⇒ _____ (　　　　　　　　　　)

トレーニング・チェック：解答は363ページ

2. 引用文疑問：さまざまな時制

> 例　누가 왔어요?⇒　누가 왔느냐고 물어 봤어요. （誰が来たのか尋ねました）

①배가 고픕니까?

⇒ _____ (　　　　　　　　　　)

②여행이 즐거웠습니까?

⇒ _____ (　　　　　　　　　　)

③농담이 아니었습니까?

⇒ _____ (　　　　　　　　　　)

④몇 시간 걸립니까?

⇒ _____ (　　　　　　　　　　)

⑤내일도 덥겠습니까?

⇒ _____ (　　　　　　　　　　)

韓国語で言ってみましょう！　（①〜③はヘヨ体、④、⑤はハンダ体で）

①故郷が非常に恋しいそうです。_____

②経済についてよく知っているそうです。_____

③どこで生まれたのかと尋ねました。_____

④重い荷物はここに入れるそうだ。_____

⑤食べ物が口に合ったかと尋ねた。_____

聞きとり　CDを聞いて文を完成しましょう　　🔊 CD2-87

① 점점 [　　　　　] 합니다.

② 젓가락으로 [　　　　　] 합니다.

③ 교통이 [　　　　] [　　　　　] 해요.

④ 거기 날씨가 [　　　　　] 물어 봤다.

⑤ 무거운 [　　　　　] 물어 봤다.

⑥ 모양이 [　　　　] 합니다.

⑦ 이 근처에 [　　　　] [　　　　　] 물어 봤다.

⑧ 이름이 [　　　　] 물어 봤어요.

⑨ 아들이 태어날 [　　　　] 했어요.

⑩ 군대에 [　　　　] 쓰겠다고 해요.

第50課 命令・依頼・勧誘文の引用形と縮約形を学ぶ
와 달라고 했어요 （来てくれと言いました）

この課の学習ポイント

1. 命令・依頼・勧誘の引用形

命令　　語幹＋(으)라고
　　　"앉으세요"라고 했어요　　⇒ 앉으라고 했어요. 座れと言いました
依頼　　連用形＋달라고
　　　"와 주세요"라고 했어요　　⇒ 와 달라고 했어요. 来てくれと言いました
勧誘　　語幹＋자고
　　　"갑시다"라고 했어요　　⇒ 가자고 했어요. 行こうと言いました

2. 引用文の縮約

引用文を하다(言う・思う)が導いている場合は、時々-고 하-が省略されます。

　　ハムニダ体　　간다고 합니다　⇒ 간답니다　行くそうです
　　ヘヨ体　　　 간다고 해요　　⇒ 간대요　　行くそうです
　　ヘ体　　　　 간다고 해　　　⇒ 간대　　　行くって
　　ハンダ体　　 간다고 한다　　⇒ 간단다　　行くそうだ

　　命令　　～(으)라고 합니다/해요/해/한다
　　　　　　⇒～(으)랍니다/래요/래/란다
　　依頼　　～ 달라고 합니다/해요/해/한다
　　　　　　⇒～달랍니다/달래요/달래/달란다
　　勧誘　　～자고 합니다/해요/해/한다
　　　　　　⇒～잡니다/재요/재/잔다

3. 引用文の連体形

　引用文を導く하다を連体形にすると、引用文の連体形「～다고 하는/라고 하는 ～という」ができます。引用文の連体形ではよく-고 하-が省略され、～다는/라는という形になります。

トレーニング・チェック：解答は 363 ページ

사고가 났다는 뉴스를 들었다　事故が起きたというニュースを聞いた

4. 引用文＋接続語尾

한다(고 하)면	すると言うなら	한다(고 하)면서	すると言いながら
한다(고 하)지만	すると言うが	한다(고 하)니까	すると言うから
한다(고 하)고	すると言って、するからと言って		

新しい単語　前半　発音しながら3回ずつ書きましょう　　🔊 CD2-88

① 고치다　　直す
② 인터넷　　インターネット
③ 그릇　　　器・食器
④ 담다　　　盛る
⑤ 과자　　　お菓子
⑥ 자세히　　詳しく
⑦ 설명하다　説明する
⑧ 비밀　　　秘密
⑨ 표현　　　表現
⑩ 경찰　　　警察

語彙を増やそう！

1. 次の単語の意味を日本語で言ってください

① 인터넷　　　　　　　　② 비밀
③ 경찰　　　　　　　　　④ 그릇
⑤ 설명하다　　　　　　　⑥ 자세히
⑦ 과자　　　　　　　　　⑧ 표현
⑨ 고치다　　　　　　　　⑩ 담다

トレーニング・チェック：解答は363ページ

2. 次の単語を韓国語で言ってください

①お菓子 _____ ②説明する _____

③表現 _____ ④盛る _____

⑤直す _____ ⑥警察 _____

⑦詳しく _____ ⑧インターネット _____

⑨食器 _____ ⑩秘密 _____

基本文型の練習A　例にならって文を作り、できあがった文の意味も書きなさい

1. 引用文：依頼・命令・勧誘　ヘヨ体

> 例　"열심히 공부하세요"라고 했어요． ⇒
> 　　<u>열심히 공부하라고 했어요．</u>
> 　（一生懸命勉強しなさいと言いました）

① "작문을 좀 고쳐 주세요"라고 했습니다．

⇒ _____

(　　　　　　　　　　　　　　　　　　　　　　　　　)

② "인터넷으로 찾아 보세요"라고 교수님이 말씀하셨다．

⇒ _____

(　　　　　　　　　　　　　　　　　　　　　　　　　)

③ "9시부터 일을 시작합시다"라고 했습니다．

⇒ _____

(　　　　　　　　　　　　　　　　　　　　　　　　　)

④ "밥을 그릇에 담아 주세요"라고 했어요．

⇒ _____

(　　　　　　　　　　　　　　　　　　　　　　　　　)

⑤ "전화 받으세요"라고 남편에게 말했습니다.

⇒ _____

(   )

2．引用文の縮約：ハムニダ体・ヘヨ体

> 例　여기서 먹는다고 합니다 ⇒ 여기서 먹는답니다．(ここで食べるそうです)

①지금 외출하면 안된다고 합니다.

⇒ _____ (   )

②과자를 같이 먹자고 합니다.

⇒ _____ (   )

③그 표현은 좀 어색하다고 해요.

⇒ _____ (   )

④자세히 설명해 달라고 해요.

⇒ _____ (   )

⑤그건 비밀이라고 했어요.

⇒ _____ (   )

3．引用文の縮約：　ハンダ体・ヘ体

> 例　8시에 닫는다고 해.　⇒　8시에 닫는대.　(8時に閉めるって)

①너무 시끄럽다고 해.

⇒ _____ (   )

②쓰레기를 버리지 말라고 했어.

⇒ _____ (   )

③전쟁에서 죽었다고 한다.

⇒ _____ (   )

トレーニング・チェック：解答は 364 ページ

④그 주소는 여기가 아니라고 해.

　⇒ _____　(　　　　　　　)

⑤경찰을 부르라고 했다.

　⇒ _____　(　　　　　　　)

新しい単語 後半　発音しながら3回ずつ書きましょう　🔊 CD2-89

①펴다	広げる	_____	_____	_____
②당신	あなた	_____	_____	_____
③뭐든지	何でも	_____	_____	_____
④가죽	革	_____	_____	_____
⑤굶다	飢える・食事を抜く	_____	_____	_____
⑥가져오다	持ってくる	_____	_____	_____
⑦손	手	_____	_____	_____
⑧놓다	置く・放す	_____	_____	_____
⑨장난감	おもちゃ	_____	_____	_____
⑩유행	流行	_____	_____	_____

語彙を増やそう！

1. 次の単語の意味を日本語で言ってください

①굶다　_____　　②가죽　_____

③당신　_____　　④놓다　_____

⑤가져오다　_____　　⑥펴다　_____

⑦유행　_____　　⑧장난감　_____

⑨뭐든지　_____　　⑩손　_____

> トレーニング・チェック：解答は364ページ

2. 次の単語を韓国語で言ってください

① 流行 _____   ② あなた _____
③ 手 _____   ④ 何でも _____
⑤ 食事を抜く _____   ⑥ 持ってくる _____
⑦ 放す _____   ⑧ 革 _____
⑨ おもちゃ _____   ⑩ 広げる _____

基本文型の練習B　例にならって文を作り、できあがった文の意味も書きなさい

1. 引用文連体形

> 例　그 약이 잘 듣습니다 : 그런 것을 친구한테 들었다.　⇒
> **그 약이 잘 듣는다는 것을 친구한테 들었다.**
> （その薬がよく効くということを友だちに聞いた）

① 돈을 돌려주지 않습니다 : 그런 소문이 퍼졌습니다.
　⇒ _____
　(_____)

② 그것이 사실이다 : 그런 것을 아무도 모른다.
　⇒ _____
　(_____)

③ 같이 와 주세요 : 그런 친구의 부탁을 들어 주었다.
　⇒ _____
　(_____)

④ 어디 아파요? : 그런 질문을 의사 선생님은 했다.
　⇒ _____
　(_____)

トレーニング・チェック：解答は364ページ

⑤교과서를 펴세요 : 그런 선생님의 말씀을 못 들었어요.
⇒ _____
( )

2. 引用文＋接続語尾

つぎの文を日本語に訳しなさい

①당신이 하라면 저는 뭐든지 할 거예요.
⇒( )

②선생님이 돌아오시면 꼭 연락 달라면서 전화를 끊었다.
⇒( )

③대학교를 졸업했다지만 아무것도 아는 것이 없다.
⇒( )

④오늘 날씨가 춥다고 가죽 코트까지 필요해?
⇒( )

⑤돈이 없어서 하루종일 굶었다니까 저녁을 사 줬다.
⇒( )

韓国語で言ってみましょう！

①お菓子を買ってくれと言った。_____

②この表現を覚えようと言っています。_____

③高いというなら他の店に行ってみなさい。

_____

④手を放しなさいという声が聞こえなかったの。

_____

⑤このおもちゃが流行しているというから、子供に買ってやった。

_____

聞きとり CDを聞いて文を完成しましょう 🔊CD2-90

① 점심을 같이 [　　　　] 해요.(점심＝昼食)

② 다시 한번 [　　　] [　　　] 했다.

③ 손을 [　　　　] 했어요.

④ 그 사람은 너를 잘 [　　].

⑤ 학생들은 모두 시험이 [　　　　].

⑥ 인터넷을 [　　　　] 넓은 세계를 알 수 있다.

⑦ 어제 [　　　　] 지금도 움직이지 않습니다.

⑧ 거짓말이 [　　　].

⑨ [　　　　] 일부러 여기까지 왔는데.

⑩ [　　　] 마음대로 [　　　　].

単語リスト
見出し語の数字は、初めて出た課の番号を表します。

ㄱ

35	가게	店		28	걱정하다	心配する
19	가격	値段		20	건강하다	健康だ
12	가구	家具		27	건물	建物
37	가깝다	近い		47	건설	建設
17	가끔	時々		36	걷다	歩く
40	가난하다	貧しい		15	걸다	かける
35	가능성	可能性		15	걸리다	かかる
14	가다	行く		29	걸어가다	歩いて行く
32	가르치다	教える		44	겉	表面・見かけ
8	가방	かばん		39	겨우	やっと
34	가볍다	軽い		23	겨울	冬
4	가위·바위·보	じゃんけん		40	견디다	耐える
28	가을	秋		42	결정하다	決定する
23	가장	もっとも		7	결혼	結婚
50	가져오다	持ってくる		35	결혼식	結婚式
9	가족	家族		47	경기	競技
50	가죽	革		48	경기	景気
15	가지다	持つ		30	경영학	経営学
25	간	間		47	경우	場合
43	간단하다	簡単だ		18	경제학	経済学
27	갈아타다	乗り換える		50	경찰	警察
17	감기	風邪		46	경치	景色
1	감사합니다	ありがとうございます		22	경험	経験
26	갑자기	突然		34	계속	続けて・ずっと
32	값	値段		21	계시다	いらっしゃる
46	강하다	強い		27	계획	計画
18	같이	一緒に		30	고등학교	高校
4	개	いぬ		38	고르다	選ぶ
11	개	～個		3	고마워요	ありがとう
18	거기	そこ		48	고생하다	苦労する
36	거리	街·通り		36	고장이 나다	故障する
22	거의	ほとんど		3	고추	トウガラシ
6	거짓말	うそ		50	고치다	直す
				46	고프다	(おなかが)すく

単語リスト

37	고향	故郷	18	그렇게	そのように
46	곧	すぐ・直ちに	38	그렇다	そうだ
19	골프	ゴルフ	5	그렇습니다	そうです
37	곱다	美しい	5	그래요	そうです
37	곳	ところ	50	그릇	器・食器
46	공기	空気	37	그리고	そして・それから
31	공무원	公務員	17	그리다	描く
16	공부	勉強	32	그림	絵
29	공원	公園	49	그립다	恋しい・なつかしい
10	공중전화	公衆電話	26	그만	それぐらいで
15	공항	空港	41	그치다	止む
9	공휴일	公休日・祝日	46	극장	映画館・劇場
9	과일	くだもの	16	근무	勤務
50	과자	お菓子	10	근처	近所
45	괜찮다	構わない	37	글	文
2	괜찮습니다	構いません・大丈夫です	27	글자	文字
3	괜찮아요	構いません・大丈夫です	34	기계	機械
4	교과서	教科書	23	기다리다	待つ
21	교수님	教授	40	기대하다	期待する
31	교실	教室	38	기르다	育てる・飼う
34	교통	交通	37	기분	気分
27	교통 사고	交通事故	23	기쁘다	うれしい
12	구	九	36	기사	記事
35	구경	見物	23	기숙사	寮・寄宿舎
12	구두	靴・革靴	24	기차	汽車
45	국	スープ・汁物	48	기초	基礎
49	군대	軍隊	37	길	道
50	굶다	飢える・食事を抜く	23	길다	長い
11	권	〜冊	47	길이	長さ
48	귀	耳	48	김밥	海苔巻
46	그거	それ(会話形)	8	김치	キムチ
8	그것	それ	43	깊다	深い
40	그냥	単に・そのまま	22	깎다	刈る・剃る・(値段を)まける
48	그대로	そのまま			
25	그러나	しかし	44	깨끗이	清潔に
39	그런데	ところで・でも	18	깨끗하다	清潔だ
46	그럼	では・じゃあ	41	깨지다	割れる・壊れる

単語リスト

41	꺼지다	消える	12	냉장고	冷蔵庫
21	께	(目上の人)に	49	너	君・お前
21	께서는	(目上の人)は	23	너무	あまりに
28	꼭	ぜひ・必ず	37	넓다	広い
15	꽃	花	40	넘다	越える
33	꿈	夢	24	넣다	入れる
41	꿈을 꾸다	夢を見る	1	네	はい
29	끄다	(火・電化製品を)消す	11	네	四~
35	끊다	絶つ・断つ	11	넷	四つ
24	끝나다	終わる	13	년	~年
39	끼다	はさむ・(めがねを)かける	38	노랗다	黄色い
			16	노래	歌
			18	노력하다	努力する

ㄴ

			21	녹음기	ラジカセ
2	나	私・ぼく	17	놀다	遊ぶ
22	나가다	出かける	39	놀라다	驚く
39	나누다	分ける	9	농담	冗談
2	나라	国	37	높다	高い
41	나무	木	50	놓다	置く・放す
23	나쁘다	悪い	14	누가	だれが
30	나오다	出てくる	2	누구	だれ
28	나이	年齢	44	누군지	だれなのか
26	나중	あと・あとで	39	누나	(弟から見た)姉
40	나타나다	現れる	38	누르다	押す
13	날(짜)	日・日(づけ)	26	눈	雪
44	날마다	日々・毎日	37	눈	目
20	날씨	天気・気候	47	눈물	涙
39	남	ひと・他人	34	느끼다	感じる
32	남다	残る	47	늘다	増える・上達する
10	남동생	弟	45	늦다	遅い・遅れる
8	남자	男の人			
28	남쪽	南			

ㄷ

41	남편	夫			
36	낫다	治る・ましだ	25	다	みな・全部
17	내다	出す・払う	24	다 같이	みんな一緒に
26	내리다	降る・降りる	22	다니다	通う
14	내일	明日	38	다르다	違う
41	냄새가 나다	においがする	2	다리	脚・橋

単語リスト

11	다섯	五つ	25	동생	弟・妹
26	다시	再び・もう一度	29	동안	〜の間・期間
29	다음	次・次の	4	돼지	ぶた・(十二支の)亥
32	다음 주	次週・来週	16	돼지고기	豚肉
48	닦다	拭く・磨く	5	됐습니다	要りません・いいです
35	단어	単語	5	됐어요	要りません・いいです
38	단추	ボタン	31	되다	なる
24	닫다	閉める	39	되도록	できるだけ
25	달	月	11	두	二〜
6	닭	鶏	11	둘	二つ
49	닮았다	似ている	21	드리다	さしあげる
50	담다	盛る	21	드시다	召し上がる
14	담배	たばこ	30	듣다	聞く
50	당신	あなた	23	들	〜たち
46	당연하다	当然だ	33	들다	入る
47	대개	大体・たいてい	36	들다	(費用が)かかる
48	대단히	非常に	46	들리다	聞こえる
40	대답하다	答える	45	들어가다	入る・入っていく
47	대신	代わり(に)	44	들어오다	入る・入ってくる
42	대통령	大統領	42	등	〜など
9	대학생	大学生	31	따다	取る・摘む
49	(에) 대해서	(〜に)対して	16	따뜻하다	暖かい
39	댁	お宅	46	따로	別々に・他に
26	더	もっと・もう	38	따르다	従う
43	더럽다	汚い	43	딸	娘
40	더 이상	もうこれ以上	42	때	時
19	덥다	暑い	42	때문	〜のため・〜のせい
44	도둑	どろぼう	35	떡	もち
29	도시락	お弁当	41	떨어지다	落ちる
12	도자기	陶磁器	29	또	また・さらに
13	도착	到着	5	또 만나요	また会いましょう
25	도착하다	到着する	35	뜻	意味・意図
7	독립	独立	3	띠	干支・年
10	돈	お金			
35	돌려주다	返す	**ㄹ**		
21	돌아가시다	お亡くなりになる	45	라면	ラーメン
39	동물원	動物園			

単語リスト

ㅁ

14	마시다	飲む
24	마음	心・気持ち
40	마음대로	好きなように・勝手に
36	마음에 들다	気に入る
43	마치다	終える
35	마침	ちょうど・あいにく
11	마흔	40
12	만	万
17	만나다	会う
14	만들다	作る
39	만점	満点
39	만지다	触る
23	만큼	ほど
22	만화	マンガ
19	많다	多い
20	많이	たくさん・とても
4	많이 드세요	たくさん召し上がれ
21	말씀	おことば
31	말씀드리다	申し上げる
28	말씀하다	おっしゃる
26	맑다	晴れている・澄んでいる
22	맛있게	おいしく
29	맛있다	おいしい
4	맛있어요	おいしいです
49	맞다	合う
39	맡기다	預ける・任せる
13	매일	毎日
41	매진되다	売り切れる
19	맵다	辛い
23	머리	頭・髪の毛
14	먹다	食べる
26	먼저	まず・先に
19	멀다	遠い
32	멋있다	すてきだ
13	며칠	何日
11	명	～人
11	몇	何～
14	몇 시	何時
13	몇 월	何月
3	모르겠습니다	わかりません・知りません
26	모르다	わからない
49	모시다	ご案内する・お供する
49	모양	形
22	모임	集まり
42	모자라다	足りない
36	목소리	声
5	목욕	風呂
44	목욕하다	入浴する
20	몸	体
7	못합니다	できません・下手です
49	무겁다	重い
27	무너지다	崩れる
40	무섭다	怖い
17	무슨	何の・どんな
41	무시하다	無視する
43	무척	とても・非常に
40	묵다	泊まる
25	문	門・ドア
33	문화	文化
36	묻다	尋ねる
5	물	水
48	물가	物価
43	물건	物
4	뭐	何
10	뭐/무엇	何
50	뭐든지	何でも
19	미국	アメリカ
33	미리	あらかじめ
45	미안하다	すまない
2	미안합니다	ごめんなさい
3	미안해요	すいません
32	믿다	信じる

単語リスト

ㅂ

27	바꾸다	替える
31	바다	海
48	바닥	底・床
42	바라다	願う・望む
30	바람	風
47	바로	まさに・ちょうど
17	바쁘다	忙しい
2	바지	ズボン
10	밖	外
13	반	半
39	반	クラス
34	반갑다	うれしい
27	반대하다	反対する
26	반드시	必ず
20	받다	受け取る・もらう
5	발음	発音
44	밝다	明るい
25	밤	夜
45	밤늦게	夜遅く
5	밥	ご飯
9	방	部屋
35	방법	方法
31	방학	学校休み
46	배	おなか・腹
22	배우다	習う・身につける
12	백	百
2	백화점	デパート
40	버리다	捨てる
2	버스	バス
42	벌다	稼ぐ
27	벌레	虫
13	벌써	もう
32	벗다	脱ぐ
40	변하다	変わる
16	별로	あまり
36	병	病気
25	병원	病院
36	병이 들다	病気になる
25	보내다	送る・過ごす
14	보다	見る
32	보이다	見える
34	보통	普通
30	복잡하다	複雑だ・混んでいる
27	봄	春
26	뵙다	お目にかかる
49	부끄럽다	恥ずかしい
16	부르다	歌う・呼ぶ
21	부모님	両親
43	부엌	台所
45	부인	夫人・奥さん
31	부치다	(郵便を)送る
40	부탁	お願い
7	부탁합니다	お願いします
28	북쪽	北
13	분	～分
21	분	方
18	분명하다	明らかだ
41	불	火・灯り
17	불고기	焼肉
30	불다	吹く
33	불안하다	不安だ
49	불편하다	不便だ・(体の)具合が悪い
15	붙이다	つける
17	비	雨
33	비다	空く
50	비밀	秘密
44	비슷하다	似ている
3	비싸다	(値段が)高い
17	비행기	飛行機
24	빌리다	借りる
38	빠르다	速い
47	빠지다	抜ける・はまる

単語リスト

38	빨갛다	赤い
33	빨다	洗濯する
29	빨리	速く・急いで
14	빵	パン
46	뽑다	引き抜く・選ぶ

ㅅ

12	사	四
41	사고가 나다	事故が起こる
46	사귀다	つきあう
17	사다	買う
8	사람	人・〜人
37	사랑하다	愛している
22	사모님	奥様
21	사무실	オフィス
24	사실	事実
42	사업	事業
20	사용하다	使う
32	사이	間・仲
46	사인하다	サインする
10	사장님	社長
9	사전	辞書
30	사정	事情
15	사진	写真
9	사촌	いとこ
18	사회학	社会学
25	산	山
11	살	〜歳
25	살다	暮らす
12	삼	三
27	상대방	相手
35	상자	箱
38	상태	状態
48	새로	新たに
37	새롭다	新しい
7	새해 복 많이 받으세요	
	明けましておめでとうございます	

20	색깔	色彩・色
30	샌드위치	サンドイッチ
3	생각보다	思ったより
18	생각하다	考える
37	생기다	生じる
19	생선	魚
13	생일	誕生日
7	생일 축하합니다	
	誕生日おめでとうございます	
20	생활	生活
38	서두르다	急ぐ
15	서로	お互いに
11	서른	30
25	선물	プレゼント
5	선생님	先生
7	설날	正月
50	설명하다	説明する
33	성적	成績
21	성함이 어떻게 되십니까?	
	お名前はなんとおっしゃいますか	
21	세	(漢数詞＋)歳
11	세	三〜
4	세계	世界
29	세우다	立てる
11	셋	三つ
24	소개하다	紹介する
37	소리	音・声
42	소문	うわさ
25	소설	小説
33	소식	知らせ
38	소중하다	大事だ
31	소포	小包
10	속	中
41	속다	だまされる
50	손	手
21	손님	お客さん
32	솔직하다	率直だ

単語リスト

31	솔직히	率直に		32	신발	履物
7	수고하세요	ご苦労さまです		49	신용카드	クレジットカード
7	수고하셨습니다	お疲れさまでした		42	신입생	新入生
20	수리하다	修理する		36	싣다	載せる
20	수수하다	地味だ		45	싫다	嫌いだ
15	수업	授業		6	싫어요	嫌です
22	수염	ひげ		43	싫어하다	嫌がる
16	수영	水泳		48	심각하다	深刻だ
31	수영장	プール		12	십	十
9	숙제	宿題		43	싱겁다	味が薄い
15	숟가락	スプーン		19	싸다	安い
14	술	酒		49	싸다	包む・(お弁当を)作る
15	쉬다	休む		34	싸우다	けんかする
11	쉰	50		33	쌀	米
37	쉽다	易しい		14	쓰다	書く
11	스무	20〜		45	쓰다	使う
11	스물	20		41	쓰러지다	倒れる
28	스위치	スイッチ		28	쓰레기	ごみ
19	스포츠	スポーツ		33	쓰이다	書かれる
33	슬프다	悲しい		8	씨	〜さん
13	시	〜時		43	씻다	洗う
10	시간	時間				
20	시계	時計		○		
47	시골	いなか		44	아기	赤ん坊
37	시끄럽다	うるさい		3	아까	さっき
20	시원하다	涼しい		22	아내	妻
15	시작되다	始まる		1	아뇨	いいえ
42	시작하다	始める		24	아는 사람	知合い
31	시장	市場		30	아들	息子
30	시청	市庁		46	아름답다	美しい
25	시키다	注文する		34	아무것도	何も
31	시합	試合		40	아무도	誰も
22	시험	試験		45	아무리	どんなに・いくら
5	식당	食堂		21	아버님	父・お父様
20	식사하다	食事する		2	아버지	お父さん
32	신다	履く		3	아빠	パパ
7	신라	新羅		48	아시아	アジア

単語リスト

1	아이	こども	9	야채	野菜
29	아저씨	おじさん	28	약	薬
29	아줌마	おばさん	10	약속	約束
13	아직	まだ	44	양	量
14	아침	朝・朝食	32	양말	靴下
3	아파트	マンション	32	양식	洋食
23	아프다	痛い・病気だ	28	어기다	破る・違反する
11	아홉	九つ	42	어깨	肩
10	안	中・内	23	어느 쪽	どちら
25	안경	めがね	8	어디	どこ
26	안내 말씀	案内の言葉	24	어디서	どこで・どこから
33	안내하다	案内する	29	어떤	どんな
1	안녕	元気?・やあ・バイバイ	17	어떻게	どのように
			38	어떻다	どうだ
1	안녕하십니까?	こんにちは・おはようございます・こんばんは	37	어렵다	難しい
			2	어머니	お母さん
			21	어머님	母・お母様
2	안녕히 가세요	さようなら	33	어색하다	不自然だ・ぎこちない
2	안녕히 계세요	さようなら	22	어서 오세요	いらっしゃいませ
4	안녕히 주무세요	おやすみなさい	46	어울리다	似合う
			12	억	億
6	안돼요	だめです	43	언니	(妹から見た)姉
44	안되다	いけない・だめだ	8	언제	いつ
6	안됩니다	だめです	37	얼굴	顔
18	안전하다	安全だ	12	얼마	いくら
28	앉다	座る	29	얼마나	どれぐらい
6	앉으세요	座ってください	6	없어요	ありません・いません
3	알겠습니다	わかりました・知っています	42	에어컨	エアコン
			8	여기	ここ
26	알다	知っている	11	여덟	八つ
48	알려지다	知られる	10	여동생	妹
44	알리다	知らせる	15	여름 방학	夏休み
40	알아듣다	聞き取る	11	여섯	六つ
10	앞	前・先	2	여자	女の人
29	앞으로	今後	30	여행	旅行
36	애인	恋人	10	역	駅
16	야구	野球	23	역사	歴史

321

単語リスト

18	연락하다	連絡する	39	왼쪽	左側
21	연세가 어떻게 되십니까?	お年はおいくつでいらっしゃいますか	20	요즘	この頃・最近
			19	우리	我々・我々の
18	연습하다	練習する	26	우산	かさ
11	열	十	14	우유	牛乳
36	열	熱	31	우체국	郵便局
24	열다	開ける	16	운동	運動
35	열리다	開かれる	16	운전	運転
35	열쇠	鍵	31	운전 면허	運転免許
7	열심히	熱心に・一生懸命	25	울다	泣く
10	영어	英語	34	움직이다	動く・動かす
26	영어 회화	英会話	19	웃다	笑う
16	영화	映画	12	원	〜ウォン
4	예	はい・ええ	13	월	〜月
23	예쁘다	かわいい	10	위	上
40	예약 없이	予約なしで	32	위험하다	危険だ
35	예정	予定	41	유리	ガラス
35	옛날	昔	27	유명하다	有名だ
12	오	五	33	유원지	遊園地
9	오늘	今日	44	유익하다	有益だ
15	오다	来る	30	유학	留学
42	오래	長い間・久しく	50	유행	流行
7	오래간만입니다	おひさしぶりです	12	육	六
44	오르다	のぼる	10	은행	銀行
39	오른쪽	右側	7	음료수	飲料水・飲み物
43	오빠	(妹から見た)兄	25	음식	食べ物
13	오전	午前	16	음악	音楽
13	오후	午後	4	의사	医者
39	올라가다	のぼる	1	이	この
24	올해	今年	12	이	二
17	옷	服	8	이것	これ
36	완전히	完全に	27	이기다	勝つ
14	왜	なぜ	38	이렇다	こうだ
19	외국	外国	33	이루다	成す・遂げる
41	외국인	外国人	8	이름	名前
45	외우다	暗記する	34	이만	このくらいで
18	외출하다	外出する	15	이메일	電子メール

単語リスト

24	이번 달	今月	38	자르다	切る
18	이사하다	引っ越す	29	자리	座席・席
41	이상하다	変だ	50	자세히	詳しく
15	이야기	話	16	자주	しょっちゅう
20	이용하다	利用する	30	작년	昨年
26	이제	もうすぐ・今	23	작다	小さい
48	인구	人口	6	작문	作文
15	인기	人気	11	잔	～杯
47	인사	あいさつ	48	잔돈	小銭
50	인터넷	インターネット	16	잘	よく・上手に
12	일	一	42	잘 되다	うまくいく
23	일	仕事・用事	4	잘 먹겠습니다	いただきます
13	일	～日	4	잘 먹었습니다	ごちそうさま
11	일곱	七つ	34	잘못	誤って・過ち
27	일반적	一般的	22	잠깐	しばらく
8	일본	日本	27	잡다	つかまえる
41	일부러	わざと・わざわざ	21	잡수시다	召し上がる
43	일식	日本食	8	잡지	雑誌
43	일어	日本語	11	장	～枚
28	일어나다	起きる・起床する	50	장난감	おもちゃ
9	일요일	日曜日	22	장남	長男
45	일주일	1週間	29	장미	薔薇
28	일찍	早く	29	재미있다	面白い(「面白くない」は재미없다)
15	일하다	働く			
14	읽다	読む	47	재일교포	在日僑胞・在日韓国朝鮮人
6	읽으세요	読んでください			
32	잃다	失う・なくす	8	저	私
48	입	口	8	저것	あれ
6	입니다	～です	2	저고리	チョゴリ
17	입다	着る	31	저녁	夕方・夕食
36	잇다	つなぐ・継ぐ	19	적다	少ない
33	잊다	忘れる	13	전	前
			18	전공하다	専攻する
			18	전부	全部・全部(で)

ㅈ

34	자기	自分	35	전쟁	戦争
3	자꾸	何度も	47	전철	電車
17	(잠을)자다	寝る	38	전하다	伝える

単語リスト

16	전혀	全然		22	준비	準備
32	젊다	若い		36	줄	列・ひも
49	점점	だんだん		30	중계	中継
23	젓가락	お箸		9	중국어	中国語
36	젓다	かきまぜる・漕ぐ		20	중요하다	重要だ
45	정도	程度		49	즐겁다	楽しい
7	정류장	停留所		28	지각하다	遅刻する
5	정말	本当(に)		9	지갑	さいふ
24	정하다	決める		10	지금	今
20	정확하다	正確だ		36	지다	負ける・負う
8	제	私の		30	지도	地図
28	제발	どうか・頼むから		33	지우다	消す
23	제일	一番		27	지진	地震
19	조선 요리	朝鮮料理		26	지키다	守る
22	조심하세요	気をつけて		19	지하철	地下鉄
18	조용하다	静かだ		22	직장	職場
25	조카	甥・姪		38	직접	直接
39	졸업하다	卒業する		47	진짜	本物・本当に
13	좀	ちょっと		30	진찰	診察
37	좁다	狭い		44	질	質
5	종이	紙		5	질문	質問
45	좋다	良い		39	짐	荷物
6	좋습니다	いいですね・いいですよ・好きです		14	집	家
				34	집세	家賃
6	좋아요	いいですね・いいですよ・好きです		36	짓다	作る
				45	짜다	塩辛い
16	좋아하다	好きだ		23	짧다	短い
45	죄송하다	申し訳ない		47	째	(〜番)目
2	죄송합니다	申し訳ありません		13	쯤	〜頃
29	주	週		24	찍다	撮る
15	주다	あげる・くれる				
17	주말	週末		**ㅊ**		
41	주머니	ポケット		43	차례	順番
21	주무시다	お休みになる		26	차차	次第に
48	주소	住所		32	착하다	善良だ
43	주인	主人・持ち主		46	참	実に・本当に
33	죽다	死ぬ・枯れる		40	참다	我慢する

単語リスト

24	창문	窓	28	켜다	(火・電化製品を)つける
17	찾다	探す・見つける・(お金を)おろす	19	크다	大きい
9	책	本	25	크리스마스	クリスマス
10	책상	つくえ	28	큰소리	大声
34	책임	責任	19	키	背・身長
27	처음에	初め(に)			
27	처음으로	初めて	**ㅌ**		
12	천	千	17	타다	乗る
6	천만에요	どういたしまして	49	태어나다	生まれる
28	천천히	ゆっくり	5	택시	タクシー
18	청소하다	掃除する	8	텔레비전	テレビ
4	최고	最高	9	토마토	トマト
16	축구	サッカー	49	통하다	通じる
7	축하합니다	おめでとう	47	특히	特に
13	출발	出発			
18	출발하다	出発する	**ㅍ**		
45	춤을 추다	踊りを踊る	38	파랗다	青い
19	춥다	寒い	12	팔	八
4	취미	趣味	15	팔다	売る
31	취직하다	就職する	44	팔리다	売れる
12	층	〜階	28	팝송	ポップソング
16	치다	弾く・打つ	42	퍼지다	広がる
31	치료	治療	50	펴다	広げる
3	치마	スカート	34	편리하다	便利だ
8	친구	友達	49	편의점	コンビニ
18	친절하다	親切だ	14	편지	手紙
9	친척	親戚	48	평소	平素・普段
12	칠	七	43	평일	平日
33	칠판	黒板	3	표	切符・チケット
49	침대	ベッド	50	표현	表現
			45	푹	ゆったり・じっくり
ㅋ			44	풀리다	とれる・解ける
3	커피	コーヒー	35	프로	番組
29	커피숍	喫茶店	20	피곤하다	疲れる
12	컴퓨터	コンピュータ	44	피로	疲労・疲れ
			16	피아노	ピアノ

単語リスト

14	피우다	(たばこを)吸う	35	항구	港
20	필요하다	必要だ	46	항상	いつも・常に
			34	행방	行方
	ㅎ		40	헤어지다	別れる
			47	현대	現代
11	하나	一つ	34	협력하다	協力する
44	하늘	空	31	형	(弟から見た)兄
14	하다	する	9	형제	兄弟
24	하루종일	一日中	12	호선	～号線
43	하숙	下宿	12	호실	～号室
38	하얗다	白い	47	혹시	あるいは・ひょっとして
9	학교	学校	24	혼자서	1人で
42	학비	学費	30	홍차	紅茶
8	학생	学生	41	화가 나다	腹がたつ
22	학원	塾・予備校	20	화려하다	派手だ・華やかだ
27	학자	学者	10	화장실	トイレ
11	한	一～	42	환영회	歓迎会
43	한가하다	ひまだ	48	활짝	ぱあっと・にっこり
8	한국	韓国	10	회사	会社
6	한국말	韓国語	9	회사원	会社員
17	한국 음식	韓国料理	35	회의	会議
19	한글	ハングル	40	효과	効果
27	한번	一度	39	훔치다	盗む
32	한복	韓国服	23	훨씬	ずっと・はるかに
34	한숨(을 쉬다)	ため息(をつく)	49	휴지	ティッシュ・トイレットペーパー
46	한참	しばらく・ずっと			
30	할머니	おばあさん	26	흐리다	曇る
30	할아버지	おじいさん	45	힘	ちから
31	함께	いっしょに	47	힘들다	大変だ
42	합격하다	合格する			
6	합니다	します・言います			

解答集

第1課

単語の練習 ①この②はい③元気？・やあ・バイバイ④ありがとうございます⑤いいえ⑥こども
⑦こんにちは・おはようございます・こんばんは

聞きとり ①우②여③으④요⑤유⑥아이⑦어⑧이⑨야⑩오

第2課

練習2 ①라②사③나④자⑤바⑥다⑦가⑧사⑨아⑩나⑪마⑫다

練習3

	ㅏ	ㅑ	ㅓ	ㅕ	ㅗ	ㅛ	ㅜ	ㅠ	ㅡ	ㅣ
ㄱ	가	갸	거	겨	고	교	구	규	그	기
ㄴ	나	냐	너	녀	노	뇨	누	뉴	느	니
ㄷ	다	댜	더	뎌	도	됴	두	듀	드	디
ㄹ	라	랴	러	려	로	료	루	류	르	리
ㅁ	마	먀	머	며	모	묘	무	뮤	므	미
ㅂ	바	뱌	버	벼	보	뵤	부	뷰	브	비
ㅅ	사	샤	서	셔	소	쇼	수	슈	스	시
ㅇ	아	야	어	여	오	요	우	유	으	이
ㅈ	자	쟈	저	져	조	죠	주	쥬	즈	지

単語の練習 ①ごめんなさい②構いません・大丈夫です③さようなら(去る人に)
④ありがとうございます⑤申し訳ありません⑥いいえ⑦さようなら(とどまる人に)

聞きとり1 ①아버지②어머니③버스④여자⑤저고리⑥어디⑦소주⑧고기⑨바다⑩나무

聞きとり2 ①国②ズボン③父・お父さん④ごめんなさい⑤さようなら(とどまる人に)⑥だれ
⑦ありがとうございます⑧構いません・大丈夫です⑨申し訳ありません
⑩さようなら(去る人に)

第3課

練習2 ①싸②파③빠④차⑤타⑥하⑦까⑧따⑨짜⑩카

練習3

	ㅏ	ㅑ	ㅓ	ㅕ	ㅗ	ㅛ	ㅜ	ㅠ	ㅡ	ㅣ
ㅊ	차	챠	처	쳐	초	쵸	추	츄	츠	치
ㅋ	카	캬	커	켜	코	쿄	쿠	큐	크	키
ㅌ	타	탸	터	텨	토	툐	투	튜	트	티
ㅍ	파	퍄	퍼	펴	포	표	푸	퓨	프	피
ㅎ	하	햐	허	혀	호	효	후	휴	흐	히
ㄲ	까	꺄	꺼	껴	꼬	꾜	꾸	뀨	끄	끼
ㄸ	따	땨	떠	뗘	또	뚀	뚜	뜌	뜨	띠
ㅃ	빠	뺘	뻐	뻐	뽀	뾰	뿌	쀼	쁘	삐
ㅆ	싸	쌰	써	쎠	쏘	쑈	쑤	쓔	쓰	씨
ㅉ	짜	쨔	쩌	쪄	쪼	쬬	쭈	쮸	쯔	찌

トレーニング・チェック：

単語の練習 ①構いません・大丈夫です②わかりました・知っています③ありがとう④すみません⑤申し訳ありません⑥わかりません・知りません⑦さようなら(とどまる人に)

聞きとり1 ①아까②표③치마④자꾸⑤아버지⑥아빠⑦아파트⑧커피⑨비싸다⑩띠

聞きとり2 ①ありがとう②スカート③(値段が)高い④ズボン⑤さようなら(とどまる人に)⑥わかりません・知りません⑦トウガラシ⑧パパ⑨ごめんなさい⑩わかりました・知っています

第4課

練習3 ①위②의③쥐④내⑤쉐

単語の練習 ①ごちそうさま②さようなら(とどまる人に)③おやすみなさい④おいしいです⑤たくさん召し上がれ⑥ありがとう⑦いただきます

聞きとり1 ①의사②교과서③최고④뭐⑤돼지⑥고마워요⑦예⑧개⑨세계⑩취미

聞きとり2 ①何②はい③ごめんなさい④たくさん召し上がれ⑤おやすみなさい⑥おいしいです⑦じゃんけん⑧亥年⑨わかりません⑩趣味

第5課

練習1 ①c.항②a.한③b.함④a.학⑤b.핫⑥c.합

練習2 ①b.앞②a.있③c.것④c.夈⑤a.박

練習4 ①조립②으막③도길④조은⑤가튼⑥구든

練習6 ①입꾸②역싸③놀다④욷따⑤깍따⑥준비

単語の練習 ①おいしいです②おやすみなさい③また会いましょう④そうです⑤申し訳ありません⑥たくさん召し上がれ⑦要りません・いいです

聞きとり1 ①발음②밥③목욕④그렇습니다⑤선생님⑥물⑦식당⑧정말⑨질문⑩종이

聞きとり2 ①そうです②要りません・いいです③ご飯、たくさん召し上がれ④ごめんなさい⑤また会いましょう⑥大丈夫ですか・構いませんか⑦本当にありがとうございます⑧最高です⑨申し訳ありません⑩先生、さようなら(去る人に)

第6課

練習1 ①심년②융만③암니④난말⑤다섯⑥다섯명

練習3 ①닥②갑③담따④알타⑤널버요⑥아나요

単語の練習 ①だめです②どういたしまして③座ってください④いいですね・いいですよ・好きです⑤嫌です⑥だめです⑦いいですね・いいですよ・好きです

聞きとり1 ①거짓말②합니다③한국말④닭⑤싫어요⑥입니다⑦좋아요⑧없어요⑨작문⑩정말

聞きとり2 ①いいですね・いいですよ・好きです②どういたしまして③うそは嫌いです④作文を読んでください⑤だめです⑥要りません・いいです⑦また会いましょう⑧座ってください⑨質問ありませんか⑩本当です

第7課

練習1 ①이팍②여뉴③저놔④그팽⑤생왈⑥트키

練習3 ①심니②경녀③명녕④일련⑤심니⑥날로

単語の練習 ①飲料水・飲み物②熱心に・一生懸命③できません・下手です④おひさしぶりです⑤お願いします⑥ご苦労さまです⑦誕生日おめでとうございます

トレーニング・チェック

聞きとり1 ①열심히②음료수③부탁합니다④독립⑤결혼⑥신라⑦못합니다⑧설날⑨정류장⑩축하합니다

聞きとり2 ①正月②停留所③おひさしぶりです④お疲れさまでした⑤韓国語ができません⑥ご苦労さまです⑦明けましておめでとうございます⑧タクシーお願いします⑨一生懸命します⑩結婚おめでとうございます

第8課

語彙を増やそう！ 1①どこ②私の③韓国④人・〜人⑤ここ⑥キムチ⑦〜さん⑧雑誌⑨日本⑩男の人

2①여기②제③남자④일본⑤한국⑥잡지⑦씨⑧김치⑨어디⑩사람

基本文型の練習A 1①한국입니다(韓国です)②정말입니다(本当です)③기무라 씨입니다(木村さんです)④일본 사람입니다(日本人です)⑤여기입니다(ここです)

2①정말입니까?(本当ですか)②한국 사람입니까?(韓国人ですか)③어디입니까?(どこですか)④누구입니까?(だれですか)⑤김 선생님입니까?(金先生ですか)

3①어디입니까②여기입니다③누구입니까④김・영희입니다⑤다나카입니다

語彙を増やそう！ 1①テレビ②これ③学生④私⑤いつ⑥友だち⑦あれ⑧かばん⑨名前⑩それ

2①학생②저③그것④친구⑤가방⑥텔레비전⑦언제⑧이것⑨저것⑩이름

基本文型の練習B ①저는 학생입니다(私は学生です)②아버지는 한국 사람입니다(父は韓国人です)③이것은 제 가방입니다(これは私のかばんです)④제 이름은 스즈키입니다(私の名前は鈴木です)⑤저것은 식당입니다(あれは食堂です)

韓国語で言ってみましょう！ ①저는 일본 사람입니다②여기는 어디입니까?③제 이름은 다나카 요코입니다④선생님 가방은 이것입니까?⑤어머니는 한국 사람입니다

聞きとり ①그것②한국 사람③여기④제⑤언제⑥아버지⑦누구⑧이름⑨어디⑩학생

第9課

語彙を増やそう！ 1①学校②大学生③さいふ④兄弟⑤今日⑥中国語⑦本⑧日曜日⑨くだもの⑩親戚

2①형제②학교③일요일④대학생⑤과일⑥오늘⑦친척⑧책⑨중국어⑩지갑

基本文型の練習A 1①형제가 아닙니다(兄弟ではありません)②거짓말이 아닙니다(うそではありません)③일요일이 아닙니다(日曜日ではありません)④중국 사람이 아닙니다(中国人ではありません)⑤과일이 아닙니다(くだものではありません)

2①제 책이 아닙니까?(私の本ではありませんか)②오늘이 아닙니까?(今日ではありませんか)③대학생이 아닙니까?(大学生ではありませんか)④한국어 교과서가 아닙니까?(韓国語の教科書ではありませんか)⑤친척이 아닙니까?(親戚ではありませんか)

語彙を増やそう！ 1①辞書②野菜③公休日・祝日④部屋⑤宿題⑥冗談⑦トマト⑧家族⑨いとこ⑩会社員

2①야채②사촌③공휴일④토마토⑤가족⑥농담⑦사전⑧숙제⑨회사원⑩방

トレーニング・チェック

基本文型の練習B ①저는 대학생이 아닙니다(私は大学生ではありません) ②토마토는 과일이 아닙니다(トマトはくだものではありません) ③그것은 제 가방이 아닙니다(それは私のかばんではありません) ④제 이름은 나카타니가 아닙니다(私の名前は中谷ではありません) ⑤이것은 일본어 교과서가 아닙니다(これは日本語の教科書ではありません)

韓国語で言ってみましょう! ①저는 회사원이 아닙니다②이것은 중국어 사전이 아닙니다③여기는 학교가 아닙니까?④선생님 책이 아닙니까?⑤오늘은 일요일이 아닙니다

聞きとり ①이,아닙니까②가,아닙니다③중국 사람④책⑤선생님⑥회사원⑦농담⑧오늘⑨방⑩사촌

第10課

語彙を増やそう! 1①약속②여동생③시간④뭐⑤돈⑥사장⑦형⑧화장실⑨은행⑩공중전화
2①사장님②화장실③공중전화④약속⑤여동생⑥은행⑦시간⑧남동생⑨돈⑩뭐/무엇

基本文型の練習A 1①여동생이 있습니까?(妹さんがいますか) ②돈이 없습니까?(お金がありませんか) ③뭐가 있습니까?(何がありますか) ④공중전화가 있습니까?(公衆電話がありますか) ⑤시간이 없습니까?(時間がありませんか)
2①가방이 없어요(かばんがありません) ②숙제가 있어요(宿題があります) ③남동생이 있어요(弟がいます) ④교과서가 없어요(教科書がありません) ⑤약속이 있어요(約束があります)
3①친척이 계십니까?(親戚がいらっしゃいますか) ②어디에 계십니까?(どこにいらっしゃいますか) ③형제가 계십니까?(兄弟がいらっしゃいますか) ④가족이 계십니까?(家族がいらっしゃいますか) ⑤한국에 계십니까?(韓国にいらっしゃいますか)
4①김 사장님은 안 계세요?(金社長はいらっしゃいませんか) ②스즈키 씨는 안 계세요?(鈴木さんはいらっしゃいませんか) ③정 선생님은 안 계세요?(鄭先生はいらっしゃいませんか) ④히로시 씨는 안 계세요?(ひろしさんはいらっしゃいませんか) ⑤이 선생님은 안 계세요?(李先生はいらっしゃいませんか)

語彙を増やそう! 1①中・内②駅③会社④近所⑤英語⑥外⑦上⑧つくえ⑨前・先⑩中
2①밖②안③책상④앞⑤영어⑥위⑦근처⑧역⑨속⑩회사

基本文型の練習B 1①여동생은 어디에 있습니까?(妹さんはどこにいますか) ②화장실은 어디에 있습니까?(トイレはどこにありますか) ③학교는 어디에 있습니까?(学校はどこにありますか) ④은행은 어디에 있습니까?(銀行はどこにありますか) ⑤일본은 어디에 있습니까?(日本はどこにありますか)
2①가족은 한국에 있어요(家族は韓国にいます) ②남동생은 밖에 있어요(弟は外にいます) ③가방은 방 안에 있어요(かばんは部屋の中にあります) ④교과서는 책상 위에 있어요(教科書はつくえの上にあります) ⑤회사는 역 근처에 있어요(会社は駅の近くにあります)

トレーニング・チェック

韓国語で言ってみましょう！ ①한국에 친척이 있습니다/있어요②화장실은 역 안에 있습니다/있어요 ③근처에 학교가 있습니다/있어요④김 사장님은 어디에 계십니까/계세요?⑤기무라 씨는 여기에 안 계십니다/계세요

聞きとり ①앞②있어요③위④없습니다⑤돈⑥지금⑦없어요⑧안⑨계십니다⑩계세요

第11課

語彙を増やそう！ 1①一つ②七つ③四つ④六つ⑤十⑥二つ⑦九つ⑧三つ⑨八つ⑩五つ
2①일곱②셋③열④둘⑤여덟⑥다섯⑦하나⑧넷⑨아홉⑩여섯

語彙を増やそう！ 1①三杯②三十歳③何個④一枚⑤二十四歳⑥十二冊⑦二十名⑧何歳⑨四十六⑩五十九歳
2①네 개②스물한 살③세 권④몇 장⑤서른두 명⑥마흔일곱 살⑦두 잔⑧몇 살⑨한 개⑩다섯 장

基本文型の練習 1①사전이 네 권 있습니다(辞書が四冊あります)②표가 열두 장 있습니다(切符が十二枚あります) ③물이 한 잔 있습니다(水が一杯あります)④형제가 두 명 있습니다(兄弟が二人います) ⑤토마토가 여섯 개 있습니다(トマトが六個あります)
2①저는 스무 살입니다(私は二十歳です)②아버지는 쉰한 살입니다(父は五十一歳です)③어머니는 마흔아홉 살입니다(母は四十九歳です)④여동생은 열여덟 살입니다(妹は十八歳です)⑤김 선생님은 서른일곱 살입니다(金先生は三十七歳です)
3①의사가 몇 명 있습니까?(医者が何人いますか)②책이 몇 권 있습니까?(本が何冊ありますか)③가방이 몇 개 있습니까?(かばんが何個ありますか)④커피가 몇 잔 있습니까?(コーヒーが何杯ありますか)⑤종이가 몇 장 있습니까?(紙が何枚ありますか)

韓国語で言ってみましょう！ ①저는 스물네 살입니다②한국어 선생님이 세 명 있습니다③학교에 화장실이 몇 개 있습니까?④가족은 여섯 명입니다⑤여기에 표가 두 장 있습니다

聞きとり ①한 개 ②열네 명③마흔다섯 살④몇 장⑤여덟 권⑥몇 살⑦세 명

第12課

語彙を増やそう！ 1①七②四③二④六⑤九⑥八⑦三⑧一⑨十⑩五
2①십②삼③일④오⑤사⑥칠⑦팔⑧육⑨구⑩이
3①팔십삼②칠십이③삼십사④십오⑤오십구⑥칠십육⑦구십일⑧이십팔⑨육십오⑩사십육
4①백오십②육백삼③천이백④삼천사백구십칠⑤만 팔천⑥육만⑦십일만⑧이십만⑨백만⑩천오백만

語彙を増やそう！ 1①靴・革靴②ウォン③陶磁器④～号室⑤家具⑥冷蔵庫⑦いくら⑧～階⑨～号線⑩コンピュータ
2①가구②구두③일 호선④냉장고⑤도자기⑥얼마⑦이 층⑧컴퓨터⑨만 원⑩칠백오 호실

トレーニング・チェック：

基本文型の練習 1①이 도자기는 만 오천 원입니다(この陶磁器は一万五千ウォンです)②이 방은 삼만 오천 원입니다(この部屋は三万五千ウォンです)③이 가구는 이백만 원입니다(この家具は二百万ウォンです)④이 냉장고는 구십오만 원입니다(この冷蔵庫は九十五万ウォンです)⑤이 구두는 오만 육천 원입니다(この靴は五万六千ウォンです)

2①이 컴퓨터는 얼마입니까?(このコンピュータはいくらですか)②스즈키 씨 방은 몇 호실입니까?(鈴木さんの部屋は何号室ですか)③김 선생님 방은 몇 층에 있습니까?(金先生の部屋は何階にありますか)④책은 몇 층에 있습니까?(本は何階にありますか)⑤명동역은 몇 호선에 있습니까?(ミョンドン駅は何号線にありますか)

韓国語で言ってみましょう！ ①제 방은 삼백십육 호실입니다②이 구두는 십일만 칠천 원입니다③이 컴퓨터는 얼마입니까?④도자기는 몇 층에 있습니까?⑤이것은 오 호선입니다

聞きとり ①얼마②134만 원③몇 층에④16층에⑤2호선에⑥102호실⑦6만7천 원

第13課

語彙を増やそう！ 1①~年②日・日づけ③到着④誕生日⑤ちょっと⑥出発⑦何日⑧~月⑨~日⑩何月

2①육년②팔년③십년③뱅년④뱅년⑤유월⑥시비뤌⑦이뤌⑧오일랄⑨시빌랄⑩이심뉴길

3①이십일②일년③생일④출발⑤유월⑥며칠⑦도착⑧날(짜)⑨좀⑩몇 월

基本文型の練習A 1①오늘은 이천일년 이월 십오일입니다(今日は2001年2月15日です)②오늘은 천구백칠십년 시월 삼십일입니다(今日は1970年10月30日です)③오늘은 이천이년 팔월 십육일입니다(今日は2002年8月16日です)④오늘은 천구백팔십이년 구월 이십삼일입니다(今日は1982年9月23日です)⑤오늘은 천구백구십육년 유월 이일입니다(今日は1996年6月2日です)

2①오늘은 몇 년 몇 월 며칠입니까?(今日は何年何月何日ですか)②스즈키 씨 생일은 몇 월입니까?(鈴木さんの誕生日は何月ですか)③도착 날짜는 며칠입니까?(到着日は何日ですか)④지금은 몇 년입니까?(今は何年ですか)⑤출발 날짜는 몇 월 며칠입니까?(出発日は何月何日ですか)

語彙を増やそう！ 1①前②半③~頃④まだ⑤午後⑥毎日⑦~時⑧午前⑨もう⑩~分

2①시②벌써③매일④오전⑤전⑥쯤⑦반⑧분⑨오후⑩아직

3①일곱시 십오분②오후 아홉시③오전 열시 반④열두시 오분 전⑤세시쯤⑥열한시 이십분⑦네시 오십팔분⑧한시 십칠분

韓国語で言ってみましょう！ ①지금 몇 시입니까?②도착 시간은 몇 시쯤입니까?③지금 여섯시 십분 전입니다④아직 출발 시간이 아닙니다⑤벌써 여덟시 반입니다

聞きとり ①10월, 2일날②7시, 40분쯤③아직, 오전11, 시④몇 월, 며칠⑤9시, 몇 분, 전⑥몇 년⑦1987년, 12월, 20일⑧아직⑨벌써, 6월⑩오후, 5시, 반

第14課

語彙を増やそう！ 1①行く②手紙③書く④する⑤食べる⑥作る⑦読む⑧家⑨明日⑩何時

2①쓰다②가다③내일④몇 시⑤하다⑥먹다⑦집⑧만들다⑨편지⑩읽다

トレーニング・チェック

基本文型の練習A 1①어디에 갑니까?(どこに行きますか)②책을 읽습니까?(本を読みますか)③몇 시에 옵니까?(何時に来ますか)④전화를 합니까?(電話をしますか)⑤무엇을 만듭니까?(何を作りますか)
2①편지를 씁니다(手紙を書きます)②친구가 옵니다(友だちが来ます)③회사에 갑니다(会社へ行きます)④밥을 먹습니다(ご飯を食べます)⑤아르바이트를 합니다(アルバイトをします)

語彙を増やそう! 1①だれが②たばこ③酒④朝・朝食⑤牛乳⑥見る⑦なぜ⑧パン⑨飲む⑩(たばこを)吸う
2①보다②왜③담배④빵⑤술⑥우유⑦누가⑧피우다⑨아침⑩마시다

基本文型の練習B 1①담배를 피웁니까?(たばこを吸いますか)네,담배를 피웁니다(はい、たばこを吸います)②집에 갑니까?(家に帰りますか)네,집에 갑니다(はい、家に帰ります)③술을 마십니까?(酒を飲みますか)네,술을 마십니다(はい、酒を飲みます)④친구가 옵니까?(友だちが来ますか)네,친구가 옵니다(はい、友だちが来ます)⑤편지를 씁니까?(手紙を書きますか)네,편지를 씁니다(はい、手紙を書きます)
2①언제 옵니까?(いつ来ますか)내일 옵니다(明日来ます)②어디에 갑니까?(どこに行きますか)학교에 갑니다(学校に行きます)③누가 옵니까?(だれが来ますか)친구가 옵니다(友だちが来ます)④무엇을 마십니까?(何を飲みますか)우유를 마십니다(牛乳を飲みます)⑤무엇을 합니까?(何をしますか)숙제를 합니다(宿題をします)

韓国語で言ってみましょう! ①학교에 몇 시에 갑니까?②언제 친구가 옵니까?③김치를 먹습니까?④편지를 읽습니까?⑤오늘은 무엇을 합니까?

聞きとり ①갑니다②봅니다③먹습니다④갑니까⑤씁니까⑥옵니까⑦집에⑧책을⑨옵니까⑩지금

第15課

語彙を増やそう! 1①かける②授業③あげる・くれる④来る⑤始まる⑥スプーン⑦写真⑧花⑨持つ⑩つける
2①붙이다②꽃③시작되다④걸다⑤오다⑥주다⑦가지다⑧숟가락⑨수업⑩사진

基本文型の練習A 1차는,차가,차를,차와/차하고,차로:돈은,돈이,돈을,돈과/돈하고,돈으로:말은,말이,말을,말과/말하고,말로
2①에서(食堂でご飯を食べます)②으로(スプーンでご飯を食べます)③로(韓国語で手紙を書きます)④에서(つくえで手紙を書きます)⑤로(バスで学校へ行きます)
3①에(九時に授業が始まります)②한테/에게(友だちに電話をかけます)③에(明日韓国に行きます)④한테/에게(犬に名前をつけます)⑤에(花に水をやります)

語彙を増やそう! 1①空港②夏休み③働く④人気⑤話⑥売る⑦休む⑧お互いに⑨かかる⑩電子メール
2①일하다②공항③걸리다④이야기⑤서로⑥팔다⑦인기⑧여름 방학⑨이메일⑩쉬다

> トレーニング・チェック：

> 基本文型の練習B

1①부터(今日から夏休みです)②부터 (一時から二時まで休みます)③에서(여기から空港まで二時間かかります)④에서 (友達が日本から来ます)⑤에서(どこでご飯を食べますか)

2①9시부터 5시까지 일합니다 ②여기에서도 표를 팝니다 ③친구와/하고 서울에 갑니다 ④동생과/하고 전화로 이야기합니다 ⑤어머니한테/에게 학교 사진을 보입니다

> 韓国語で言ってみましょう！

①한국에서는 인기가 있습니다/있어요②여름 방학은 언제부터 시작됩니까?③아버지와/하고 어머니한테/에게 무엇을 드립니까?④저/나도 꽃 이름을 모르겠습니다⑤공항에서 집까지 택시로 갑니다

> 聞きとり

①한국말로②어머니에게는③2시까지④책과⑤씁니까⑥동생한테서⑦일본에서도⑧이것도⑨친구의⑩지금부터

第16課

> 語彙を増やそう！

1①好きだ②弾く・打つ③よく・上手に④ピアノ⑤勤務⑥しょっちゅう⑦運動⑧勉強⑨豚肉⑩暖かい

2①잘②돼지고기③자주④운동⑤좋아하다⑥치다⑦따뜻하다⑧피아노⑨공부⑩근무

> 基本文型の練習A

1①집에 안 갑니까?(家に帰らないのですか)②술을 안 마십니까?(酒を飲まないのですか)③친구가 안 옵니까?(友達が来ないのですか)④담배를 안 피웁니까?(たばこを吸わないのですか)⑤아침을 안 먹습니까?(朝食を食べないのですか)

2①집에 가지 않습니다(家に帰りません)②술을 마시지 않습니다(酒を飲みません)③친구가 오지 않습니다(友達が来ません)④담배를 피우지 않습니다(たばこを吸いません)⑤아침을 먹지 않습니다(朝食を食べません)

3①돼지고기를 못 먹습니까?(豚肉を食べられないのですか)②한국어를 못 읽습니까?(韓国語を読めないのですか)③피아노를 못 칩니까?(ピアノを弾けないのですか)④운동을 못 합니까?(運動ができないのですか)⑤일본어를 못 씁니까?(日本語を書けないのですか)

4①돼지고기를 먹지 못합니다(豚肉を食べられません)②한국어를 읽지 못합니다(韓国語を読めません)③피아노를 치지 못합니다(ピアノを弾けません)④운동을 하지 못합니다(運動ができません)⑤일본어를 쓰지 못합니다(日本語を書けません)

> 語彙を増やそう！

1①歌う・呼ぶ②野球③映画④全然⑤水泳⑥音楽⑦運転⑧歌⑨あまり⑩サッカー

2①수영②영화③축구④음악⑤별로⑥전혀⑦부르다⑧야구⑨운전⑩노래

> 基本文型の練習B

1①한국에 자주 갑니까?(韓国によく行きますか)아뇨, 별로 안 갑니다(いいえ, 아마리 行きません)②술을 자주 마십니까?(酒をよく飲みますか)아뇨, 별로 안 마십니다(いいえ, 아마리 飲みません)③잡지를 자주 읽습니까?(雑誌をよく読みますか)아뇨, 별로 안 읽습니다(いいえ, 아마리 読みません)④야구를 자주 합니까?(野球をよくしますか)아뇨, 별로 안 합니다(いいえ, 아마리しません)⑤김치를 자주 먹습니까?(キムチをよく食べますか)아뇨, 별로 안 먹습니다(いいえ, 아마리 食べません)

2①운전을 잘 합니까?(運転が上手ですか)아뇨,잘 못 합니다(いいえ,下手です)②술을 잘 마십니까?(酒をよく飲みますか)아뇨, 잘 못 마십니다(いいえ, 아마리 飲めません)③피아노를 잘 칩니까?(ピアノが上手ですか)아뇨, 잘 못 칩니다(いいえ, 下手です)④노래를 잘 부릅니까?(歌が上手ですか)아뇨, 잘 못 부릅니다(いいえ, 下手です)⑤수영을 잘 합니까?(水泳が上手ですか)아뇨, 잘 못 합니다(いいえ, 下手です)

トレーニング・チェック

韓国語で言ってみましょう！ ①저/나는 축구를 잘 못 합니다②오늘은 아르바이트 안 합니다③저/나는 술을 못 마십니다④잡지는 전혀 안 읽습니까/읽지 않습니까?⑤별로 야구를 안 좋아합니다/좋아하지 않습니다

聞きとり ①안②먹지, 않습니다③못, 마십니까④잘, 못합니다⑤자주, 못⑥안, 옵니다⑦피우지, 않습니다⑧전혀, 못합니까⑨못, 칩니다⑩가지, 않습니까

第17課

語彙を増やそう！ 1①会う②寝る③着る④忙しい⑤描く⑥服⑦探す・みつける⑧出す・払う⑨どのように⑩乗る

2①내다②그리다③만나다④입다⑤찾다⑥자다⑦옷⑧바쁘다⑨타다⑩어떻게

基本文型の練習A 1①몇 시에 자요?(何時に寝ますか)②언제 가요?(いつ行きますか)③누구를 찾아요?(だれを探していますか)④어떻게 그려요?(どのように描きますか)⑤무엇을 읽어요?(何を読みますか)

2①집을 찾아요(家を探しています)②커피를 마셔요(コーヒーを飲んでいます)③빵을 만들어요(パンを作っています)④지금 바빠요(今は忙しいです)⑤친구를 만나요(友だちに会います)⑥밥을 먹어요(ご飯を食べています)⑦버스를 타요(バスに乗ります)⑧옷을 입어요(服を着ます)⑨담배를 피워요(たばこを吸います)⑩편지를 써요(手紙を書きます)

語彙を増やそう！ 1①韓国料理②買う③時々④雨⑤週末⑥何の・どんな⑦遊ぶ⑧飛行機⑨風邪⑩焼肉

2①비②주말③비행기④불고기⑤사다⑥감기⑦한국 음식⑧무슨⑨놀다⑩가끔

基本文型の練習B 1①비가 자주 와요?(雨がしょっちゅう降りますか)아뇨, 가끔 와요(いいえ、たまに降ります)②술을 자주 마셔요?(酒をしょっちゅう飲みますか)아뇨, 가끔 마셔요(いいえ、たまに飲みます)③편지를 자주 써요?(手紙をしょっちゅう書きますか)아뇨, 가끔 써요(いいえ、たまに書きます)④한국에 자주 가요?(韓国にしょっちゅう行きますか)아뇨, 가끔 가요(いいえ、たまに行きます)⑤택시를 자주 타요?(タクシーにしょっちゅう乗りますか)아뇨, 가끔 타요(いいえ、たまに乗ります)

2①주말에 어디에 가요?(週末にどこに行きますか)서울에 가요(ソウルに行きます)②누구한테/에게 편지를 써요?(だれに手紙を書きますか)친구한테/에게 편지를 써요(友だちに手紙を書きます)③무슨 책을 사요?(何の本を買いますか)한국어 사전을 사요(韓国語の辞書を買います)④언제 친구를 만나요?(いつ友だちに会いますか)내일 만나요(明日会います)⑤일본에 어떻게 가요?(日本にどのように行きますか)비행기로 가요(飛行機で行きます)

韓国語で言ってみましょう！ ①저/나는 한국 음식을 잘/자주 먹어요②주말에 서울에 가요③오늘은 집에서 쉬어요④무슨 책을 읽어요?⑤매일 친구한테서/에게서 전화가 와요

聞きとり ①가요②사요③써요④마셔요⑤비행기⑥쳐요⑦봐요⑧쉬어요⑨와요⑩먹어요

トレーニング・チェック：

第18課

語彙を増やそう！ 1①掃除する②安全だ③引っ越す④外出する⑤清潔だ⑥親切だ⑦連絡する⑧明らかだ⑨専攻する⑩考える
2①이사하다②연락하다③깨끗하다④안전하다⑤친절하다⑥전공하다⑦생각하다⑧청소하다⑨분명하다⑩외출하다

基本文型の練習A 1①그것은 분명해요?(それは明らかですか)②언제 외출해요?(いつ外出しますか)③누가 청소해요?(だれが掃除しますか) ④중국어를 공부해요?(中国語を勉強していますか)⑤무엇을 전공해요?(何を専攻していますか)
2①지금 숙제해요(今宿題をしています)②영어를 전공해요(英語を専攻しています)③일본은 안전해요(日本は安全です)④불고기를 좋아해요(焼肉が好きです)⑤스즈키 씨는 친절해요(鈴木さんは親切です)
3①중국어 사전이에요?(中国語の辞書ですか)②영어 선생님이에요?(英語の先生ですか)③제 친구예요?(私の友達ですか)④이것은 얼마예요?(これはいくらですか)⑤그것은 뭐예요?(それは何ですか)

語彙を増やそう！ 1①経済学②一緒に③努力する④そのように⑤全部・全部で⑥社会学⑦そこ⑧静かだ⑨出発する⑩練習する
2①전부②거기③출발하다④조용하다⑤연습하다⑥경제학⑦같이⑧노력하다⑨사회학⑩그렇게

基本文型の練習B 1①방이 깨끗해요?(部屋がきれいですか)네,깨끗해요(はい、きれいです)②친구한테/에게 연락해요?(友達に連絡しますか)네,연락해요(はい、連絡します)③자주 외출해요?(しょっちゅう外出しますか)네,자주 외출해요(はい、しょっちゅう外出します)④발음을 연습해요?(発音を練習していますか)네,연습해요(はい、練習しています)⑤열심히 노력해요?(一生懸命努力していますか)네,열심히 노력해요(はい、一生懸命努力しています)
2①어디로 이사해요?(どちらに引っ越ししますか) 부산으로 이사해요(釜山に引っ越しします)②누구한테/에게 전화해요?(だれに電話しますか) 김 선생님 한테/에게 전화해요(金先生に電話します)③언제 출발해요?(いつ出発しますか)내일 출발해요(明日出発します)④무엇을 전공해요?(何を専攻していますか)사회학을 전공해요(社会学を専攻しています)⑤누가 청소해요?(だれが掃除しますか)남동생이 청소해요(弟が掃除します)

韓国語で言ってみましょう！ ①제 여동생이에요②학교에서 무엇을 전공해요?③집에서 발음을 연습해요④거기는 안전해요?⑤저/나는 야구를 좋아해요

聞きとり ①출발해요②공부해요③예요④이에요⑤이사해요⑥생각해요⑦전공해요⑧좋아해요⑨외출해요 ⑩친절해요

第19課

語彙を増やそう！ 1①魚②笑う③ゴルフ④遠い⑤安い⑥背・身長⑦地下鉄⑧ハングル⑨大きい⑩価格
2①크다②멀다③한글④지하철⑤키⑥생선⑦가격⑧골프⑨웃다⑩싸다

トレーニング・チェック：

基本文型の練習A 1①학교에 안 가요?(学校へ行かないのですか)②지하철을 안 타요?(地下鉄に乗らないのですか)③커피를 안 마셔요?(コーヒーを飲まないのですか)④생선을 안 먹어요?(魚を食べないのですか)⑤키가 안 커요?(背が高くないのですか)

2①학교에 가지 않아요(学校へ行きません)②지하철을 타지 않아요(地下鉄に乗りません)③커피를 마시지 않아요(コーヒーを飲みません)④생선을 먹지 않아요(魚を食べません)⑤키가 크지 않아요(背が高くないです)

3①돼지고기를 못 먹어요?(豚肉を食べられないのですか)②일본어를 못 읽어요?(日本語が読めないのですか)③골프를 못 쳐요?(ゴルフが出来ないのですか)④수영을 못 해요?(泳げないのですか)⑤한글을 못 써요?(ハングルを書けないのですか

4①돼지고기를 먹지 못해요(豚肉を食べられません)②일본어를 읽지 못해요(日本語が読めません)③골프를 치지 못해요(ゴルフが出来ません)④수영을 하지 못해요(泳げません)⑤한글을 쓰지 못해요(ハングルが書けません)

語彙を増やそう！ 1①少ない②我々・我々の③朝鮮料理④アメリカ⑤辛い⑥スポーツ⑦多い⑧暑い⑨寒い⑩外国

2①외국②많다③우리④덥다⑤춥다⑥미국⑦스포츠⑧적다⑨맵다⑩조선 요리

基本文型の練習B 1①미국에 자주 가요?(アメリカにしょっちゅう行きますか)아뇨, 별로 안 가요(いいえ、あまり行きません)②가족을 자주 만나요?(家族にしょっちゅう会いますか)아뇨, 별로 안 만나요(いいえ、あまり会いません)③편지를 자주 써요?(手紙をよく書きますか)아뇨, 별로 안 써요(いいえ、あまり書きません)④야구를 자주 해요?(野球をしょっちゅうしますか)아뇨, 별로 안 해요(いいえ、あまりしません)⑤조선 요리를 자주 먹어요?(朝鮮料理をしょっちゅう食べますか)아뇨, 별로 안 먹어요(いいえ、あまり食べません)

2①골프를 잘 쳐요?(ゴルフが上手ですか)아뇨, 잘 못 쳐요(いいえ、下手です)②술을 잘 마셔요?(酒をよく飲みますか)아뇨, 잘 못 마셔요(いいえ、あまり飲めません)③피아노를 잘 쳐요?(ピアノが上手ですか)아뇨, 잘 못 쳐요(いいえ、下手です)④한국어를 잘 해요?(韓国語が上手ですか)아뇨, 잘 못 해요(いいえ、あまり出来ません)⑤운동을 잘 해요?(運動が上手ですか)아뇨, 잘 못 해요(いいえ、下手です)

韓国語で言ってみましょう！ ①이 김치는 맵지 않아요②오늘은 덥지 않아요?③우리 회사는 일요일도 쉬지 않아요④우리 집은 역에서 멀지 않아요⑤그는/그 사람은 친구가 많지 않아요

聞きとり ①춥지, 않아요②못, 먹어요③안, 싸요④못, 마셔요⑤적지, 않아요⑥좋아하지, 않아요⑦잘, 해요⑧오늘, 와요⑨외국, 가요⑩키, 크지

第20課

語彙を増やそう！ 1①正確だ②疲れている③使う④時計⑤重要だ⑥健康だ⑦この頃・最近⑧生活⑨食事する⑩天気・気候

2①생활②사용하다③시계④건강하다⑤날씨⑥식사하다⑦피곤하다⑧요즘⑨정확하다⑩중요하다

トレーニング・チェック:

基本文型の練習 A 1①김치를 안 좋아해요(キムチは好きではありません)②시간은 안 중요해요(時間は重要ではありません)③여기는 안 조용해요(ここは静かではありません)④사전은 사용 안 해요(辞書は使用しません)⑤가족은 소개 안 해요(家族は紹介しません)⑥공휴일은 일 안 해요(公休日は仕事しません)⑦요즘은 안 건강해요(このごろは健康ではありません)⑧날씨가 안 따뜻해요(天気が暖かくないです)⑨전혀 안 피곤해요(全然疲れていません)⑩시계가 안 정확해요(時計が正確ではありません)

2①일본어 교과서가 아니에요(日本語の教科書ではありません)②한국어 선생님이 아니에요(韓国語の先生ではありません)③여기는 학교가 아니에요(ここは学校ではありません)④내일은 공휴일이 아니에요(明日は公休日ではありません)⑤저는 학생이 아니에요(私は学生ではありません)

語彙を増やそう！ 1①地味だ②涼しい③色彩・色④利用する⑤必要だ⑥たくさん・とても⑦体⑧派手・華やかだ⑨受け取る・もらう⑩修理する

2①필요하다②수리하다③색깔④수수하다⑤화려하다⑥받다⑦많이⑧이용하다⑨시원하다⑩몸

基本文型の練習 B 1①색깔이 수수합니까?(色が地味ですか)아뇨, 안 수수해요(いいえ、地味ではありません)②옷이 화려합니까?(服が派手ですか)아뇨, 안 화려해요(いいえ、派手ではありません)③요즘 피곤합니까?(このごろ疲れていますか)아뇨, 안 피곤해요(いいえ、疲れていません)④그 사람은 친절합니까?(彼は親切ですか)아뇨, 안 친절해요(いいえ、親切ではありません)⑤컴퓨터를 수리합니까?(コンピュータを修理しますか)아뇨, 수리 안 해요(いいえ、修理しません)

2①도서관을 매일 이용해요?(毎日図書館を利用していますか)아뇨, 이용 안 해요(いいえ、利用しません)②방을 자주 청소해요?(部屋をしょっちゅう掃除しますか)아뇨, 청소 안 해요(いいえ、掃除しません)③요즘 컴퓨터를 사용해요?(このごろコンピュータを使っていますか)아뇨, 사용 안 해요(いいえ、使っていません)④물이 많이 필요해요?(水がたくさん必要ですか)아뇨, 안 필요해요(いいえ、要りません)⑤거기는 날씨가 시원해요?(そちらは天気が涼しいですか)아뇨, 안 시원해요(いいえ、涼しくないです)

韓国語で言ってみましょう！ ①오늘은 연습 안 해요?②최근에는 전혀 사용 안 해요③스즈키 씨는 스포츠를 안 좋아해요?④저/나는 운전 안 해요⑤그는 요즘 외출 안 해요

聞きとり ①안, 해요②안, 중요해요③청소④별로, 피곤해요⑤도서관, 아르바이트⑥요즘, 전혀⑦술, 좋아해요⑧일, 해요⑨전혀, 따뜻해요⑩운동, 안

第21課

語彙を増やそう！ 1①教授②父・お父様③ラジカセ④(目上の人)は⑤お客さん⑥両親⑦母・お母様⑧オフィス⑨方⑩(目上の人)に

2①아버님②께③손님④교수님⑤부모님⑥분⑦어머님⑧사무실⑨께서는⑩녹음기

トレーニング・チェック：

基本文型の練習A 1①손님께서는 무엇을 찾으십니까?(お客様は何をお探しですか)②그분께서는 가끔 저고리를 입으십니다(その方は時々チョゴリを着られます)③어머니께서 선생님께 전화를 거십니다(お母さんが先生に電話をかけます)④아버님께서는 교수님이십니까?(お父様は教授でいらっしゃいますか)⑤어머니께서 음식을 만드십니다(お母さんが食べ物を作ります)
2①축구를 좋아합니다(サッカーが好きです)②교수님께 전화를 겁니다(教授に電話をかけます)③내가 만듭니다(私が作ります)④녹음기를 찾습니다(ラジカセを探しています)⑤돼지띠입니다(亥年です)

語彙を増やそう！ 1①おやすみになる②(漢数詞+)歳③召し上がる④おことば⑤さしあげる⑥いらっしゃる⑦お亡くなりになる⑧召し上がる⑨お年はおいくつでいらっしゃいますか⑩お名前はなんとおっしゃいますか
2①계시다②쉬다③돌아가시다④말씀⑤드리다⑥세⑦드시다, 잡수시다⑧성함이 어떻게 되십니까?⑨연세가 어떻게 되십니까?

基本文型の練習B 1①몇 시에 아침을 드십니까/잡수십니까?(何時に朝食を召し上がりますか)②성함이 어떻게 되십니까?(お名前は何とおっしゃいますか)③시간이 있으십니까?(お時間おありですか)④어디에 사십니까?(どちらにお住まいですか)⑤한국 분이십니까?(韓国の方でいらっしゃいますか)
2①12시에 잡니다(十二時に寝ます)②아뇨, 한국에 안 계십니다(いいえ、韓国にいらっしゃいません)③네, 일본 사람입니다(はい、日本人です)④65세입니다(六十五歳です)⑤집에서 점심을 먹습니다(家でお昼を食べます)

韓国語で言ってみましょう！ ①성함이 어떻게 되십니까?②어디에 사십니까?③사장님은 지금 사무실에 안 계십니다④어머니께서는 술을 안 드십니다⑤몇 분이십니까?

聞きとり ①드십니까②교수님이십니다③어떻게, 되십니까④있으십니까⑤계십니다⑥주무십니까⑦읽으십니까⑧손님께⑨앉으십니까⑩말씀

第22課

語彙を増やそう！ 1①マンガ②通う③試験④刈る・剃る⑤準備⑥職場⑦経験⑧塾・予備校⑨ひげ⑩出かける
2①학원②경험③나가다④다니다⑤수염⑥깎다⑦직장⑧준비⑨만화⑩시험

基本文型の練習A 1①직장까지 버스로 가세요?(職場までバスでいらっしゃいますか)②일본 분이세요?(日本の方でいらっしゃいますか)③밖으로 나가세요?(外へ出られるのですか)④수염을 깎으세요?(ひげを剃られますか)⑤경험이 있으세요?(経験がおありですか)
2①담배를 피우세요?(たばこをお吸いになりますか)네,피워요(はい、吸います)②이름을 아세요?(名前をご存知ですか)네,알아요(はい、知っています)③술을 마시세요?(お酒をお飲みになりますか)네,마셔요(はい、飲みます)④학원에 다니세요?(塾に通っておられますか)네,다녀요(はい、通っています)⑤시험 준비를 하세요?(試験準備をなさっていますか)네,해요(はい、やっています)

トレーニング・チェック：

語彙を増やそう！ 1①奥さま②気をつけて③しばらく④ほとんど⑤おいしく⑥いらっしゃいませ⑦長男⑧妻⑨習う・身につける⑩集まり
2①맛있게②잠깐③장남④사모님⑤아내⑥배우다⑦어서 오세요⑧조심하세요⑨모임⑩거의

基本文型の練習 B 1①손님께서는 신문을 안 읽으세요/읽지 않으세요?(お客様は新聞をお読みになりませんか)②사장님께서는 장남이 아니세요?(社長は長男でいらっしゃいませんか)③사모님께서는 모임에 안 오세요/오지 않으세요?(奥様は集まりに来られないのですか)④교수님께서는 아내가 안 계세요?(教授は奥さんがいらっしゃらないのですか)⑤선생님께서는 김치를 안 드세요/드시지 않으세요/안 잡수세요/잡수시지 않으세요?(先生はキムチを召し上がらないのですか)
2①おやすみなさい②さようなら(去る人に)③たくさん召し上がれ④いらっしゃい⑤ご苦労様です⑥気をつけて⑦おいしく召し上がれ⑧さようなら(とどまる人に)⑨体に気をつけて

韓国語で言ってみましょう！ ①선생님은 모임에 안 가세요/가지 않으세요?②매일 수염을 깎으세요?③맛있게 드세요④저 분은 장남이 아니세요⑤사장님께서는 지금 직장에 안 계세요?

聞きとり ①다니세요②몸조심③준비하세요④사모님이세요⑤앓으세요⑥수고⑦경험이⑧잠깐⑨아세요 ⑩가르치세요

第23課

語彙を増やそう！ 1①待つ②短い③頭・髪の毛④寮・寄宿舎⑤悪い⑥~たち⑦仕事・用事⑧歴史⑨長い⑩小さい
2①역사②나쁘다③기숙사④기다리다⑤작다⑥들⑦머리⑧일⑨짧다⑩길다

基本文型の練習 A 1①아뇨,작아요(いいえ、小さいです)②아뇨, 좋아요(いいえ、良いです)③아뇨,길어요(いいえ、長いです)④아뇨, 적어요(いいえ、少ないです)⑤아뇨, 짧아요(いいえ、短いです)
2①나보다 동생이 키가 더 커요(私より弟・妹の方が背が高いです)②여동생 머리보다 제 머리가 더 짧아요.(妹の髪より私の髪の方が短いです)③친구보다 내가 나이가 더 많아요(友だちより私の方が歳が上です)④술보다 커피가 몸에 더 좋아요(お酒よりコーヒーの方が体に良いです)⑤겨울 방학보다 여름 방학이 더 길어요(冬休みより夏休みの方が長いです)

語彙を増やそう！ 1①あまりに②もっとも③うれしい④ずっと・はるかに⑤どちら⑥冬⑦痛い・病気だ⑧~ほど⑨かわいい⑩一番
2①만큼②어느 쪽③겨울④예쁘다⑤아프다⑥가장⑦너무⑧기쁘다⑨제일⑩훨씬

基本文型の練習 B 1①네, 아파요(はい、痛いです)②네, 커요(はい、大きいです)③네, 나빠요(はい、悪いです)④네, 기뻐요(はい、うれしいです)⑤네, 예뻐요(はい、きれいです)
2①아뇨,기숙사는 여기만큼 비싸지 않아요(いいえ、寮はここほど高くないです)②아뇨, 일본 학생들은 중국 학생들만큼 많지 않아요(いいえ、日本の学生は中国の学生ほど多くないです)③아뇨,술은 담배만큼 몸에 나쁘지 않아요(いいえ、お酒はたばこほど体に悪くないです)④아뇨, 오사카는 서울만큼 크지 않아요(いいえ、大阪はソウルほど大きくないです)⑤아뇨, 일본의 겨울 방학은 한국의 겨울 방학만큼 길지 않아요(いいえ、日本の冬休みは韓国の冬休みほど長くないです)

トレーニング・チェック：

(韓国語で言ってみましょう！) ①오늘은 아주 바빠요②아버지보다 내가 훨씬 키가 커요③저/나는 여동생만큼 안 예뻐요/예쁘지 않아요④서울과/하고 도쿄 중에 어느 쪽이 사람이 많아요?⑤어느 나라의 역사가 제일 길어요?

(聞きとり) ①아파요②제일③기뻐요④나보다⑤더, 커요⑥어느 쪽⑦짧습니다⑧중국만큼⑨훨씬⑩과일, 중에서

第24課

(語彙を増やそう！) 1①みんな一緒に②紹介する③窓④借りる⑤一人で⑥今月⑦撮る⑧入れる⑨決める⑩開ける

2①넣다②정하다③찍다④혼자서⑤이번 달⑥다 같이⑦빌리다⑧소개하다⑨창문⑩열다

(基本文型の練習A) 1①창문을 열었습니까?(窓を開けましたか)②전화를 받았습니까?(電話を受けましたか)③아파트를 찾았습니까?(マンションが見つかりましたか)④사진을 찍었습니까?(写真を撮りましたか)⑤책을 읽었습니까?(本を読みましたか)

2①도서관에서 빌렸습니다(図書館で借りました)②옷을 샀습니다(服を買いました)③버스로 다녔습니다(バスで通いました)④편지를 썼습니다(手紙を書きました)⑤커피를 마셨습니다(コーヒーを飲みました)

3①사회학을 전공했습니다(社会学を専攻しました)②서로 소개했습니다(お互いに紹介しました)③방을 청소했습니다(部屋を掃除しました)④날씨가 따뜻했습니다(天気が暖かかったです)⑤다 같이 정했습니다(みんなで決めました)

4①정말이었습니까?(本当でしたか)②언제였습니까?(いつでしたか)③제 책이었습니까?(私の本でしたか)④얼마였습니까?(いくらでしたか)⑤농담이 아니었습니까?(冗談ではなかったのですか)

(語彙を増やそう！) 1①今年②閉める③一日中④汽車⑤心・気持ち⑥どこで・どこから⑦デパート⑧事実⑨終わる⑩知り合い

2①하루종일②사실③어디서④닫다⑤올해⑥백화점⑦아는 사람⑧마음⑨기차⑩끝나다

(基本文型の練習B) 1①누가 오셨습니까?(どなたがいらっしゃいましたか)친구가 왔습니다(友だちが来ました)②누구한테/에게 편지를 쓰셨습니까?(だれに手紙を書かれましたか)여동생한테/에게 편지를 썼습니다(妹に手紙を書きました)③무슨 책을 사셨습니까?(何の本を買われましたか)한국어 사전을 샀습니다(韓国語の辞書を買いました)④언제 수업이 끝나셨습니까?(いつ授業が終わりましたか)아까 끝났습니다(先ほど終わりました)⑤서울에 어떻게 가셨습니까?(ソウルにどのように行かれましたか)기차로 갔습니다(汽車で行きました)

2①아는 사람이셨습니까?(お知り合いでしたか)아뇨, 아는 사람이 아니었습니다(いいえ、知り合いではありませんでした)②그 날은 휴일이셨습니까?(その日は休みでしたか)네, 휴일이었습니다.(はい、休みでした)③그 사람은 학생이셨습니까?(彼は学生でしたか)아뇨, 학생이 아니었습니다(いいえ、学生ではありませんでした)④그것은 사실이셨습니까?(それは事実でしたか)네, 그것은 사실이었습니다(はい、事実でした)⑤친구 분이셨습니까?(お友だちでしたか)아뇨, 친구가 아니었습니다(いいえ、友だちではありませんでした)

トレーニング・チェック：

韓国語で言ってみましょう！ ①오늘은 집에서 무엇을/뭘 했습니까? ②아까 그 사람을 만났습니다③그 가방 어디에서 사셨습니까? ④다 같이 밥을 먹었습니다 ⑤학교에서 경제학을 전공했습니다

聞きとり ①잤습니까②잤습니다③아니었습니다④였습니까⑤가셨습니까⑥마셨습니다⑦끝났습니까⑧소개했습니다⑨따뜻했습니다⑩왔습니다

第25課

語彙を増やそう！ 1①みな・全部②しかし③クリスマス④ドア⑤めがね⑥食べ物⑦山⑧月⑨注文する⑩病院

2①그러나②음식③시키다④안경⑤달⑥다⑦산⑧문⑨병원⑩크리스마스

基本文型の練習A 1①문을 닫았어요?(ドアを閉めましたか)②사진을 찍었어요?(写真を撮りましたか)③옷을 입었어요?(服を着ましたか)④빵을 만들었어요?(パンを作りましたか)⑤안경을 찾았어요?(メガネが見つかりましたか)

2①편지를 썼어요(手紙を書きました)②담배를 피웠어요(たばこを吸いました)③버스를 탔어요(バスに乗りました)④음식을 시켰어요(食べ物を注文しました)⑤아까 왔어요(さっき来ました)

3①중국어를 공부했어요(中国語を勉強しました)②날씨가 따뜻했어요(天気が暖かかったです)③집을 청소했어요(家を掃除しました)④도서관을 이용했어요(図書館を利用しました)⑤회사에서 일했어요(会社で働きました)

4①아는 사람이 아니었어요?(知り合いではなかったのですか)②시험은/이 언제였어요?(試験はいつでしたか)③제 책이었어요?(私の本でしたか)④그것은 농담이 아니었어요?(それは冗談ではなかったのですか)⑤전부 얼마였어요?(全部でいくらでしたか)

語彙を増やそう！ 1①夜②泣く③到着する④間⑤暮らす⑥小説⑦弟・妹⑧甥・姪⑨送る・過ごす⑩プレゼント

2①소설②살다③밤④동생⑤울다⑥보내다⑦선물⑧간⑨조카⑩도착하다

基本文型の練習B 1①선물을 보내셨습니까?(プレゼントを送られましたか)아뇨,아직 안 보냈어요(いいえ、まだ送っていません)②동생이 오셨습니까?(弟・妹さんがいらっしゃいましたか)아뇨,아직 안 왔어요(いいえ、まだ来ていません)③소설을 읽으셨습니까?(小説をお読みになりましたか)네,소설을 읽었어요(はい、小説を読みました)④수업이 끝나셨습니까?(授業が終わられましたか)아뇨,아직 안 끝났어요(いいえ、まだ終わっていません)⑤아르바이트를 하셨습니까?(アルバイトをなさいましたか)네,아르바이트를 했어요(はい、アルバイトをしました)

2①연락을 받으셨어요?(連絡を受けられましたか)아뇨,아직 못 받았어요(いいえ、まだです)②편지를 쓰셨어요?(手紙をお書きになりましたか)아뇨,아직 못 썼어요(いいえ、まだです)③책을 빌리셨어요?(本を借りられましたか)아뇨,아직 못 빌렸어요(いいえ、まだです)④병원에 가셨어요?(病院に行かれましたか)아뇨,아직 못 갔어요(いいえ、まだです)⑤동생을 만나셨어요?(弟・妹さんに会われましたか)아뇨,아직 못 만났어요(いいえ、まだです)

(トレーニング・チェック)

(韓国語で言ってみましょう！) ①오늘은 하루종일 집에 있었어요②서울에서 십 년간 살았어요③생일 선물을 받았어요?④아침에 병원에 갔어요⑤다 얼마였어요?

(聞きとり) ①사셨어요②전공했어요③다녔어요④만나셨어요⑤했어요⑥도착했어요⑦보냈어요⑧시원했어요⑨마셨어요⑩연습했어요

第26課

(語彙を増やそう！) 1①雪が降る・降りる③晴れている・澄んでいる④守る⑤お目にかかる⑥案内の言葉⑦あと・あとで⑧次第に⑨曇る⑩まず・先に

2①먼저②지키다③내리다④눈⑤흐리다⑥나중⑦차차⑧안내 말씀⑨맑다⑩뵙다

(基本文型の練習 A) 1①먼저 가겠습니다(先に行きます・帰ります)②안내 말씀 드리겠습니다(ご案内申し上げます)③비가 오겠습니다(雨が降るでしょう)④처음 뵙겠습니다(はじめまして)⑤차차 흐리겠습니다(次第に曇るでしょう)

2①내일은 맑겠어요(明日は晴れるでしょう・晴れそうです)②약속을 지키겠어요(約束を守ります)③제가 연락하겠어요(私が連絡いたします)④십 분간 쉬겠어요(十分間休みます)⑤내일까지 기다리겠어요(明日まで待ちます)

3①좀 쉴 거예요(少し休みます)②제가 할 거예요(私がします)③눈이 내릴 거예요(雪が降るでしょう・降りそうです)④한국어를 배울 거예요(韓国語を習います)⑤영화를 볼 거예요(映画を見ます)

(語彙を増やそう！) 1①もっと・もう②もうすぐ・今③英会話④かさ⑤必ず⑥知っている⑦それぐらいで⑧突然⑨わからない⑩再び・もう一度

2①다시②영어 회화③반드시④알다⑤우산⑥이제⑦더⑧갑자기⑨모르다⑩그만

(基本文型の練習 B) 1①어디서 기다리시겠습니까?(どこでお待ちになりますか)여기서 기다리겠어요(ここで待ちます)②언제 오시겠습니까?(いつ来られますか)내일 다시 오겠어요(明日また来ます)③뭘 시키시겠습니까?(何を注文なさいますか)불고기를 시키겠어요(焼肉を注文します)④어떻게 가시겠습니까?(どのように行かれますか)지하철로 가겠어요(地下鉄で行きます)⑤어느 것을 사시겠습니까?(どれを買われますか)이것을 사겠어요(これを買います)

2①여기 계시겠어요?(ここにいらっしゃいますか)아뇨, 집에 가겠습니다(いいえ、家に帰ります)②몇 시에 주무시겠어요?(何時にお休みになりますか)열누 시쯤 자겠습니다(十二時頃寝ます)③좀더 드시겠어요?(もっと召し上がりますか)아뇨,그만 먹겠습니다(いいえ、これでいいです)④냉면을 잡수시겠어요?(冷麺を召し上がりますか)아뇨, 비빔밥을 먹겠습니다(いいえ、ビビンパをいただきます)⑤이제 아시겠어요?(これでおわかりでしょうか)아직 잘 모르겠습니다(まだよくわかりません)

3①(どうなさいますか)여기(에)서 기다릴 거예요(ここで待ちます)②(何を注文なさいますか)냉면을 시킬 거예요(冷麺を注文します)③(いつ頃来られますか)내일 올 거예요(明日来ます)④(何を習われますか)영어 회화를 배울 거예요(英会話を習います)⑤(何の本を買われますか)잡지책을 살 거예요(雑誌を買います)

トレーニング・チェック

4①(どこでお待ちになりますか)여기(에)서 기다리겠어요(ここで待ちます)
②(何を注文されますか)냉면을 시키겠어요(冷麺を注文します)③(いつ頃来られますか)내일 오겠어요(明日来ます)④(韓国語を習われますか)아뇨, 영어 회화를 배우겠어요(いいえ、英会話を習います)⑤(何の本を買われますか)잡지책을 사겠어요(雑誌を買います)

韓国語で言ってみましょう！ ①내일은 맑겠습니다②저는 조금 나중에 먹겠습니다③생일선물은 뭐가 좋으시겠습니까?④뭘 드시겠습니까?⑤약속은 반드시 지키겠습니다

聞きとり ①거예요②하시겠습니까③오겠습니다④좋으시겠어요⑤거예요⑥먹겠습니다⑦기다리시겠어요 ⑧가겠습니다⑨흐리겠습니다⑩하겠습니다

第27課

語彙を増やそう！ 1①建物②地震③一般的④初め(に)⑤替える⑥有名だ⑦初めて⑧つかまえる⑨春⑩崩れる
2①바꾸다②일반적③봄④지진⑤건물⑥유명하다⑦처음으로⑧무너지다⑨잡다⑩처음에

基本文型の練習A 1①アメリカに行きます②私はビールにします③円をウォンに換えます④この道を行きます⑤世界的に有名です
2①셋이서 같이 삽니다(三人で一緒に住んでいます)②방에서 음악을 듣습니다(部屋で音楽を聴きます)③올해로 10년이 되었습니다(今年で十年になりました)④지진으로 건물이 무너졌습니다(地震で建物が壊れました)⑤10만 원에 팔았습니다(十万ウォンで売りました)

語彙を増やそう！ 1①一度②計画③乗り換える④虫⑤学者⑥文字⑦勝つ⑧相手⑨反対する⑩交通事故
2①글자②상대방③교통 사고④벌레⑤계획⑥이기다⑦한번⑧갈아타다⑨학자⑩반대하다

基本文型の練習B 1①을(2대1로 상대에 勝ちました)②으로(学者として世界的に有名です)③이(4月で20歳になりました)④으로(この駅で2号線に乗り換えます)⑤을(その人だけが私の計画に反対しました)
2①도②나③도④도, 도⑤나 3 ①서점에서 친구를 만났습니다(本屋で友だちに会いました)②작년에 친구와 둘이서 한국에 갔어요(去年友だちと二人で韓国に行きました)③택시를 타고 쇼핑을 갔습니다(タクシーに乗って買い物に行きました)④처음으로 여자가 사장님이 되었습니다(初めて女性が社長になりました)⑤축구에서 상대방을 3-2로 이겼습니다(サッカーで相手に3対2で勝ちました)

韓国語で言ってみましょう！ ①작년에 1000만 원에 차를 샀습니다②일 년에 만 명이나 교통 사고로 사망하셨습니다③아내와/하고 둘이 여행을 갔습니다④어린이부터 어른까지 이 음식을 좋아합니다⑤처음에는 일반적으로 글자부터 배웁니다

聞きとり ①한 달에②농담으로서는③30분에④친구로부터⑤이나⑥계획적으로⑦밥만⑧혼자서⑨창문으로⑩세 명이나

トレーニング・チェック

第28課

語彙を増やそう! 1①北②スイッチ③座る④遅刻する⑤ごみ⑥起きる⑦(火・電化製品を)つける⑧破る・違反する⑨ゆっくり⑩早く
2①지각하다②쓰레기③일어나다④천천히⑤앉다⑥어기다⑦일찍⑧북쪽⑨스위치⑩켜다

基本文型の練習 A 1①여기에 앉으세요(こちらにお座りください)②천천히 내리세요(ゆっくりお降りください)③스위치를 켜세요(スイッチを入れてください)④지하철을 갈아 타세요(地下鉄を乗り換えてください)⑤아침 일찍 일어나세요(朝早く起きてください)
2①쓰레기를 넣지 마세요(ごみを入れないでください)②담배를 피우지 마세요(たばこを吸わないでください)③학교에 지각하지 마세요(学校に遅刻しないでください)④약속을 어기지 마세요(約束を破らないでください)⑤밤에 운전하지 마세요(夜運転しないでください)

語彙を増やそう! 1①心配する②ポップソング③南④ぜひ・必ず⑤秋⑥おっしゃる⑦薬⑧年齢⑨どうか⑩大声
2①큰소리②제발③약④걱정하다⑤말씀하다⑥나이⑦팝송⑧가을⑨꼭⑩남쪽

基本文型の練習 B ①이 책을 읽으세요(この本を読んでください)②한국 요리를 만드세요(韓国料理を作ってください)③학교 앞으로 가세요(学校の前に行ってください)④여기서 기다리세요(ここで待ってください)⑤김 사장님을 만나세요(金社長に会ってください)

韓国語で言ってみましょう! ①너무 걱정하지 마세요②잠깐 기다리세요③여기서 담배를 피우지 마세요④시간을 꼭 지키세요⑤많이 드세요

聞きとり ①웃지, 마세요②드세요③어기지, 마세요④받으세요⑤일어나세요⑥발음하세요⑦기다리세요⑧말씀하세요⑨지각하지, 마세요⑩말씀하지, 마세요

第29課

語彙を増やそう! 1①歩いて行く②薔薇③面白い④また・さらに⑤(火・電化製品を)消す⑥おじさん⑦今後⑧~の間・期間⑨座席・席⑩おいしい
2①앞으로②또③장미④걸어가다⑤아저씨⑥맛있다⑦재미있다⑧끄다⑨자리⑩동안

基本文型の練習 A 1①불고기를 시킬까요?(焼肉を注文しましょうか)②음식을 만들까요?(食べ物を作りましょうか)③창문을 닫을까요?(窓を閉めましょうか)④택시를 탈까요?(タクシーに乗りましょうか)⑤내일 전화할까요?(明日電話しましょうか)
2①친구가 올까요?(友だちが来るでしょうか)②그 사람이 좋아할까요?(彼が喜ぶでしょうか)③냉면이 맛있을까요?(冷麺がおいしいでしょうか)④몇 시에 끝날까요?(何時に終わるでしょうか)⑤눈이 내릴까요?(雪が降るでしょうか)
3①여기에 앉으실까요?(ここにお座りになりますか)②같이 가실까요?(一緒に行かれますか)③어느 분이 오실까요?(どなたがいらっしゃるでしょうか)④지금 주무실까요?(今お休みになっていらっしゃるでしょうか)⑤사장님이 계실까요?(社長がいらっしゃるでしょうか)

> **トレーニング・チェック：**

4①같이 갑시다(一緒に行きましょう)②자리에 앉읍시다(席に座りましょう)③서로 연락합시다(お互いに連絡しあいましょう)④또 만납시다(また会いましょう)⑤한잔 합시다(一杯やりましょう)

> **語彙を増やそう！**

1①立てる②喫茶店③おばさん④週⑤公園⑥次・次の⑦お弁当⑧早く・急いで⑨どんな⑩どれぐらい

2①커피숍②아줌마③주④얼마나⑤빨리⑥공원⑦세우다⑧어떤⑨도시락⑩다음

> **基本文型の練習 B**

①무슨 꽃을 살까요?(何の花を買いましょうか)장미꽃을 삽시다(バラの花を買いましょう)②어떤 영화를 볼까요?(どんな映画を見ましょうか)한국 영화를 봅시다(韓国の映画を見ましょう)③누구한테/에게 연락할까요?(だれに連絡しましょうか)김 선생님께 연락합시다(金先生に連絡しましょう)④무엇을 먹을까요?(何を食べましょうか)중국 요리를 먹읍시다(中国料理を食べましょう)⑤어디서 만날까요?(どこで会いましょうか)그 커피숍에서 만납시다(その喫茶店で会いましょう)

> **韓国語で言ってみましょう！**

①은행까지 같이 갑시다②생일 선물로 뭐가 제일 좋을까요?③앞으로 조심합시다④내일 비가 내릴까요/올까요?⑤다음 역에서 내립시다

> **聞きとり**

①갑시다②걸릴까요③앉을까요④쉽시다⑤클까요⑥먹을까요⑦기다립시다⑧갈까요, 갈까요⑨오실까요⑩만날까요

第30課

> **語彙を増やそう！**

1①サンドイッチ②聞く③おじいさん④吹く⑤風⑥紅茶⑦中継⑧出てくる⑨おばあさん⑩診察

2①홍차②나오다③바람④샌드위치⑤진찰⑥불다⑦할아버지⑧할머니⑨듣다⑩중계

> **基本文型の練習 A**

1①아이를 찾고 싶습니다(子供を捜したいです)②음악을 듣고 싶습니다(音楽を聴きたいです)③매일 운동하고 싶습니다(毎日運動したいです)④텔레비전을 보고 싶습니다(テレビを見たいです)⑤샌드위치를 먹고 싶습니다(サンドイッチを食べたいです)

2①그 분을 만나고 싶어요(その方に会いたいです)②음악을 듣고 싶어요(音楽を聴きたいです)③일본에 가고 싶어요(日本に行きたいです)④한국 노래를 부르고 싶어요(韓国の歌を歌いたいです)⑤홍차를 마시고 싶어요(紅茶を飲みたいです)

3①불고기를 드시고 싶으세요?(焼肉を召し上がりたいですか)②영어 회화를 배우고 싶으세요?(英会話を習われたいですか)③좀 쉬고 싶으세요?(少し休まれたいですか)④집에 가고 싶으세요?(家にお帰りになりたいですか)⑤진찰을 받고 싶으세요?(診察をお受けになりたいですか)

4①안경을 찾고 있습니다(めがねを探しています)②서울에 살고 있습니다(ソウルに住んでいます)③은행에서 일하고 있습니다(銀行で働いています)④음악을 듣고 있습니다(音楽を聴いています)⑤눈이 내리고 있습니다(雪が降っています)

トレーニング・チェック

5①편지를 쓰고 있어요(手紙を書いています)②지금 숙제하고 있어요(今宿題をしています)③도시락을 만들고 있어요(お弁当を作っています)④스포츠 중계를 보고 있어요(スポーツ中継を見ています)⑤바람이 불고 있어요(風が吹いています)

語彙を増やそう！ 1①経営学②昨年③息子④複雑だ・混んでいる⑤留学⑥地図⑦事情⑧旅行⑨市庁⑩高校

2①여행②복잡하다③작년④경영학⑤시청⑥아들⑦사정⑧지도⑨유학⑩고등학교

基本文型の練習B 1①언제 가고 싶으세요?(いついらっしゃりたいですか)내일 가고 싶어요(明日行きたいです)②뭘 사고 싶으세요?(何をお買いになりたいですか)한국 지도를 사고 싶어요(韓国の地図を買いたいです)③무슨 책을 읽고 싶으세요?(何の本をお読みになりたいですか)소설책을 읽고 싶어요(小説を読みたいです)④어디를 여행하고 싶으세요?(どこを旅行なさりたいですか)미국을 여행하고 싶어요(アメリカを旅行したいです)⑤어떤 영화를 보고 싶으세요?(どんな映画をご覧になりたいですか)한국 영화를 보고 싶어요(韓国の映画を見たいです)

2①무슨 일을 하고 계세요?(どんな仕事をなさっていらっしゃいますか)회사를 경영하고 있어요(会社を経営しています)②누구한테/에게 편지를 쓰고 계세요?(だれに手紙を書いていらっしゃいますか)조카한테/에게 편지를 쓰고 있어요(甥・姪に手紙を書いています)③어디에 근무하고 계세요?(どこに勤務していらっしゃいますか)시청에 근무하고 있어요(市役所に勤務しています)④무슨 음악을 듣고 계세요?(どんな音楽を聴いていらっしゃいますか)팝송을 듣고 있어요(ポップソングを聴いています)⑤매일 병원에 다니고 계세요?(毎日病院に通っていらっしゃいますか)네,매일 다니고 있어요(はい、毎日通っています)

韓国語で言ってみましょう！ ①꼭 한번 만나고 싶어요②사정은 잘 알고 있어요③매일 병원에 다니고 있어요④진찰을 받고 싶어요?⑤경영학을 전공하고 싶어요

聞きとり ①불고,있습니다②걸고,계십니다③가고,싶어요④경영하고,있어요⑤근무하고,있습니다⑥배우고,계세요⑦아까부터,찾고⑧앞으로,싶으세요⑨아들,고등학교⑩홍차,샌드위치

第31課

語彙を増やそう！ 1①運転免許②教室③申し上げる④取る・もぐ⑤(弟から見た)兄⑥なる⑦市場⑧就職する⑨治療⑩率直に

2①형②말씀드리다③되다④취직하다⑤운전 면허⑥교실⑦솔직히⑧시장⑨따다⑩치료

基本文型の練習A 1①아이를 찾으러 갑니다(子供を捜しに行きます)②밥을 먹으러 옵니다(ご飯を食べに来ます)③야구를 보러 갑니다(野球を見に行きます)④치료를 받으러 다닙니다(治療を受けに通っています)⑤책을 빌리러 갑니다(本を借りに行きます)

トレーニング・チェック

2①친구를 만나러 와요(友だちに会いに来ます)②돈을 받으러 다녀요(お金を受け取りに通っています)③밥을 먹으러 가요(ご飯を食べに行きます)④선물을 사러 가요(プレゼントを買いに行きます)⑤밤에 놀러 와요(夜遊びに来ます)

3①돈을 빌리려고 해요(お金を借りるつもりです)②솔직히 말하려고 해요(率直に言うつもりです)③치료를 받으려고 해요(治療を受けるつもりです)④차를 팔려고 해요(車を売るつもりです)⑤유학을 가려고 해요(留学に行くつもりです)

4①회사에 취직하려고 생각해요(会社に就職しようと思います)②운전 면허를 따려고 생각해요(運転免許をとろうと思います)③친구를 소개하려고 생각해요(友達を紹介しようと思います)④의사가 되려고 생각해요(医者になろうと思います)⑤진찰을 받으려고 생각해요(診察を受けようと思います)

語彙を増やそう！ 1①公務員②(郵便を)送る③郵便局④小包⑤一緒に⑥学校休み⑦海⑧プール⑨夕方・夕食⑩試合

2①바다②시합③공무원④수영장⑤방학⑥소포⑦함께⑧우체국⑨부치다⑩저녁

基本文型の練習 B 1①언제 가시겠습니까?(いつ行かれますか)내일 가려고 해요(明日行くつもりです)②뭘 사시겠습니까?(何を買われますか)한국 지도를 사려고 해요(韓国の地図を買うつもりです)③무슨 책을 읽으시겠습니까?(何の本を読まれますか)소설책을 읽으려고 해요(小説を読むつもりです)④어떻게 하시겠습니까?(どのようになさいますか)치료를 받으려고 해요(治療を受けるつもりです)⑤어떤 영화를 보시겠습니까?(どんな映画をご覧になりますか)한국 영화를 보려고 해요(韓国の映画を見るつもりです)

2①은행에 돈을 찾으러 가요(銀行にお金をおろしに行きます)②서울역에 조카를 만나러 가요(ソウル駅に甥・姪に会いに行きます)③우체국에 소포를 부치러 가요(郵便局に小包を送りに行きます)④백화점에 선물을 사러 가요(デパートにプレゼントを買いに行きます)⑤식당에 저녁을 먹으러 가요(食堂に夕飯を食べに行きます)

3①학교에 일본어를 배우러 갈까요?(学校に日本語を習いに行きましょうか)저는 혼자 공부할 거예요(私は1人で勉強します)②바다에 수영하러 갈까요?(海に泳ぎに行きましょうか)저는 수영장에서 수영할 거예요(私はプールで泳ぎます)③식당에 점심 먹으러 갈까요?(食堂にお昼を食べに行きましょうか)저는 교실에서 도시락을 먹을 거예요(私は教室でお弁当を食べます)④백화점에 옷을 사러 갈까요?(デパートに服を買いに行きましょうか)저는 시장에서 살 거예요(私は市場で買います)⑤저녁에 연습하러 갈까요?(夕方に練習しに行きましょうか)저는 지금 연습할 거예요(私は今練習します)

韓国語で言ってみましょう！ ①그는/그 사람은 매일 밤 놀러 와요②뭐/무엇 하러 오세요?③공무원이 되려고 생각해요④몇 시쯤 자려고 해요?⑤선물을 사러 시장에 갈까요?

トレーニング・チェック

聞きとり ①찾으러②받으러③보러④유학을⑤만나러⑥따려고⑦점심⑧만나려고⑨솔직히,말씀드리려고⑩오시려고,해요

第32課

語彙を増やそう！ 1①率直だ②すてきだ③値段④危険だ⑤若い⑥残る⑦見える⑧教える⑨履く⑩善良だ 2①신다②남다③멋있다④위험하다⑤가르치다⑥착하다⑦솔직하다⑧값⑨젊다⑩보이다

基本文型の練習 A 1①값을 깎아 주세요(負けてください)②일본어를 가르쳐 주세요(日本語を教えてください)③돈을 보내 주세요(お金を送ってください)④치료를 해 주세요(治療をしてください)⑤책을 빌려 주세요(本を貸してください)
2①문을 열어 보세요(ドアを開けてみてください)②솔직히 말해 보세요(率直に言ってみてください)③진찰을 받아 보세요(診察を受けてみてください)④구두를 신어 보세요(靴を履いてみてください)⑤한글을 써 보세요(ハングルを書いてみてください)
3①젊어 보여요(若く見えます)②밝아 보여요(明るそうです)③착해 보여요(やさしそうに見えます)④맛있어 보여요(おいしそうに見えます)⑤재미없어 보여요(面白くなさそうです)
4①같이 가 볼까요?(一緒に行ってみましょうか)②구두를 신어 볼까요?(靴を履いてみましょうか)③제가 연락해 볼까요?(私が連絡してみましょうか)④한번 먹어 볼까요?(一度食べてみましょうか)⑤지도를 그려 볼까요?(地図を描いてみましょうか)

語彙を増やそう！ 1①履物②信じる③来週④絵⑤韓国服⑥失う・なくす⑦間・仲⑧脱ぐ⑨洋食⑩靴下 2①벗다②잃다③사이④믿다⑤양말⑥양식⑦한복⑧신발⑨그림⑩다음 주

基本文型の練習 B 1①김 선생님께 전화할까요?(金先生に電話しましょうか)네,전화해 봅시다(ええ、電話してみましょう)②무엇을 먹을까요?(何を食べましょうか)샌드위치를 먹어 봅시다(サンドイッチを食べてみましょう)③무슨 꽃을 살까요?(何の花を買いましょうか)장미꽃을 사 봅시다(バラの花を買ってみましょう)④진찰을 받을까요?(診察を受けましょうか)네,진찰을 받아 봅시다(ええ、診察を受けてみましょう)⑤어디서 살까요?(どこで買いましょうか)시장에서 사 봅시다(市場で買ってみましょう)
2①몇 시쯤 와 주시겠어요?(何時頃来てくださいますか)3시쯤 와 드리겠습니다(三時ごろまいります)②같이 가 주시겠어요?(一緒に行ってくださいますか)네,같이 가 드리겠습니다(はい、一緒に行ってあげます)③무슨 꽃을 사 주시겠어요?(何の花を買ってくださいますか)장미꽃을 사 드리겠습니다(バラの花を買ってあげます)④어떻게 해 주시겠어요?(どのようにしてくださいますか)친구를 소개해 드리겠습니다(友達を紹介してあげます)⑤무엇을 보내 주시겠어요?(何を送ってくださいますか)구두를 보내 드리겠습니다(靴を送ってあげます)

韓国語で言ってみましょう！ ①문을 좀 열어 주세요/여세요②천천히 말해 보세요③여기에 그림을 그려 주세요/그리세요④이 책을 읽어 보세요⑤내일 같이/함께 가 봅시다

聞きとり ①벗어②생각해, 보세요③제가, 먼저④찍어, 드릴까요⑤값을, 깎아⑥써, 주세요⑦같이, 가⑧전화해, 볼까요⑨기다려, 봅시다⑩제게, 가르쳐

トレーニング・チェック

第33課

語彙を増やそう！
1 ①成す・遂げる②消す③夢④知らせ⑤空く⑥忘れる⑦文化⑧死ぬ・枯れる⑨案内する⑩成績
2 ①잊다②문화③성적④소식⑤바다⑥꿈⑦지우다⑧죽다⑨안내하다⑩이루다

基本文型の練習 A
1 ①성적이 좋아졌습니다(成績がよくなりました)②꿈이 이루어졌습니다(夢が叶えられました)③건물이 만들어졌습니다(建物が作られました)
2 ①개가 죽어 버렸습니다(犬が死んでしまいました)②글자를 지워 버렸습니다(字を消してしまいました)③외국에 가 버렸습니다(外国へ行ってしまいました)
3 ①아이한테/에게 책을 읽어 주었습니다(子供に本を読んであげました)②친구한테/에게 저녁을 사 주었습니다(友達に夕食をご馳走してあげました)③아버님께 서울을 안내해 드렸습니다(お父様にソウルを案内してさしあげました)④나에게/한테 여자 친구를 소개해 주었습니다(私にガールフレンドを紹介してくれました)⑤선생님께 이 소식을 알려 드렸습니다(先生にこの知らせをお伝えいたしました)

語彙を増やそう！
1 ①あらかじめ②黒板③書かれる④遊園地⑤不自然だ・ぎこちない⑥米⑦悲しい⑧不安だ⑨入る⑩洗濯する
2 ①유원지②쌀③어색하다④들다⑤불안하다⑥슬프다⑦쓰이다⑧빨다⑨미리⑩칠판

基本文型の練習 B
1 ①슬퍼하다(悲しむ)②재미있어하다(面白がる)③불안해하다(不安に思う)④어색해하다(ぎこちなさそうにする)⑤하고 싶어하다(やりたがる)
2 ①가방 속에 들어 있어요(かばんの中に入っています)②교실에 학생들이 남아 있어요(教室に学生たちが残っています)③칠판에 글자가 쓰여 있어요(黒板に文字が書かれています)
3 ①편지를 써 놓았습니다(手紙を書いておきました)②미리 전화를 걸어 두었습니다(あらかじめ電話しておきました)③불을 꺼 놓았습니다(灯を消しておきました)④쌀을 씻어 두었습니다(お米を洗っておきました)⑤옷을 빨아 놓았습니다(服を洗濯しておきました)

韓国語で言ってみましょう！ ①남동생이 유원지에 가고 싶어합니다②미리 표를 사 놓았습니다/두었습니다③지갑을 잃어 버렸습니다④어머니는 제/내 말을 믿어 주지 않았습니다⑤음식이 많이 남아 있습니다

聞きとり ①잃어 버렸어요②놓아 두세요③먹어 버렸어요④해 주실⑤길어졌습니다⑥죽어⑦남아⑧닫아⑨쓰여⑩좋아졌어요

第34課

語彙を増やそう！
1 ①責任②軽い③便利だ④自分⑤うれしい⑥機械⑦感じる⑧普通⑨交通⑩動く・動かす
2 ①편리하다②보통③기계④느끼다⑤교통⑥기쁘다⑦가볍다⑧책임⑨움직이다⑩자기

基本文型の練習 A
1 ①손님을 기다리게 했습니다(お客さんを待たせました)②방을 시원하게 했습니다(部屋を涼しくしました)③짐을 가볍게 했습니다(荷物を軽くしました)④음악 소리를 작게 했습니다(音楽を小さくしました)⑤부모님을 슬프게 했습니다(両親を悲しませました)

トレーニング・チェック

2①교통이 편리하게 되었습니다(交通が便利になりました)②책임을 느끼게 되었습니다(責任を感じるようになりました)③그 사람을 알게 되었습니다(彼と 知り合いになりました)④기계가 움직이지 않게 되었습니다(機械が動かなくなりました)⑤약속을 지키지 못하게 되었습니다(約束を守れなくなりました)
3①영화를 재미있게 봤어요(映画を面白く見ました)②친구를 반갑게 만났어요(友達に懐かしく会いました)③밥을 맛있게 먹었어요(ご飯をおいしく食べました)④방을 깨끗하게 청소했어요(部屋をきれいに掃除しました)⑤글자를 크게 썼습니다(字を大きく書きました)

(語彙を増やそう!) 1①ため息②けんかする③気分④誤って・過ち⑤行方⑥協力する⑦続けて・ずっと⑧このくらいで⑨何も⑩家賃
2①집세②아무것도③이만④기분⑤협력하다⑥계속⑦행방⑧싸우다⑨한숨⑩잘못

(基本文型の練習B) 1①잘못②계속③그만④다⑤서로⑥이만⑦다시⑧잘못⑨너무⑩계속

(韓国語で言ってみましょう!) ①집세를 더 싸게 해 주세요②기분이 참 좋아졌어요③글자를 잘못 썼어요④술은 그만 마시세요⑤자기 나라 말을 서로 가르쳐 주고 있어요

(聞きとり) ①계속②다③나쁘게④재미있게⑤잘못⑥너무⑦다시⑧협력하고⑨그만⑩편리하게

第35課

(語彙を増やそう!) 1①結婚式②店③戦争④港⑤番組⑥鍵⑦箱⑧もち⑨見物⑩方法
2①구경②방법③열쇠④결혼식⑤전쟁⑥항구⑦떡⑧상자⑨프로⑩가게

(基本文型の練習A) 1①항구로 가는 버스(港へ行くバス)②잘 아는 사람(よく知っている人)③한복을 입는 방법(韓国服を着る方法)④재미있는 프로(面白い番組)⑤떡을 파는 가게(お餅を売っている店)
2①아까 한 말(さっき言った言葉)②내가 만든 음식(私が作った食べ物)③작년에 쓴 작문(去年書いた作文)④전쟁에서 죽은 사람(戦争で死んだ人)⑤아이가 잡은 벌레(子供が捕まえた虫)
3①手紙を書いている学生②夕飯を食べた店③日本から来た人④箱を作る方法⑤結婚式で着た韓国服

(語彙を増やそう!) 1①意味・意図②ちょうど・あいにく③単語④昔⑤会議⑥開かれる⑦可能性⑧絶つ・断つ⑨返す⑩予定
2①마침②뜻③돌려주다④회의⑤가능성⑥예정⑦열리다⑧단어⑨옛날⑩끊다

(基本文型の練習B) 1①내일 만날 사람(明日会う人)②회의가 열릴 예정(会議が開かれる予定)③전쟁이 일어날 가능성(戦争が起こる可能性)④혼자서 살 계획(1人で暮らす計画)⑤오늘 할 일(今日やるべきこと)
2①담배를 끊을 생각은 없어요?(たばこをやめる気はないですか)②뜻을 모르는 단어가 많이 있었습니다(意味がわからない単語がたくさんありました)③친구에게 빌린 책을 돌려주었어요(友だちに借りた本を返しました)④바빠서 쉴 시간도 없어요(忙しくて休む時間もありません)⑤마침 빈자리가 하나도 없었습니다(あいにく空席がひとつもありませんでした)
3①ソウルにお住まいのおじいさん②たばこをやめたお父さん③結婚式に来られる方④酒を売っていない店⑤まだ結婚していない人

トレーニング・チェック

韓国語で言ってみましょう！ ①아까 본 프로는 재미있었어요 ②열려 있는 가게를 찾았어요 ③할 말이 없었어요 ④비가 올/내릴 가능성은 없어요 ⑤아직 읽지 않은 책을 돌려주었어요

聞きとり ①재미있는 ②빈 ③먹는 ④오실 ⑤가능성 ⑥파는 ⑦회의 ⑧예정 ⑨입은 ⑩방법

第36課

語彙を増やそう！ 1 ①記事 ②完全に ③恋人 ④気に入る ⑤尋ねる ⑥街・通り ⑦(費用が)かかる ⑧載せる ⑨歩く ⑩声

2 ①거리 ②목소리 ③싣다 ④완전히 ⑤걷다 ⑥기사 ⑦애인 ⑧마음에 들다 ⑨들다 ⑩묻다

基本文型の練習 A 1 듣습니다, 들어요, 들으세요 : 싣습니다. 실어요, 실으세요 : 묻습니다, 물어요, 물으세요 : 듣는, 들은, 들을 : 싣는, 실은, 실을 : 묻는, 물은, 물을

2 ①듣다 ②들다 ③듣다/들다 ④듣다 ⑤들다 ⑥걷다/걷다 ⑦걷다 ⑧걷다 ⑨걷다 ⑩걷다

3 ①お気に入りのものがございますか ②今回の旅行に金がたくさんかかりました ③電話をおかけまちがえになりました ④経済学の授業を聴いていらっしゃいますか ⑤1時間ぐらい歩き続けました

語彙を増やそう！ 1 ①故障する ②かきまぜる・漕ぐ ③熱 ④つなぐ・継ぐ ⑤作る ⑥列 ⑦ひも ⑧病気 ⑧治る・ましだ ⑨病気になる ⑩負ける・負う・散る

2 ①줄 ②낫다 ③잇다 ④지다 ⑤고장이 나다 ⑥병이 들다 ⑦열 ⑧만들다 ⑨병 ⑩젓다

基本文型の練習 B 1 낫습니다, 나아요, 나으세요 : 잇습니다, 이어요, 이으세요 : 젓습니다, 저어요, 저으세요 : 낫는, 나은, 나을 : 잇는, 이은, 이을 : 젓는, 저은, 저을

2 ①낫다 ②낫다 ③나다 ④나다 ⑤잇다 ⑥이다 ⑦짓다 ⑧지다 ⑨짓다 ⑩짓다

3 ①風邪は治りましたか ②熱が出ました ③責任をとるべき人は私です ④このご飯を炊いた人はだれですか ⑤試合に負けてしまいました

韓国語で言ってみましょう！ ①음악이나 들을까요? ②사람들은 줄을 지어 기다리고 있었어요 ③줄을 길게 이었어요 ④병이 아직 안 나아요/낫지 않아요 ⑤모르는 사람에게/한테 길을 물어 보았어요

聞きとり ①들어 볼까요 ②듭니다 ③졌습니다 ④지었어요 ⑤나았어요 ⑥물어 봅시다 ⑦완전히 ⑧난 ⑨저었습니다 ⑩들으세요

第37課

語彙を増やそう！ 1 ①目 ②道 ③易しい ④愛している ⑤そして・それから ⑥広い ⑦ところ ⑧難しい ⑨近い ⑩狭い

2 ①곳 ②어렵다 ③가깝다 ④눈 ⑤좁다 ⑥길 ⑦넓다 ⑧그리고 ⑨쉽다 ⑩사랑하다

基本文型の練習 A 1 ①많은 사람 (많은 사람) ②큰 집 (큰 집) ③작은 문제 (작은 문제) ④넓은 방 (넓은 방) ⑤긴 머리 (긴 머리)

2 ①어려운 문제 (어려운 문제) ②더운 날 (더운 날) ③가까운 곳 (가까운 곳) ④좁은 길 (좁은 길) ⑤쉬운 일 (쉬운 일)

語彙を増やそう！ 1 ①顔 ②高い ③文 ④生じる ⑤故郷 ⑥美しい ⑦うるさい ⑧思ったより ⑨新しい ⑩音・声

2 ①생기다 ②고향 ③높다 ④소리 ⑤글 ⑥시끄럽다 ⑦새롭다 ⑧생각보다 ⑨얼굴 ⑩곱다

トレーニング・チェック：

基本文型の練習 B 1①네, 좀 매워요(はい、ちょっと辛いです)②네, 좀 시끄러워요(はい、ちょっとうるさいです)③네, 좀 어려워요(はい、ちょっと難しいです)④네, 좀 추워요(はい、ちょっと寒いです)⑤네, 좀 좁아요(はい、ちょっと狭いです)

2①기분이 좋아요?(気分がいいですか)네, 아주 좋은 기분이에요(はい、とてもいい気分です)②꽃이 고와요?(花がきれいですか)네, 아주 고운 꽃이에요(はい、とてもきれいな花です)③소리가 커요?(音が大きいですか)네, 아주 큰 소리예요(はい、とても大きい音です)④방이 새로워요?(部屋が新しいですか)네, 아주 새로운 방이에요(はい、とても新しい部屋です)⑤이야기가 길어요?(話が長いですか)네, 아주 긴 이야기예요(はい、とても長い話です)

3①머리가 길었어요(髪の毛が長かったです)②날씨가 추웠어요(天気が寒かったです)③얼굴이 고왔어요(顔がきれいでした)④머리가 아팠어요(頭が痛かったです)⑤음악 소리가 시끄러웠어요(音楽の音がうるさかったです)

韓国語で言ってみましょう！ ①매운 음식을 좋아하세요?②한국은 아주 추웠어요③큰 것보다 작은 것이 더 새로워요④먼 곳에서 잘 오셨어요⑤생각보다 어려운 문제가 많았어요

聞きとり ①어려웠어요②새로운③매워요④짧은, 글을⑤나빴어요⑥좋은⑦긴⑧시끄러워요⑨기쁜⑩가까워요

第38課

語彙を増やそう！ 1①直接②こうだ③白い④黄色い⑤状態⑥どうだ⑦青い⑧伝える⑨そうだ⑩赤い
2①파랗다②그렇다③전하다④빨갛다⑤하얗다⑥상태⑦어떻다⑧노랗다⑨이렇다⑩직접

基本文型の練習 A 1그렇습니까?, 그래요?, 그런：어떻습니까?, 어때요?, 어떤：빨갛습니까?, 빨개요?, 빨간

2①건강상태는 어떠세요?(健康状態はいかがですか)②그런 사람이 어디 있어요?(あんな〈ひどい〉人はいませんよ)③선생님께 물어 볼까요? 네, 그렇게 합시다(先生に聞いてみましょうか―はい、そうしましょう)
④아뇨, 그렇지 않습니다(いいえ、そうではありません)⑤직접 전하는 것이 어떨까요?(直接伝えてはどうですか)

語彙を増やそう！ 1①選ぶ②切る③急ぐ④大事だ⑤押す⑥ボタン⑦従う⑧育てる・飼う⑨違う⑩速い
2①따르다②서두르다③단추④빠르다⑤고르다⑥자르다⑦소중하다⑧누르다⑨다르다⑩기르다

基本文型の練習 B 1길러요, 길렀어요, 기르는：골라요, 골랐어요, 고르는：흘러요, 흘렀어요, 흐르는：빨라요, 빨랐어요, 빠른：따라요, 따랐어요, 따르는：푸르러요, 푸르렀어요, 푸른

2①단추를 눌러 주세요(ボタンを押してください)②소중하게 길러 주세요(大切に育ててください)③짧게 잘라 주세요(短く切ってください)④좀 서둘러 주세요(ちょっと急いでください)⑤하나만 골라 주세요(ひとつだけ選んでください)

3①a놉니다②a놀아요③a놉시다④a놀까요?⑤c는⑥a놀러 가요⑦a놀지 마세요⑧c노는

トレーニング・チェック

韓国語で言ってみましょう！ ①여행은 어땠어요?②빨간 옷을 골랐어요③어떤 방법을 따랐어요?④어머니께서는 우리를 소중하게 길러 주셨어요⑤냉면을 잘라 드릴까요?

聞きとり ①노란②어떤③몰랐어요④골라⑤빨개요⑥빨라요⑦따라, 달라요⑧이런⑨달라졌습니다⑩불러

第39課

語彙を増やそう！ 1①ところで・でも②驚く③ひと・他人④満点⑤触る⑥お宅⑦動物園⑧(弟から見た)姉⑨盗む⑩上がる

2①올라가다②훔치다③놀라다④만점⑤그런데⑥누나⑦만지다⑧남⑨동물원⑩댁

基本文型の練習 A 1①그 동물원에 가 본 적이 있어요(その動物園に行ったことがあります)②그 노래를 들은 적이 있어요(その歌を聴いたことがあります)③한국 음식을 먹은 적이 있어요(韓国料理を食べたことがあります)④시험에서 만점을 받은 적이 있어요(試験で満点をとったことがあります)⑤그 단어를 배운 적이 있어요(その単語を習ったことがあります)

2①컴퓨터를 만진 적이 없어요(コンピュータを触ったことがありません)②남의 것을 훔친 적이 없어요(人のものを盗んだことがありません)③약속을 어긴 적이 없어요(約束を破ったことがありません)④한국 소설을 읽은 적이 없어요(韓国の小説を読んだことがありません)⑤큰 지진을 경험한 적이 없어요(大きい地震を経験したことがありません)

語彙を増やそう！ 1①できるだけ②クラス③荷物④はさむ・(めがねを)かける⑤分ける⑥左側⑦右側⑧やっと⑨預ける⑩卒業する

2①졸업하다②맡기다③오른쪽④나누다⑤겨우⑥왼쪽⑦짐⑧반⑨되도록⑩끼다

基本文型の練習 B 1①창문을 닫는 것이 좋습니다(窓を閉めた方がいいです)②되도록 서두르는 것이 좋습니다(できるだけ急いだ方がいいです)③쉬는 것이 좋습니다(休んだ方がいいです)④길을 물어 보는 것이 좋습니다(道を聞いてみた方がいいです)⑤두 반으로 나누는 것이 좋습니다(2つのクラスに分けた方がいいです)

2①서울에 온 지 얼마나 됐어요?(ソウルに来てどのぐらいになりますか)1주일이 됐어요(1週間になります)②여기서 산 지 얼마나 됐어요?(ここに住んでどのぐらいになりますか)한 달이 됐어요(1ヶ月になります)③결혼한 지 얼마나 됐어요?(結婚してどのぐらいになりますか)3년이 됐어요(3年になります)④학교를 졸업한 지 얼마나 됐어요?(学校を卒業してどのぐらいになりますか)1년 반이 됐어요(1年半になります)⑤이 집을 지은 지 얼마나 됐어요?(この家を建ててどのぐらいになりますか)10년이 됐어요(10年になります)

韓国語で言ってみましょう！ ①저 산에 올라간 적이 있어요②사람들 앞에서 운 적이 없어요③짐을 맡기는 것이 좋아요④일본에 오신 지 얼마나 됐어요?⑤이사 온 지 1년이 됐어요

トレーニング・チェック：

聞きとり ①들은②만지지③가 본④훔친⑤졸업한 지⑥되도록⑦끼는⑧경험한⑨싸운 지⑩동물을

第40課

語彙を増やそう！ 1①もうこれ以上②誰も③効果④我慢する⑤答える⑥予約なしで⑦泊る⑧聞き取る⑨好きなように・勝手に⑩期待する

2①알아듣다②참다③묵다④마음대로⑤아무도⑥기대하다⑦더 이상⑧대답하다⑨효과⑩예약 없이

基本文型の練習A 1①예약 없이 묵을 수 있습니다(予約なしで泊まれます)②거기서 표를 살 수 있습니다(そこで切符を買えます)③음식을 마음대로 고를 수 있습니다(食べ物を好きなように選ぶことができます)④김치를 먹을 수 있습니다(キムチを食べることができます)⑤효과를 기대할 수 있습니다(効果が期待できます)

2①친구와의 약속을 어길 수 없어요(友だちとの約束を破ることはできません)②더 이상 참을 수 없어요(もうこれ以上我慢できません)③그가 하는 말을 알아들을 수 없어요(彼の言うことばが聞き取れません)④아무도 그의 질문에 대답할 수 없어요(だれも彼の質問に答えられません)⑤다음 시합에서 질 수 없어요(次回の試合で負けるわけにはいきません)

語彙を増やそう！ 1①単に・そのまま②耐える③越える④現れる⑤捨てる⑥変わる⑦別れる⑧貧しい⑨お願い⑩怖い

2①변하다②헤어지다③가난하다④무섭다⑤견디다⑥부탁⑦그냥⑧나타나다⑨버리다⑩넘다

基本文型の練習B 1①그의 마음이 변할 수도 있어요(彼の気持ちが変わるかもしれません)②학생들이 30명이 넘을 수도 있어요(学生が30人を超えるかもしれません)③다음 시험은 어려울 수도 있어요(次の試験は難しいかもしれません)④무서운 동물이 있을 수도 있어요(怖い動物がいるかもしれません)⑤효과가 나타날 수도 있어요(効果が現れるかもしれません)

2①가난한 생활에 견딜 수밖에 없었어요(貧しい生活に耐えるしかありませんでした)②부탁을 들어 줄 수밖에 없었어요(お願いを聞いてあげるしかありませんでした)③사랑하는 사람들과 헤어질 수 밖에 없었어요(愛する人々と別れるしかありませんでした)④그냥 집에 올 수 밖에 없었어요(そのまま家に帰るしかありませんでした)⑤남은 음식은 버릴 수밖에 없었어요(残った食べ物を捨てるしかありませんでした)

韓国語で言ってみましょう！ ①짐을 맡길 수 있어요?②더 이상 부탁을 들어 줄 수 없어요③아무도 말을 알아들을 수 없었어요④참을 수밖에 없어요⑤가난한 생활이 변할 수도 있어요

聞きとり ①대답할②더, 이상 있을④알아들을⑤헤어질⑥마음대로⑦묵을, 수밖에⑧변할⑨말없이⑩넘을

第41課

語彙を増やそう！ 1①わざと②止む③外国人④においがする⑤夢を見る⑥変だ⑦だまされる⑧無視する⑨腹が立つ⑩売り切れる

トレーニング・チェック：

2①꿈을 꾸다②속다③외국인④일부러⑤무시하다⑥화가 나다⑦이상하다⑧매진되다⑨냄새가 나다⑩그치다

基本文型の練習 A 1①음악을 듣는 것 같습니다(音楽を聴いているようです)②매일 친구들과 같이 노는 것 같습니다(毎日友だちと一緒に遊んでいるようです)③이상한 냄새가 나는 것 같습니다(変な臭いがするような気がします)④거짓말이 아닌 것 같습니다(うそではないようです)⑤방 안에 있는 것 같습니다(部屋の中にいるようです)

2①표가 매진된 것 같아요(切符が売り切れたようです)②수업이 끝난 것 같아요(授業が終わったようです)③화가 난 것 같아요(怒っているようです)④감기가 나은 것 같아요(風邪が治ったようです)⑤일부러 나를 무시한 것 같아요(わざと私を無視したようです)

語彙を増やそう！ 1①消える②ポケット③割れる④夫⑤倒れる⑥ガラス⑦火・灯り⑧事故⑨落ちる⑩木

2①불②떨어지다③쓰러지다④깨지다⑤유리⑥사고가 나다⑦주머니⑧꺼지다⑨나무⑩남편

基本文型の練習 B 1①불이 꺼질 것 같아요(火が消えそうです)②나무가 쓰러질 것 같아요(木が倒れそうです)③내일은 추울 것 같아요(明日は寒そうです)④8시까지 일이 끝나지 않을 것 같아요(8時までに仕事が終わりそうにありません)⑤여행을 못 갈 것 같아요(旅行に行けなさそうです)

2①사고가 난 것 같아요(事故が起きたようです)②유학을 간 친구는 잘 지내는 것 같아요(留学に行った友だちは元気で過ごしているようです)③아주 바쁜 것 같아요(とても忙しそうです)④꽃이 죽을 것 같아요(花が枯れそうです)⑤먹지 않은 것 같아요(食べなかったようです)

韓国語で言ってみましょう！ ①주머니에서 지갑이 떨어질 것 같아요②완전히 속은 것 같아요③저 사람은 외국인인 것 같아요④근처에서 사고가 난 것 같아요⑤한국말을 못 하는 것 같아요

聞きとり ①같습니다②않을,것③있는④사람인⑤깨진⑥냄새,없는⑦화,같았습니다⑧듣는⑨매진된⑩끝나지,않은

第42課

語彙を増やそう！ 1①合格する②始める③肩④長い間・久しく⑤稼ぐ⑥うわさ⑦～のため・～せい⑧学費⑨足りない⑩広がる

2①어깨②모자라다③학비④퍼지다⑤합격하다⑥소문⑦벌다⑧오래⑨때문⑩시작하다

基本文型の練習 A 1①아이가 자기 때문에(子供が寝ているので)②시간이 없기 때문에(時間がないので)③돈이 모자라기 때문에(お金が足りないので)④김치가 맵기 때문에(キムチが辛いので)⑤형제이기 때문에(兄弟なので)

2①아이가 잤기 때문에(子供が寝ていたので)②시간이 없었기 때문에(時間がなかったので)③돈이 모자랐기 때문에(お金が足りなかったので)④김치가 매웠기 때문에(キムチが辛かったので)⑤형제였기 때문에(兄弟だったので)

356

> **トレーニング・チェック**

3①시험에 합격하기 위해서(試験に合格するために)②학비를 벌기 위해서(学費を稼ぐために)③책을 빌리기 위해서 (本を借りるために)④유학을 가기 위해서(留学に行くために)⑤그 분을 만나기 위해서(その方に会うために)

4①사기로 해요(買うことにしましょう)② 하기로 해요(することにしましょう)③서로 연락하기로 해요(お互いに連絡することにしましょう)④같이 만들기로 해요(一緒に作ることにしましょう)⑤좀 쉬기로 해요(少し休むことにしましょう)

5①아이가 울기 시작했어요(子供が泣き始めました)②어깨가 아프기 시작했어요(肩が痛くなり始めました)③편지를 읽기 시작했어요(手紙を読み始めました)④밥을 먹기 시작했어요(ご飯を食べ始めました)⑤소문이 퍼지기 시작했어요(うわさが広がり始めました)

語彙を増やそう！ 1①～など②願う・望む③事業④歓迎会⑤大統領⑥うまく行く⑦時⑧決定する⑨新入生⑩エアコン

2①사업②환영회③대통령④때⑤바라다⑥에어컨⑦신입생⑧결정하다⑨잘 되다⑩등

基本文型の練習B ①작년 여름부터 배우기 시작했어요(去年の夏から習い始めました)②다섯 살 때부터 배우기 시작했어요(五歳の時から習い始めました)③오래 전부터 살기 시작했어요(ずいぶん前から暮らし始めました)④3시 반부터 하기 시작했어요(3時半からやり始めました)⑤고등학교 때부터 피우기 시작했어요(高校の時から吸い始めました)

韓国語で言ってみましょう！ ①오후부터 비가 오기 시작했어요②내일 공항에서 만나기로 해요/합시다③편지를 큰소리로 읽기 시작했어요④시험에 합격하기 위해서 열심히 공부했어요⑤여름 방학에 한국에 가기로 했어요

聞きとり ①가기로②하기, 시작했습니다③위한, 환영회④잘, 되고⑤없기, 때문에⑥유명해지기⑦가기, 위해서⑧덥기, 에어컨⑨결정하기, 전⑩배웠기, 먹지

第43課

語彙を増やそう！ 1①汚い②順番③下宿④洗う⑤物⑥簡単だ⑦終える⑧ひまだ⑨娘⑩味が薄い

2①딸②더럽다③물건④싱겁다⑤한가하다⑥씻다⑦간단하다⑧하숙⑨차례⑩마치다

基本文型の練習A 1①손을 씻고 밥을 먹어요(手を洗ってご飯を食べます)②일본은 가깝고 미국은 멀어요(日本は近くアメリカは遠いです)③이 김치는 싱겁고 저 김치는 매워요.(このキムチは味が薄くあのキムチは辛いです)④비가 오고 바람이 불어요(雨が降り風が吹いています)⑤수업을 마치고 친구를 만나요(授業を終えて友だちに会います)

2①시간이 없으니까 빨리 준비하세요(時間がないから速く準備してください)②값이 싸니까 많이 사세요(値段が安いからたくさん買ってください)③지금은 바쁘니까 나중에 오세요(今は忙しいから後で来てください)④비가 오니까 다음 날 가세요(雨が降っているから後日行ってください)⑤오늘은 늦으니까 내일 만나세요(今日は遅いから明日会ってください)

> トレーニング・チェック：

3①돈은 없지만 시간이 있어요(お金はありませんが時間があります)②그것은 더럽지만 이것은 깨끗해요(それは汚いけれどこれはきれいです)③물건은 좋지만 값이(은) 비싸요(物はよいけれど値段が高いです)④오늘은 바쁘지만 내일은 한가해요(今日は忙しいけれど明日はひまです)⑤몸은 아프지만 기분이(은) 좋아요(体の具合は悪いけれど気分がいいです)

> 語彙を増やそう！

1①日本食②とても・非常に③主人・持ち主④(妹から見た)兄⑤(妹から見た)姉⑥日本語⑦台所⑧嫌がる⑨深い⑩平日

2①일어②깊다③오빠④싫어하다⑤무척⑥언니⑦평일⑧주인⑨부엌⑩일식

> 基本文型の練習B

1①친구는 노래를 부르고 나는 피아노를 칩니다(友だちは歌を歌い、私はピアノを弾きます)②먹어 보니까 맛이 있었습니다(食べてみたら、おいしかったです)③10년 동안 미국에 살지만 아직 영어를 잘 못합니다(10年間アメリカに住んでいるけれど英語はまだ下手です)④피곤하니까 좀 쉽시다(疲れたのでちょっと休みましょう)⑤운전 면허를 땄지만 아직 자동차를 안 샀어요(運転免許は取りましたが、まだ車を買っていません)

> 韓国語で言ってみましょう！

①한국 요리는 좋아하지만 김치는 싫어해요②매일 비가 오니까 싫어요③가고 싶지만 시간이 없어요④물건도 좋고 값도 싸요⑤돈은 없지만 시간은 있어요

> 聞きとり

①넓지만②사고, 싶지만③만나지만④먹고⑤바쁘지만⑥일어, 영어⑦해, 무척⑧보니까⑨없으니까⑩살고, 살아요

第44課

> 語彙を増やそう！

1①赤ん坊②売れる③知らせる④表面・みかけ⑤空⑥明るい⑦量⑧有益だ⑨どろぼう⑩質

2①유익하다②밝다③질④도둑⑤겉⑥팔리다⑦아기⑧양⑨하늘⑩알리다

> 基本文型の練習A

1① 쉬면 몸이 좋아집니다(休めば体がよくなります)②아기가 울면 우유를 줍니다(赤ん坊が泣いたら牛乳をあげます)③값이 싸면 많이 팔립니다(値段が安ければたくさん売れます)④음식이 맛있으면 잘 먹습니다(食べ物がおいしければよく食べます)⑤수업이 끝나면 친구를 만납니다(授業が終わったら友だちに会います)

2①공부도 잘하면서 운동도 잘해요(勉強もよくできる上に運動も上手です)②양이 많으면서 질도 좋아요(量が多いと同時に質も良いです)③일을 하면서 공부도 해요(働きながら勉強もしています)④바람이 불면서 비도 와요(風が吹くと共に雨も降ります)⑤음악을 들으면서 운전해요(音楽を聴きながら運転します)

3①하늘이 맑으면서도 비가 와요(空が晴れているのに雨が降っています)②색깔이 밝으면서도 예뻐요(色が明るくてきれいです)③물건이 좋으면서도 값도 싸요(物がいいと同時に値段が安いです)④돈이 없으면서도 친구가 많아요(お金がないのに友だちが多いです)⑤몸이 피곤하면서도 기분이 좋아요(体は疲れていても気分が良いです)

> 語彙を増やそう！

1①とれる・解ける②日々・毎日③だれなのか④いけない・だめだ⑤上がる⑥入ってくる⑦清潔に⑧似ている⑨疲労・疲れ⑩入浴する

2①오르다②비슷하다③날마다④풀리다⑤깨끗이⑥피로⑦목욕하다⑧들어오다⑨누군지⑩안되다

トレーニング・チェック：

基本文型の練習B ①어떻게 공부하면 됩니까? 글자을 외우면 될 거예요(どのように勉強すればいいですか・文字を覚えればいいでしょう)②어디서 사면 됩니까? 저 가게에서 사면 될 거예요(どこで買えばいいですか・あの店で買えばいいでしょう)③언제 출발하면 됩니까? 내일 오후에 출발하면 될 거예요(いつ出発すればいいですか・明日の午後出発すればいいでしょう)④누구를 만나면 됩니까? 나카타 씨를 만나면 될 거예요(だれに会えばいいですか・中田さんに会えばいいでしょう)⑤무엇을 배우면 됩니까? 영어 회화를 배우면 될 거예요(何を習えばいいですか・英会話を習えばいいでしょう)

韓国語で言ってみましょう！ ①내일 날씨가 맑으면 산에 가요/가겠어요②담배를 피우면 안돼요③값이 비싸면 못 사요/사지 못해요④물에 깨끗이 씻으면 돼요⑤잘 알고 있으면서도 안 지켜요/지키지 않아요

聞きとり ①기다리면②만나면서도③먹으면④공부하면⑤가면⑥들어오면⑦목욕하면⑧가면⑨시원하면서⑩신으면

第45課

語彙を増やそう！ 1①쓰나이②구완나이③おそい・おくれる④よい⑤きらいだ⑥しおからい⑦ゆったり・じっくり⑧はいる⑨ラーメン⑩よるおそく
2①괜찮다②늦다③라면④좋다⑤푹⑥밤늦게⑦미안하다⑧싫다⑨들어가다⑩짜다

基本文型の練習A 1①집이 조용해서 좋아요(家が静かでいいです)②늦어서 미안해요(遅くなってすみません)③편지를 써서 보내요(手紙を書いて送ります)④비싸서 못 사요(高くて買えません)⑤라면이 짜서 싫어요(ラーメンがしょっぱくて嫌です)
2①화장실에 가도 돼요?(トイレに行ってもいいですか)②밤늦게 전화해도 돼요?(夜遅く電話してもいいですか)③방에 들어가도 돼요?(部屋に入ってもいいですか)④담배를 피워도 돼요?(たばこを吸ってもいいですか)⑤여기에 앉아도 돼요?(ここに座ってもいいですか)
3①약을 먹어야 합니다(薬を飲まなければなりません)②솔직히 말해야 합니다(率直に話さなければなりません)③10시에 끝내야 합니다(10時に終えなければなりません)④지금 가야 합니다(今行かなければなりません)⑤매일 연습해야 합니다(毎日練習しなければなりません)
4①지금 출발해야 돼요(今出発しなければなりません)②편지를 써야 돼요(手紙を書かなければなりません)③그 분을 만나야 돼요(その方に会わなければなりません)④푹 쉬어야 돼요(ゆっくり休まなければなりません)⑤치료를 받아야 돼요(治療を受けなければなりません)

語彙を増やそう！ 1①どんなに・いくら(〜でも)②暗記する③踊りを踊る④程度⑤使う⑥申し訳ない⑦一週間⑧夫人・奥さん⑨ちから⑩スープ・汁物
2①정도②국③일주일④부인⑤외우다⑥쓰다⑦춤을 추다⑧힘⑨아무리⑩죄송하다

基本文型の練習B 1①여기에 앉아도 됩니까? 네, 앉아도 괜찮아요(ここに座ってもいいですか・はい、座っても構いません)②담배를 피워도 됩니까? 미안하지만, 여기서는 안돼요(たばこを吸ってもいいですか・すみませんが、ここではだめです)③텔레비전을 봐도 됩니까? 네, 봐도 괜찮아요(テレビを見てもいいですか・はい、見ても構いません)④방에 들어가도 됩니까? 네, 들어가도 괜찮아요(部屋に入ってもいいですか・はい、入っても構いません)⑤전화를 써도 됩니까? 네, 써도 괜찮아요(電話を使ってもいいですか・はい、使っても構いません)

トレーニング・チェック：

2①어디서 사야 합니까? 시장에서 사세요(どこで買えばいいですか・市場で買ってください)②어떻게 사람을 불러야 됩니까? 이 단추를 누르세요(どうやって人を呼べばいいですか・このボタンを押してください)③어디서 음악을 들어야 합니까? 제 방에서 들으세요(どこで音楽を聴けばいいですか・私の部屋で聴いてください)④어떻게 와야 합니까? 택시로 오세요(どうやって来ればいいですか・タクシーで来てください)⑤무엇을 배워야 합니까? 경제학을 배우세요(何を習えばいいですか・経済学を習ってください)

韓国語で言ってみましょう！ ①옆에 앉아도 됩니까?②여기서 담배를 피워도 됩니까?③일주일 정도 치료를 받아야 합니다/됩니다④좀/조금 늦어도 괜찮습니다/됩니다⑤화장실에 가도 됩니까?

聞きとり ①짜서②괜찮아요③않아도④늦어서⑤가야⑥먹어도⑦공부해도⑧많아서⑨드셔야⑩들어가도

第46課

語彙を増やそう！ 1①사인하다②(おなかが)すく③いつも・つねに④景色⑤しばらく・ずっと⑥美しい⑦おなか・腹⑧聞こえる⑨すぐ・直ちに⑩似合う

2①고프다②항상③배④곧⑤한참⑥들리다⑦사인하다⑧아름답다⑨경치⑩어울리다

基本文型の練習 A 1①잘 안 들리는데요(よく聴こえないのですが)ど②시간이 없는데요(時間がないのですが)③이것이 좋은데요.(これが良いんですが)④제가 아닌데요.(私じゃないんですが)⑤야마다 씨가 오시는데요(山田さんが来られますが)

2①비가 오겠는데요(雨が降りそうですね)②곧 수업이 시작되겠는데요(まもなく授業が始まりそうですね)③별로 맛없겠는데요(あまりおいしくなさそうですね)④옷이 잘 어울리겠는데요(服がよく似合いそうですね)⑤내일은 바쁘시겠는데요(明日はお忙しいようですね)

3①경치가 멋있지요(景色がすてきですね)②너무 비싸지요(高すぎますね)③하늘이 아름답지요(空が美しいですね)④음식이 좀 맵지요(食べ物がちょっと辛いですね)⑤아는 분이시지요(お知り合いの方ですね)

4①서류에 사인했지요(書類にサインしたでしょう)②비가 많이 왔지요(雨がたくさん降ったでしょう)③숙제는 다 했지요(宿題はやってしまったでしょう)④댁에 계셨지요(お宅におられたでしょう)⑤아까 만나셨지요(さっきお会いになったでしょう)

5①영화가 재미있군요(映画がおもしろいですね)②배가 고프군요(おなかがすきましたね)③라면이 너무 짜군요(ラーメンがしょっぱすぎますね)④밥을 잘 먹는군요(ご飯をよく食べますね)⑤항상 바쁘시군요(いつもお忙しいですね)

6①댁에 계셨군요(お宅におられたのですね)②한참 기다렸군요(しばらく待ちましたね)③연습을 많이 했군요(たくさん練習をしましたね)④작년에 졸업했군요(昨年卒業しましたね)⑤사장님께서 오셨군요(社長がおいでになりましたね)

語彙を増やそう！ 1①別々に・他に②つきあう③引き抜く・選ぶ④当然だ⑤強い⑥では・じゃあ⑦これ⑧空気⑨実に・本当に⑩映画館・劇場

2①그럼②참③강하다④뽑다⑤극장⑥그거⑦따로⑧사귀다⑨공기⑩당연하다

トレーニング・チェック：

(基本文型の練習B) ①일본어를 배우시지요? 아뇨, 한국어를 배우는데요(日本語を習っておられるんでしょう・いいえ、韓国語を習っているんですが)②회사에 다니시지요? 아뇨, 은행에 다니는데요(会社に勤めておられるんでしょう・いいえ、銀行に勤めているんですが)③한국말을 잘하시지요? 별로 잘 못 하는데요(韓国語がお上手なんでしょう・あまり上手ではありませんが)④그 분을 자주 만나시지요?아뇨, 가끔 만나는데요(その方によくお会いになるんでしょう・いいえ、時々会いますが)⑤담배를 많이 피우시지요? 네,아주 많이 피우는데요(たばこをたくさん吸われるんでしょう・はい、とてもたくさん吸いますが)

(韓国語で言ってみましょう！) ①그거 좋지요/괜찮지요?②한국 요리를 먹고 싶은데요③오늘은 시간이 없지요?④저기가 은행인데요⑤한번 만나고 싶군요

(聞きとり) ①어울리는데요②맑군요③바쁘시지요④가시죠⑤싶은데⑥당연하죠⑦인데요⑧예쁜데요⑨이죠⑩계신데요

第47課

(語彙を増やそう！) 1①大変だ②電車③あいさつ④まさに・ちょうど⑤抜ける⑥特に⑦長さ⑧涙⑨場合⑩大体・たいてい
2①바로②힘들다③길이④대개⑤특히⑥경우⑦빠지다⑧눈물⑨인사⑩전철

(基本文型の練習A) 1①너무 힘들어(大変すぎる)②경치가 좋아(景色がいい)③길이가 짧아(長さが短い)④다리가 길어(橋・脚が長い)⑤전철을 타(電車に乗っている)
2①이 책 읽어(この本読んでね)②나중 전화해(あとで電話してね)③여기 좀 앉아(ここにちょっと座ってね)④내일 같이 와(明日一緒に来てね)⑤일찍 일어나(早く起きてね)
3①비 안 와?(雨降らないの)②마음에 안 들어?(気に入らないの？)③잘 안 들려?(よく聞こえないの)④기분이 안 좋아?(気分がよくないの)⑤오늘은 안 바빠?(今日は忙しくないの)
4①무슨 일로 전화했어?(何の用で電話したの)②언제 왔어?(いつ来たの)③별로 맛없었어?(あまりおいしくなかったの)④숙제 다 했어?(宿題みんなやったの)⑤오늘은 바빴어?(今日は忙しかったの)

(語彙を増やそう！) 1①建設②競技③(〜番)目④増える・上達する⑤あるいは・ひょっとして⑥在日僑胞・在日韓国朝鮮人⑦いなか⑧本物・本当に⑨現代⑩代わり(に)
2①현대②재일교포③혹은④째⑤진짜⑥시골⑦늘다⑧대신⑨경기⑩건설

(基本文型の練習B) ①일본어 학원에서 배워(どこで日本語を習っているの・日本語学校で習っているの)②현대건설에 다녀(どこの会社に勤めているの・現代建設に勤めているの)③못 봤어(サッカーの試合見たの・見られなかったの)④아직 안 먹었어(夕飯食べたの・まだ食べてないの)⑤2시쯤 도착했어(いつ到着したの・2時頃到着したの)

(韓国語で言ってみましょう！) ①벌써 끝났어?②김 선생님을 못 만났어③얼마에 샀어?④미국에 가고 싶어⑤왜 전화했어?

(聞きとり) ①없어②가③왔어④싫어⑤해,봐⑥먹고,있어⑦바꿔,줘⑧만나고,싶어⑨비싸⑩잤어

トレーニング・チェック！

第48課

（語彙を増やそう！） 1①アジア②底・床③そのまま④ぱあっと・にっこり⑤新たに⑥小銭⑦非常に⑧苦労する⑨拭く・磨く⑩平素・普段
2①새로②평소③잔돈④대단히⑤활짝⑥그대로⑦아시아⑧닦다⑨바닥⑩고생하다

（基本文型の練習A） 1①아기가 웃는다(赤ん坊が笑っている)②경치가 좋다(景色がよい)③바람이 분다(風が吹く)④인기가 있다(人気がある)⑤자주 전화한다(しょっちゅう電話する)
2①생선을 안 먹는다(魚を食べない)②아직 안 잔다(まだ寝ない)③마음에 안 든다(気に入らない)④오늘은 안 바쁘다(今日は忙しくない)⑤술을 안 마신다(酒を飲まない)
3①담배를 피우신다(たばこを吸われる)②잔돈이 없으시다(小銭がおありでない)③많이 드신다(たくさん召し上がる)④기분이 좋으시다(ご気分が良い)⑤일찍 일어나신다(早くお起きになる)
4①같이 오셨다(一緒に来られた)②활짝 웃으셨다(にっこりと笑われた)③코트를 입으셨다(コートをお召しになった)④많이 고생하셨다(大変苦労なさった)⑤아주 바쁘셨다(とてもお忙しかった)

（語彙を増やそう！） 1①耳②海苔巻③基礎④深刻だ⑤人口⑥景気⑦知られる⑧物価⑨口⑩住所
2①인구②기초③알려지다④입⑤물가⑥김밥⑦심각하다⑧경기⑨주소⑩귀

（基本文型の練習B） ①날마다 2시간씩 운동하신다/운동하셨다(毎日2時間ずつ運動なさる・運動なさった)②평소 담배를 피우신다/피우셨다(普段たばこを吸われる・吸われた)③축구 경기를 보신다/보셨다(サッカーの試合をご覧になる・ご覧になった)④아침에 빵을 드신다/드셨다(朝食にパンを召し上がる・召し上がった)⑤오후에 친구분이 오신다/오셨다(午後お友だちが来られる・来られた)

（韓国語で言ってみましょう！） ①기초가 가장 중요하다②일본 사람한테/에게 잘 알려져 있다③할머니는 아침 일찍 일어나신다④아시아에서는 인구 문제가 심각하다⑤한국보다 물가가 비쌌다

（聞きとり） ①많은,필요하다②읽고,있다③평소에,피우신다④대단히,있다⑤잘,안,들리신다⑥바람이,분다⑦경기가,벌었다⑧사업을,시작했다⑨만들어,주셨다⑩말할,없다

第49課

（語彙を増やそう！） 1①だんだん②ティッシュ・トイレットペーパー③恥ずかしい④君・お前⑤軍隊⑥通じる⑦ご案内する・お供する⑧包む・(弁当を)作る⑨不便だ⑩クレジットカード
2①통하다②부끄럽다③휴지④모시다⑤너⑥싸다⑦신용카드⑧군대⑨점점⑩불편하다

（基本文型の練習A） ①매일 도시락을 싼다고 합니다(毎日お弁当を作っているそうです)②바람이 많이 분다고 합니다(風がよく吹いているそうです)③고등학교에서 가르친다고 합니다(高校で教えているそうです)④당신을 믿는다고 합니다(あなたを信じているそうです)⑤말이 통하지 않는다고 합니다(ことばが通じないそうです)

トレーニング・チェック

2①교통이 불편하다고 해요(交通が不便だそうです)②고향이 부산이라고 해요(故郷が釜山だそうです)③휴지가 없다고 해요(ティッシュがないそうです)④문제가 적지 않다고 해요(問題が少なくないそうです)⑤농담이 아니라고 해요(冗談ではないそうです)

3①신용카드를 쓸 수 있다고 했어요(クレジットカードを使えると言っていました)②물 속에 빠질 것 같다고 했어요(水の中に落ちそうだと言っていました)③선물을 받고 기뻐한다고 했어요(プレゼントをもらって喜んでいると言っていました)④점점 추위진다고 했어요(だんだん寒くなると言っていました)⑤담배를 피워도 된다고 했어요(たばこを吸ってもいいと言っていました)

4①생일이 어제였다고 한다(誕生日が昨日だったそうだ)②손님을 공항으로 모시겠다고 한다(お客さんを空港にご案内するそうだ)③내년에 군대에 갈 거라고 한다(来年軍隊に行くそうだ)④극장에서 영화를 봤다고 한다(映画館で映画を見たそうだ)⑤돈이 모자란다고 한다(お金が足りないそうだ)

(語彙を増やそう！) 1①합다 ②重い ③生まれる ④似ている ⑤恋しい ⑥楽しい ⑦(〜に)ついて ⑧ベッド ⑨形 ⑩コンビニ
2①즐겁다 ②(〜에)대해서 ③침대 ④모양 ⑤무겁다 ⑥그립다 ⑦편의점 ⑧닮았다 ⑨태어나다 ⑩맞다

(基本文型の練習B) 1①침대가 없느냐고 물어 봤어요(ベッドがないのかと尋ねました)②색깔과 모양이 어떠냐고 물어 봤어요(色と形はどうかと尋ねました)③이것이 무엇이냐고 물어 봤어요(これは何かと尋ねました)④여기서 머냐고 물어 봤어요(ここから遠いかと尋ねました)⑤편의점이 어디 있느냐고 물어 봤어요(コンビニはどこにあるかと尋ねました)

2①배가 고프냐고 물어 봤어요(おなかがすいているかと尋ねました)②여행이 즐거웠느냐고 물어 봤어요(旅行が楽しかったかと尋ねました)③농담이 아니었느냐고 물어 봤어요(冗談ではなかったかと尋ねました)④몇 시간 걸리느냐고 물어 봤어요(何時間かかるかと尋ねました)⑤내일도 덥겠느냐고 물어봤어요(明日も暑いだろうかと尋ねました)

(韓国語で言ってみましょう！) ①고향이 무척 그립다고 해요②경제에 대해서/관해서 잘 알고 있다고 해요③어디서 태어났느냐고 물어 봤어요④무거운 짐은 여기에 넣는다고 한다⑤음식이 입에 맞느냐고 물어 봤다

(聞きとり) ①어려워진다고②먹는다고③불편하지 않다고④추우냐고⑤짐이었느냐고⑥닮았다고⑦편의점이 있느냐고⑧뭐냐고⑨거라고⑩대해서

第50課

(語彙を増やそう！) 1①インターネット②秘密③警察④器・食器⑤説明する⑥詳しく⑦お菓子⑧表現⑨直す⑩盛る
2①과자②설명하다③표현④담다⑤고치다⑥경찰⑦자세히⑧인터넷⑨그릇⑩비밀

トレーニング・チェック

基本文型の練習 A　1①작문을 좀 고쳐 달라고 했어요(作文をちょっと直してくれと言いました)② 인터넷으로 찾아 보라고 교수님이 말씀하셨어요(インターネットで探してみなさいと教授が言いました)③9시부터 일을 시작하자고 했어요(9時から仕事を始めようと言いました)④밥을 그릇에 담아 달라고 했어요(ご飯をお茶碗によそってくれと言いました)⑤전화 받으라고 남편에게 말했어요(電話に出てくれと夫に言いました)
2①지금 외출하면 안된답니다(今外出してはいけないそうです)②과자를 같이 먹잡니다(お菓子を一緒に食べようと言います)③그 표현은 좀 어색하대요(その表現はちょっと不自然だそうです)④자세히 설명해 달래요(詳しく説明してほしいそうです)⑤그건 비밀이랬어요(それは秘密だと言いました)
3①너무 시끄럽대(うるさすぎるって)②쓰레기를 버리지 말랬어(ごみを捨てるなと言った)③전쟁에서 죽었단다(戦争で死んだそうだ)④그 주소는 여기가 아니래(その住所はここじゃないって)⑤경찰을 부르랬다(警察を呼べと言った)

語彙を増やそう!　1①飢える・食事を抜く②革③あなた④置く・放す⑤持ってくる⑥広げる⑦流行⑧おもちゃ⑨何でも⑩手
2①유행②당신③손④뭐든지⑤굶다⑥가져오다⑦놓다⑧가죽⑨장난감⑩펴다

基本文型の練習 B　1①돈을 돌려주지 않는다는 소문이 퍼졌습니다(お金を返してくれないといううわさが広がりました)②그것이 사실이라는 것을 아무도 모른다(それが事実だということをだれも知らない)③같이 와 달라는 친구의 부탁을 들어 주었다(一緒に来てくれという友だちの頼みを聞いてあげた)④어디 아프냐는 질문을 의사 선생님은 했다(どこか具合が悪いのかという質問を医者がした)⑤교과서를 펴라는 선생님의 말씀을 못 들었어요(教科書を開けという先生のことばが聞こえませんでした)
2①당신이 하라고 말한다면 나는 뭐든지 하겠다②선생님이 돌아오시면 반드시 연락해 달라고 하면서 전화를 끊었다③대학을 졸업했다고 하지만 아무것도 모른다(知っていることがない)④今日の天気が寒いからと言って革のコートまで必要なの⑤お金がなくて丸一日食事を抜いたというから夕食をおごってやった

韓国語で言ってみましょう!　①과자를 사 달라고 했다/달랬다②이 표현을 외우자고 해요/재요③비싸다면 다른 가게에 가 봐요④손을 놓으라는 소리가 안 들렸어?⑤이 장난감이 유행하고 있다니까 아이에게/한테 사 주었다

聞きとり　①먹자고②설명해, 달라고③놓으라고④안대⑤싫답니다 ⑥이용한다면⑦고쳤다지만⑧아니래요⑨오라니까⑩뭐든지,먹으랍니다

著者紹介

河村　光雅（かわむら・みつまさ）
1962年　大阪生まれ。
京都大学大学院（修士課程）修了。
京都外国語専門学校専任講師。
著書：『CD BOOK しっかり身につく中級韓国語トレーニングブック』
　　　『改訂版 韓国語似ている動詞使い分けブック』（ベレ出版）
　　　『聴いて覚える初級朝鮮語』『絵で学ぶ韓国語文法』（白水社）

田　星姫（チョン・ソンヒ）
1955年　韓国生まれ。
奈良女子大学大学院（博士課程）修了。
立命館大学等非常勤講師。
著書『やさしい韓国語入門』（国際語学社）
　　『聴いて覚える初級朝鮮語』（白水社）

CD BOOK しっかり身につく韓国語トレーニングブック

2002年8月25日	初版発行
2021年2月28日	第28刷発行
著者	河村　光雅（かわむら　みつまさ）・田　星姫（チョン　ソンヒ）
校正	星　文子
カバーデザイン	竹内　雄二
DTP	WAVE 清水 康広・溜池省三

©Mitsumasa Kawamura・Chon Sonhi 2002. Printed in Japan

発行者	内田　眞吾
発行・発売	ベレ出版 〒162-0832　東京都新宿区岩戸町12　レベッカビル TEL.03-5225-4790　FAX.03-5225-4795 振替 00180-7-104058
印刷	三松堂印刷株式会社
製本	根本製本株式会社

落丁本・乱丁本は小社編集部あてにお送りください。送料小社負担にてお取り替えします。

ISBN 4-86064-005-5 C2087　　　　　　　　　　編集担当　脇山和美

英語で日記を書いてみる

ISBN4-939076-85-7

§石原真弓／1500円／A5判
日記・スケジュール・メモに使える表現満載。英語力が確実にUPする。

はじめての人の英語 [CD BOOK]

ISBN4-939076-86-5

§長沢寿夫／1600円／A5判
中学で習った文法をもっと深く理解すると英会話が画期的に上達する。

これで話せる英会話の基本文型87 [CD BOOK]

ISBN4-939076-87-3

§上野理絵／1600円／四六判
会話でよく使う基本的な〈英語の型〉を87に分類。会話の幅が広がる。

なるほど英文法

ISBN4-939076-88-1

§岩切良信／1700円／A5判
中学文法の復習と日本語から英語への反復練習で会話の実践力が養える。

こなれた英文を書く技術

ISBN4-939076-89-X

§黒川裕一／1800円／A5判
日本語で書くように英語が書けるようになる8つの技・75のテクニック。

イラストで英文法を理解する

ISBN4-939076-90-3

§東後幸生／1500円／A5判
英文法の基本の基本を〈イラスト〉で視覚的に印象づけて身につける。

教室で使う英語表現集 [CD3枚付き] [CD BOOK]

ISBN4-939076-91-1

§曽根田憲三　ブルース・パーキンス／2800円／A5判
英語での授業、学校の中で先生・生徒が使う状況・場面別フレーズ3200。

海外からのゲストを日本に迎える英語表現集 [CD3枚付き] [CD BOOK]

ISBN4-939076-92-X

§石津奈々／2600円／四六判
お客さまを迎える際のあらゆるシチュエーションに対応できる表現満載。

英文履歴書の書き方と実例集

ISBN4-939076-94-6

§田上達夫／1900円／A5判

あらゆる職種・経歴に対応したレジュメとカバーレターの実例が満載。

CD BOOK イギリス日常英会話Total Book

[CD2枚付き]　ISBN4-939076-95-4

§カール・R・トゥーヒグ／2100円／四六判

イギリスで「今」話されている「生」の日常英会話をまるごと1冊に。

前置詞マスター教本

ISBN4-939076-96-2

§石井隆之／1600円／四六判

豊富な例文と解説、イラスト図解で前置詞の意味と使い方がわかる。

CD BOOK イギリス英語を愉しく聞く

ISBN4-939076-98-9

§小林章夫　ドミニク・チータム／1700円／A5判

イギリス英語のエッセンスを繰り返し聞くことでリスニング力をつける。

諸外国語

CD BOOK しっかり学ぶ中国語　文法と練習問題
ISBN4-939076-19-9
§紹文周／1700円／A5判
語順でわかる中国語入門。基礎からしっかり学びたい人の本格的な書。

CD BOOK しっかり学ぶ韓国語　文法と練習問題
ISBN4-939076-27-X
§金裕鴻／1900円／A5判
表現・語法をやさしくわかりやすく解説。豊富なセルフチェック問題。

CD BOOK しっかり学ぶドイツ語　文法と練習問題
ISBN4-939076-39-3
§岩間智子／1900円／A5判
使えるドイツ語を身につける為の入門書。挫折させない画期的文法書。

CD BOOK しっかり学ぶスペイン語　文法と練習問題
ISBN4-939076-42-3
§桜庭雅子　貫井一美／1800円／A5判
話すためには基本文法の習得は不可欠。動詞の活用も聞いて覚える。

CD BOOK しっかり学ぶフランス語　発音と文法と練習問題
ISBN4-939076-53-9
§高橋美佐／1800円／A5判
発音と文法の基礎を丁寧に解説。［読む・話す・書く］力が確実につく。

CD BOOK しっかり学ぶイタリア語　文法と練習問題
ISBN4-939076-44-X
§一ノ瀬俊和／1800円／A5判
途中でつまづくことなく入門の入門からもう一歩先まで学べる文法書。

諸外国語会話

CD BOOK しっかり身につく中国語会話
ISBN4-939076-65-2
§紹文周／1800円／A5判
会話のための文法が体系的に覚えられる例文集。本格的な会話入門書。

CD BOOK しっかり身につく韓国語会話
ISBN4-939076-71-7
§金裕鴻／2200円／A5判
発音の基礎力、会話の基礎知識が身につく。表現の幅を広げる例文満載。